O RENASCIMENTO DO
LIBERALISMO

CONHEÇA OUTROS LIVROS DA SÉRIE:

POLÍTICA, IDEOLOGIA E CONSPIRAÇÕES

DESCULPE-ME, SOCIALISTA

MITOS E FALÁCIAS DA AMÉRICA LATINA

A LEI

MENOS ESTADO E MAIS LIBERDADE

OS ERROS FATAIS DO SOCIALISMO

DA LIBERDADE INDIVIDUAL E ECONÔMICA

OS FUNDAMENTOS DO CAPITALISMO:
O ESSENCIAL DE ADAM SMITH

LIBERDADE É PROSPERIDADE:
A FILOSOFIA DE AYN RAND

F. A. HAYEK

O RENASCIMENTO DO LIBERALISMO

Princípios da Escola Austríaca e os ideais da liberdade econômica

—— EDITADO POR PETER G. KLEIN ——

Tradução
CARLOS SZLAK

COPYRIGHT © FARO EDITORIAL, 2021
COPYRIGHT © 1992 F.A HAYEK
FIRST PUBLISHED 1992 BY ROUTLEDGE
COPYRIGHT © TAYLOR & FRANCIS GROUP

Todos os direitos reservados.

Avis Rara é um selo da Faro Editorial.

Nenhuma parte deste livro pode ser reproduzida sob quaisquer meios existentes sem autorização por escrito do editor.

Diretor editorial **PEDRO ALMEIDA**
Coordenação editorial **CARLA SACRATO**
Preparação **TUCA FARIA**
Revisão **BÁRBARA PARENTE E DANIEL RODRIGUES AURÉLIO**
Capa e diagramação **OSMANE GARCIA FILHO**
Imagem de capa **JORM S | SHUTTERSTOCK**

Dados Internacionais de Catalogação na Publicação (CIP)
Angélica Ilacqua CRB-8/7057

Hayek, Friedrich A. von (Friedrich August), 1899-1992
    O renascimento do liberalismo : Princípios da Escola Austríaca e os ideais da liberdade econômica /
F. A. Hayek ; editado por Peter G. Klein ; tradução de Carlos Szlak. — São Paulo : Faro Editorial, 2021.
    272 p.

    ISBN 978-65-86041-46-0
    Título original: Fortunes of liberalism

    1. Economia 2. Liberalismo 3. Política e governo I. Título II. Klein, Peter G. III. Szlak, Carlos

20-3728   CDD 320.51

Índice para catálogo sistemático:
1. Economia : Liberalismo

1ª edição brasileira: 2021
Direitos de edição em língua portuguesa, para o Brasil, adquiridos por FARO EDITORIAL

Avenida Andrômeda, 885 — Sala 310
Alphaville — Barueri — SP — Brasil
CEP: 06473-000
www.faroeditorial.com.br

SUMÁRIO

9		Introdução
25		**PARTE I – A ESCOLA AUSTRÍACA DE ECONOMIA**
27		Prólogo: A economia da década de 1920 como vista de Viena
49	1	A Escola Austríaca de Economia
65	2	Carl Menger (1840-1921)
105	3	Friedrich von Wieser (1851-1926)
123	4	Ludwig von Mises (1881-1973)
154	5	Joseph Schumpeter (1883-1950)
159	6	Ewald Schams (1899-1955) e Richard von Strigl (1891-1942)
166	7	Ernst Mach (1838-1916) e as Ciências Sociais em Viena
171		Conclusão: Recordando meu primo Ludwig Wittgenstein (1889-1951)
177		**PARTE II – O RENASCIMENTO DO LIBERALISMO**
179		Prólogo: A redescoberta da liberdade: lembranças pessoais
197	8	Os historiadores e o futuro da Europa
213	9	O renascimento actoniano: sobre lorde Acton (1834-1902)
216	10	Existe uma nação alemã?

220	11	Um plano para o futuro da Alemanha
236	12	Discurso de abertura de uma conferência em Mont Pèlerin
250	13	A tragédia da humanidade organizada: Jouvenel sobre o poder
254	14	Bruno Leoni (1913–1967) e Leonard Read (1898-1983)
265		Lista cronológica

O RENASCIMENTO DO
LIBERALISMO

INTRODUÇÃO

"O capitalismo pode sobreviver?", perguntou Joseph Schumpeter em 1942. "Não, acho que não pode."[1] Mas o capitalismo sobreviveu: vemos o socialismo enfrentando a autodestruição, com o ideal do planejamento central ruindo junto com as economias fracassadas da Europa Central e do Leste Europeu. Se há alguma lição a ser aprendida dos acontecimentos de 1989 é esta: o renascimento do liberalismo nessa parte do mundo é, em grande medida, se não completamente, um renascimento do capitalismo — um reconhecimento de que só a ordem de mercado pode propiciar o nível de bem-estar requerido pela civilização moderna. Embora ainda não plenamente compreendido, isso agora é amplamente reconhecido. Robert Heilbroner, certamente alguém não amigo do capitalismo, escreve que a história recente "nos obrigou a repensar o significado do socialismo. Como visão semirreligiosa de uma humanidade transformada, ele sofreu golpes devastadores no século XX. Como modelo de uma sociedade racionalmente planejada, está em frangalhos".[2]

Para F. A. Hayek, isso é apenas uma pequena surpresa. Como economista "austríaco", Hayek sempre teve um entendimento em relação ao mercado algo diferente dos seus contemporâneos, não só daqueles que se opunham ao capitalismo, mas também de muitos que o defendiam. Ao longo da maior parte do século 20, "o problema econômico" foi visto como o da *alocação de recursos*, o problema de encontrar uma distribuição de recursos produtivos para suprir um conjunto de demandas conflitantes e potencialmente ilimitadas — para o qual uma solução pode, em princípio, ser calculada por um observador externo (e, por implicação, um planejador central). Em contraste, para Hayek e os austríacos, a economia consiste em *coordenação de planos*; os meios pelos quais uma "ordem muito complexa" de cooperação humana emerge dos planos e das decisões de indivíduos isolados, atuando em um mundo de conhecimento tácito e disperso. Explicar a regularidade de fenômenos como preços, produção, dinheiro, juros e flutuações comerciais, e até mesmo lei e linguagem, quando esses fenômenos fazem parte da intenção deliberada de ninguém é a tarefa da ciência econômica. Só visualizando a ordem social dessa perspectiva podemos esperar saber por que o mercado *funciona* e por que os esforços de construir sociedades sem mercados estão fadados ao fracasso.

Hayek pertence à quarta geração da escola austríaca de economistas, a geração da diáspora, que saiu de Viena para lugares como Londres, Chicago, Princeton e Cambridge (em Massachusetts), de modo que o adjetivo "austríaco" é agora de significado meramente histórico. Porém, ao longo de suas migrações para a Inglaterra e para os Estados Unidos, Hayek manteve boa parte da perspectiva da escola fundada por Carl Menger. Desde o seu início, a escola austríaca ficou conhecida por seu entendimento distinto e original da ordem econômica, algumas partes do qual foram incorporadas (até certo ponto) às correntes predominantes do pensamento econômico, ao passo que outras foram deixadas de lado e esquecidas. Entre as primeiras, podemos incluir a outrora revolucionária teoria do valor e troca apresentada em *Grundsätze der Volkswirtschaftslehre*, de Menger, cuja publicação, em 1871, marcou o início da escola; entre as segundas, destaca-se o ataque à viabilidade do cálculo econômico sob o socialismo, desenvolvido por Ludwig von Mises, colega mais velho e mentor de Hayek, na década de 1920, uma teoria que formou a base para o entendimento austríaco moderno do mercado como um *processo* de aprendizado e descoberta, em vez de um estado de coisas em equilíbrio. A economia neoclássica convencional, acreditando que Mises fora refutado tempos atrás pelos modelos de Lange e Taylor de "socialismo de mercado", não teve praticamente nada a dizer sobre a viabilidade do planejamento central. Mas não os austríacos. A concepção de Hayek do que *é* o mercado, e de como o processo de mercado funciona, levou-o à conclusão de que o socialismo é um erro grave; se preferir, uma "arrogância fatal". E é sobre esse entendimento que Hayek constrói sua defesa da ordem liberal.

Esse é o espírito em que se oferece o presente volume. Nestes ensaios, Hayek aborda a Escola Austríaca, ponto de partida da sua própria odisseia intelectual, e o destino do liberalismo, a filosofia social da ordem de mercado à qual sua obra está tão intimamente associada. A Parte I contém ensaios e palestras sobre as principais figuras da Escola Austríaca: Carl Menger, Friedrich von Wieser (professor de Hayek), Ludwig von Mises e Joseph Schumpeter (austríaco por formação e uma das personalidades dominantes do pensamento econômico do século XX, mas não um membro da Escola Austríaca *per se*); os economistas menos conhecidos Ewald Schams e Richard von Strigl; e duas figuras afins na cena intelectual vienense, os filósofos Ernst Mach e Ludwig Wittgenstein, primo de segundo grau de Hayek. A Parte II reúne textos sobre a redescoberta da liberdade na Europa após a Segunda Guerra Mundial, com referência especial à Alemanha e à Sociedade Mont Pèlerin, influente organização internacional de liberais fundada por Hayek, em 1947. As duas partes abordam um tema que permeia toda a obra de Hayek sobre a ordem social: o papel das ideias — a teoria econômica, em particular — na preservação da sociedade liberal.

O restante desta Introdução esboçará a carreira de Hayek e procurará situar parte do seu pensamento em perspectiva histórica e teórica. Porém, antes de continuarmos, seria adequada uma observação terminológica. Hayek utiliza a palavra "liberalismo" no seu sentido clássico europeu, como a ordem social baseada em livre mercado, governo limitado sob o primado da lei e a primazia da liberdade individual. Como ele explica no prefácio da primeira edição em brochura (1956) do seu clássico *The Road to Serfdom* [*O caminho da servidão*]:

> Utilizo o tempo todo o termo "liberal" no sentido original do século XIX e que ainda é vigente da Grã-Bretanha. No uso norte-americano corrente, costuma significar quase o oposto. Como camuflagem, os movimentos de esquerda deste país, ajudados pela confusão mental de muitos que realmente acreditam na liberdade, fizeram com que o termo "liberal" passasse a significar a defesa de quase todo tipo de controle governamental. Continuo

intrigado em relação ao motivo pelo qual aqueles nos Estados Unidos que acreditam verdadeiramente na liberdade não só permitiram que a esquerda se apropriasse desse termo quase indispensável, mas também até colaboraram com isso, começando a utilizá-lo como expressão de opróbrio.[3]

Vamos respeitar aqui essas restrições e continuar a privilegiar o termo "liberal" em detrimento do termo menos elegante "liberal clássico" ou "libertário", que agora está se tornando o linguajar padrão nos Estados Unidos.

Hayek chegou à Universidade de Viena aos dezenove anos, pouco depois da Primeira Guerra Mundial, quando ali era um dos três melhores lugares do mundo para o estudo de Economia (os outros eram Estocolmo e Cambridge, na Inglaterra). Embora estivesse matriculado como estudante de direito, seus interesses principais eram Economia e Psicologia, esta devido à influência da teoria da percepção de Mach sobre Wieser e Othmar Spann, colega de Wieser, e aquela decorrente do ideal reformista do socialismo fabiano, tão típico da geração de Hayek. Como muitos estudantes de Economia desde então, Hayek escolheu essa matéria não por suas vantagens intrínsecas, mas porque ele queria tornar o mundo um lugar melhor — a pobreza da Viena do pós-guerra servindo como um lembrete diário de tal necessidade. O socialismo parecia propiciar uma solução; então, em 1922, Mises, que não estava no corpo docente pago de Viena, mas era figura central na comunidade de economia ali, publicou *Die Gemeinwirtschaft*, mais tarde traduzido para o inglês como *Socialism*. "Para nenhum de nós, jovens, que leu o livro quando foi publicado", Hayek recorda, "o mundo voltou a ser o mesmo." *Socialism*, elaboração do artigo precursor de dois anos antes, sustentou que o cálculo econômico *requer* um mercado para os meios de produção; sem tal mercado não há como estabelecer os valores desses meios e, portanto, não há como determinar seus usos apropriados na produção. A partir de Mises, que foi por pouco tempo superior de Hayek em um cargo público temporário e em cujo seminário privado ele se tornou participante habitual, Hayek se convenceu gradualmente da superioridade da ordem de mercado.

Mises realizara um trabalho anterior sobre teoria monetária e bancária, aplicando com sucesso o princípio da utilidade marginal austríaca ao valor do dinheiro e, em seguida, esboçando uma teoria da flutuação industrial com base nos princípios da escola monetarista inglesa e nas ideias de Knut Wicksell, economista sueco. Hayek utilizou estas últimas como ponto de partida para sua própria investigação sobre flutuações, explicando o ciclo econômico em termos de expansão do crédito pelos bancos. Seu trabalho nessa área lhe valeu um convite para lecionar na London School of Economics and Political Science (LSE) e, depois, ocupar sua cátedra Tooke de Economia e Estatística, que ele aceitou em 1931. Ali, ele se viu no meio de um grupo vibrante e estimulante: Lionel (posteriormente, lorde) Robbins, Arnold Plant, T. E. Gregory, Dennis Robertson, John Hicks e o jovem Abba Lerner, para citar apenas alguns. Hayek trouxe suas ideias estranhas (para eles),[4] e, aos poucos, a teoria "austríaca" do ciclo econômico se tornou conhecida e aceita.

No entanto, em poucos anos, a Escola Austríaca sofreria uma reviravolta drástica da sorte. Primeiro, a teoria austríaca do capital, parte integrante da teoria do ciclo econômico, ficou sob o ataque de Piero Sraffa, economista de Cambridge nascido na Itália, e do norte-americano Frank Knight, enquanto a teoria do ciclo econômico foi esquecida em meio ao entusiasmo pelo *General Theory* [*Teoria geral*], de John Maynard Keynes. Segundo, começando com a mudança de Hayek para Londres e continuando até o início da década de 1940, os economistas austríacos partiram de Viena, por motivos pessoais e, depois, por motivos políticos, de modo que a escola deixou de existir ali como tal. Em 1943, Mises saiu de Viena e foi para Genebra e, em seguida, para Nova York, onde continuou a trabalhar em isolamento; Hayek permaneceu na LSE até 1950, quando ingressou no Comitê de Pensamento Social da Universidade de Chicago. Outros austríacos da geração de Hayek se tornariam proeminentes nos Estados Unidos — Gottfried Haberler, em Harvard; Fritz Machlup e Oskar Morgenstern, em Princeton; Paul Rosenstein-Rodan, no Instituto de Tecnologia de Massachusetts —, mas a obra deles já não pareceu mostrar quaisquer traços da tradição de Menger.

Em Chicago, Hayek se viu mais uma vez no meio de um grupo brilhante: o departamento de Economia, encabeçado por Knight, Jacob Viner,

Milton Friedman e George Stigler, era um dos melhores de todos; Aaron Director, da faculdade de Direito, logo criaria o primeiro curso de Direito e Economia; e intelectuais conhecidos internacionalmente, como Hannah Arendt e Bruno Bettelheim, eram palestrantes ativos. Contudo, a teoria econômica, em particular seu *estilo* de raciocínio, estava mudando rapidamente: *Foundations*, de Paul Samuelson, foi publicado em 1949, consagrando a Física como a ciência a ser imitada pela Economia, e o ensaio de Friedman de 1953 sobre "economia positiva" estabeleceu um novo padrão para o método econômico. Além disso, como Hayek havia parado de trabalhar com teoria econômica, concentrando-se em Psicologia, Filosofia e Política, a escola austríaca entrou em um eclipse prolongado. Nesse período, um trabalho importante relativo à tradição austríaca foi realizado por dois homens mais jovens, que tinham estudado com Mises na Universidade de Nova York: Murray Rothbard, que publicou seu *Man, Economy, and State* em 1962, e Israel Kirzner, cujo *Competition and Entrepreneurship* apareceu em 1973. No entanto, em geral, a tradição austríaca permaneceu dormente.

Então, em 1974, algo surpreendente aconteceu: Hayek ganhou o Prêmio Nobel de Economia. Devido ao prestígio desse prêmio, o interesse pela Escola Austríaca renasceu. Por coincidência, naquele mesmo ano, vários acadêmicos isolados que trabalhavam com a tradição austríaca se reuniram em uma conferência memorável em South Royalton, em Vermont.[5] Desde então, o "renascimento da Escola Austríaca" continuou a se difundir, com livros, publicações e até cursos de pós-graduação especializados na tradição de Menger surgindo em ritmo crescente. E a Escola Austríaca de Economia está lentamente começando a ser notada pelo restante do grupo profissional. Entre algumas áreas em que as ideias austríacas modernas estão começando a exercer influência incluem-se a teoria bancária, a publicidade e sua relação com a estrutura do mercado, e a reinterpretação da discussão do cálculo econômico sob o socialismo;[6] além disso, a literatura dos últimos anos sobre a economia da informação incompleta e a teoria dos incentivos pode ser considerada consequência do trabalho de Hayek a respeito do conhecimento disperso e dos preços como sinais, embora tal dívida seja muitas vezes esquecida.[7]

Os economistas contemporâneos também estão interessados em Hayek por outra razão. Atualmente, a análise das propriedades do mercado em relação ao bem-estar social se enquadra como uma discussão de dois lados: os defensores do livre mercado são os economistas "neoclássicos", cujas teorias dependem das hipóteses referentes a agentes humanos hiper-racionais, com "expectativas racionais" e equilíbrio de mercado instantâneo; os céticos, geralmente portando algum tipo de rótulo "keynesiano", consideram as expectativas como mais problemáticas e os preços como lentos para se ajustar. Em contraste gritante, Hayek baseia a defesa do mercado não na racionalidade humana, mas na ignorância humana! "Toda a discussão a favor da liberdade, ou a maior parte dessa discussão, repousa sobre o fato de nossa ignorância e não no fato de nosso conhecimento."[8] Os agentes de Hayek são *seguidores de regras*, reagindo a sinais de preços dentro de um sistema selecionado por um processo de evolução: uma ordem espontânea, em vez de um sistema deliberadamente escolhido; todavia, suas ações trazem benefícios não intencionais para o sistema como um todo, benefícios que *podem não* ter sido racionalmente previstos. Isso é bastante estranho para o economista moderno, para quem a evolução e a espontaneidade desempenham pequeno ou nenhum papel.[9]

A obra de Hayek também é diferente da dos economistas neoclássicos em outro sentido: é uma teoria econômica integradora e mais abrangente em uma filosofia social ampla, englobando aspectos políticos, legais e morais da ordem social. Os neoclássicos, em vez disso, são estritamente teóricos, e não atraíram discípulos numa base ampla. Leonard Rapping, ele mesmo um dos primeiros economistas adeptos das "expectativas racionais", nota que "muitos dos jovens e idealistas são atraídos pelos conceitos de liberdade e justiça, e não de eficiência e abundância. À parte de suas contribuições para a teoria econômica, Friedman e Hayek apresentaram defesas poderosas do capitalismo como um sistema que promove a democracia liberal e a liberdade individual. Isso atraiu para suas ideias muitos seguidores de fora da economia. Os neoclássicos não possuem tal agenda".[10] De fato, os estudiosos da Escola Austríaca costumam ter uma vasta gama de interesses, e o espírito interdisciplinar da tradição austríaca, sem dúvida, ajuda a explicar esse apelo.

Com certeza, o renascimento da Escola Austríaca tem uma dívida maior com Hayek do que com qualquer outra pessoa. Mas os textos de Hayek se inserem mesmo na "Escola Austríaca de Economia" — parte de uma tradição distinta e reconhecível — ou devemos considerá-los como uma contribuição original e profundamente pessoal?[11] Alguns analistas criticam os trabalhos mais tardios de Hayek, sobretudo depois que ele começa a se afastar da economia técnica, afirmando que mostram mais influência de sir Karl Popper, seu amigo, do que de Menger ou Mises. Um crítico fala de "Hayek I" e "Hayek II", enquanto outro escreve sobre a "Transformação de Hayek".[12]

Embora até certo ponto isso seja meramente uma questão de rótulos, há alguns aspectos substanciais envolvidos. Um deles é se é útil ou não distinguir entre escolas de pensamento dentro de uma disciplina. O próprio Hayek hesita a esse respeito. No primeiro capítulo deste volume, escrito em 1968 para a *International Encyclopaedia of the Social Sciences*, ele descreve sua própria geração da Escola Austríaca da seguinte maneira:

> Mas se essa quarta geração em estilo de pensamento e em interesses ainda mostra claramente a tradição de Viena, mesmo assim não poderá por mais tempo ser vista como uma escola distinta no sentido de representar doutrinas específicas. Uma escola alcança seu maior sucesso quando deixa de existir como tal, porque suas principais ideias se tornaram parte do ensinamento geral dominante. Em grande medida, a escola de Viena chegou a desfrutar desse sucesso. (Este volume, p. 56.)[13]

Em meados da década de 1980, porém, Hayek pareceu ter mudado de ideia, ao escrever sobre uma Escola Austríaca com uma identidade distinta, que trabalhava principalmente em oposição à macroeconomia keynesiana, e que continua a existir atualmente.[14] Os austríacos contemporâneos também estão divididos a esse respeito: alguns são extremamente conscientes da sua tradição austríaca e a ostentam como medalha de honra, enquanto outros evitam quaisquer rótulos, mantendo a máxima de que não há "escola austríaca", mas apenas boa e má economia. Se essas são questões de crenças profundamente arraigadas ou estão simplesmente relacionadas à persuasão do grupo profissional em geral para levar a sério as ideias da escola austríaca, é difícil de dizer.

Contudo, de interesse especial aqui é a natureza exata do relacionamento de Hayek com Mises. Sem dúvida, nenhum economista teve maior impacto no pensamento de Hayek do que Mises — nem mesmo Wieser, de quem Hayek aprendeu seu ofício, mas que morreu em 1927, quando Hayek era ainda jovem. No Capítulo 4 desta obra, as palavras de Hayek deixam isso bastante evidente. Além do mais, Mises claramente considerou Hayek o mais brilhante de sua geração: Margit von Mises recorda que, no seminário do seu marido em Nova York, "Ludwig conheceu todos os novos alunos com a esperança de que um deles pudesse se tornar um novo Hayek".[15] No entanto, como Hayek nos lembra, ele, desde o início, nunca foi um discípulo puro: "Embora deva [a Mises] um estímulo decisivo em um momento crucial do meu desenvolvimento intelectual, e também uma inspiração contínua ao longo de uma década, talvez tenha tirado mais proveito dos seus ensinamentos porque não fui seu aluno na universidade, como um jovem inocente que acreditava na sua palavra como o evangelho, mas sim cheguei a ele como um economista formado, graduado em um ramo paralelo da Escola Austríaca [o ramo de Wieser] do qual Mises, pouco a pouco, mas nunca completamente, conquistou-me."[16]

Frequentemente, duas áreas de desacordo são discutidas entre Hayek e Mises: o debate do cálculo econômico sob o socialismo e a metodologia "apriorística" de Mises. A questão sobre o socialismo diz respeito a se uma economia socialista é "impossível", como Mises afirmou em 1920, ou se é apenas menos eficiente ou de implantação mais difícil. Nesse momento, Hayek sustenta que a "tese central de Mises não era, como às vezes se expõe enganosamente, que o socialismo é impossível, mas sim que não consegue alcançar um aproveitamento eficiente dos recursos". Essa interpretação é em si objeto de controvérsia. Nesse caso, Hayek está argumentando contra a visão padrão do cálculo econômico, existente, por exemplo, em *Capitalism, Socialism, and Democracy* [*Capitalismo, socialismo e democracia*], de Schumpeter, ou em "Socialist Economics", de Abram Bergson.[17] Essa visão defende que a afirmação original de Mises da impossibilidade do cálculo econômico sob o socialismo foi refutada por Oskar Lange, Abba Lerner e Fred Taylor, e que as modificações posteriores de

Hayek e Robbins equivalem a uma admissão de que uma economia socialista é possível *em teoria*, mas difícil na prática, porque o conhecimento é descentralizado e os incentivos são fracos. A resposta de Hayek no texto mencionado — de que a posição real de Mises foi bastante incompreendida — obtém apoio do principal historiador revisionista da discussão do cálculo, Don Lavoie, que afirma que os "argumentos centrais desenvolvidos por Hayek e Robbins não constituem um recuo em relação à posição de Mises, mas sim um esclarecimento, que redireciona o desafio para as versões posteriores do planejamento central. ... Embora os comentários de Hayek e Robbins sobre as dificuldades de cálculo das [versões posteriores] fossem responsáveis por interpretações equivocadas de seus argumentos, na realidade suas principais contribuições eram plenamente compatíveis com o desafio de Mises".[18] Do mesmo modo, Israel Kirzner afirma que as posições de Hayek e Mises devem ser consideradas em conjunto como uma tentativa inicial para elaborar uma visão austríaca de "descoberta empreendedora" do processo de mercado.[19]

Além disso, há a insistência de Mises de que a teoria econômica (ao contrário da história) é uma prática meramente dedutiva, inteiramente *a priori*, que não exige nenhuma confirmação empírica das suas proposições. É claro que Hayek se sentia desconfortável com essa opinião, afirmando às vezes que a posição de Mises era na verdade mais moderada, e outras vezes simplesmente se distanciando de seu mentor. A literatura de fonte secundária contém alguma discussão sobre se "Economics and Knowledge", ensaio seminal de Hayek de 1937, representa ou não uma ruptura decisiva com Mises em favor de uma abordagem popperiana "falsificacionista", que sustenta que a evidência empírica pode ser usada para falsificar uma teoria (mas não para "confirmá-la" por indução).[20] Esse ensaio afirmava que, embora a análise econômica da ação *individual* possa ser estritamente *a priori*, o estudo da troca multipessoal requer suposições sobre o processo de aprendizagem e a transmissão do conhecimento, eles mesmos questões empíricas. O próprio Hayek informa que, desde 1937, "contra ['o apriorismo extremo' de Mises] o presente autor, então bastante inconsciente de que estava simplesmente desenvolvendo parte um tanto ignorada da tradição mengeriana, sustentou que, embora fosse verdade que a lógica da escolha pura, pela qual a teoria austríaca interpretava a ação individual, fosse, de fato, puramente dedutiva, assim que a explicação se moveu para as atividades interpessoais de mercado os processos cruciais eram aqueles pelos quais a informação era transmitida entre indivíduos, e desse modo eram puramente empíricos (Mises nunca rejeitou explicitamente essa crítica, mas não estava mais disposto a reconstruir o seu sistema plenamente desenvolvido àquela altura)". Também é verdade que Hayek leu Popper pela primeira vez no início da década de 1930, e que, em 1941, no mínimo estava mostrando sinais abertos (mas sutis) de afastamento da posição de Mises.[21] A influência de Popper começa a aparecer quando os interesses de Hayek se movem da teoria do valor para a teoria do conhecimento; sugeriu-se que a crítica de Hayek a respeito do planejamento central depende, em parte, da noção popperiana das consequências imprevisíveis de uma teoria: o planejamento fracassa porque não podemos saber previamente todas as implicações do conhecimento que já temos.[22]

Também devemos assinalar que a ênfase posterior de Hayek na evolução e na ordem espontânea não é compartilhada por Mises, embora haja elementos dessa linha de pensamento em Menger. Um indício relativo a essa diferença está na afirmação de Hayek de que "o próprio Mises era ainda muito mais um filho da tradição racionalista do Iluminismo e da Europa continental, em vez do liberalismo inglês ... do que eu mesmo".[23] Essa é uma referência aos "dois tipos de liberalismo" aos quais Hayek frequentemente alude: a tradição racionalista ou utilitária europeia continental, que enfatiza a razão e a capacidade do homem de moldar seu ambiente, e a tradição do direito comum [*common law*], que enfatiza os limites em relação à razão e às forças espontâneas da evolução. Como Hayek escreve em 1978, cinco anos após a morte de Mises:

> Uma das minhas divergências tem a ver com a afirmação de Mises sobre filosofia básica, a respeito da qual sempre me senti um pouco desconfortável. Mas somente agora consigo articular o motivo pelo qual me sinto incomodado. Mises afirma nesse trecho que o liberalismo "encara toda cooperação social como uma emanação da utilidade racionalmente reconhecida, em que todo o poder se baseia na opinião pública, e não pode empreender nenhuma linha de ação que impeça a decisão livre dos homens que pensam".

É só a primeira parte dessa afirmação que eu agora penso que está errada. O racionalismo extremo desse trecho, do qual, como filho de seu tempo, Mises não podia escapar, e que talvez nunca tenha abandonado completamente, agora me parece factualmente equivocado. Com certeza, não era o *insight* racional dos seus benefícios gerais que levava à expansão da economia de mercado. Parece-me que o propósito do ensinamento de Mises é mostrar que *não* adotamos a liberdade porque compreendemos que benefícios traria: que *não* projetamos, e certamente não fomos bastante inteligentes para projetar, a ordem que agora aprendemos parcialmente a compreender. (...) O homem a *escolheu* apenas no sentido de que aprendeu a preferir algo que já funcionava, e por meio de maior compreensão foi capaz de melhorar as condições do seu funcionamento.

Hayek teme que o "racionalismo extremo" da visão europeia continental leve àquilo que ele chama de "erro do construtivismo" — a ideia de que nenhuma instituição social pode ser benéfica a menos que seja resultado do projeto deliberado do homem. Isso, ele acha, está por trás da visão socialista: como os mercados não são criados, um sistema artificial deliberadamente organizado é, por assim dizer, imposto de cima para baixo, devendo ser capaz de superar em desempenho qualquer sistema descentralizado e natural.[24]

Como resultado, a escola austríaca moderna pode ter se dividido em campos opostos: os "misenianos estritos", que são "racionalistas sociais" e praticam "apriorismo extremo", e os "hayekianos", que enfatizam a ordem espontânea e os limites à racionalidade. (Há também um terceiro grupo, os "subjetivistas radicais", que seguem G. L. S. Shackle e Ludwig Lachmann e negam a possibilidade de *qualquer* ordem em assuntos econômicos.) Essas diferenças ainda não foram resolvidas, assim como a natureza do relacionamento de Hayek com Mises não é totalmente compreendida. Como tudo isso afeta a vitalidade progressiva da escola, convém acrescentar, ainda não se sabe.

O ano de 1871, quando Menger publicou *Grundsätze* e a Escola Austríaca nasceu, é significativo em outro aspecto: foi o ano da criação do Reich alemão por Bismarck. Hayek ficou profundamente interessado no futuro da Alemanha depois da Segunda Guerra Mundial; as perspectivas do renascimento do liberalismo na cena internacional, ele acreditava, dependiam muito da reabilitação da comunidade intelectual alemã. Os ensaios da Parte II deste volume demonstram essa preocupação.

Hayek se convenceu da necessidade de uma organização acadêmica internacional de liberais, e, para esse fim, organizou o encontro de 1947 que se tornou a Sociedade Mont Pèlerin. Sua preocupação veio, em parte, do papel que a profissão de economista desempenhou na guerra. Pela primeira vez, economistas profissionais ocuparam em massa cargos nos departamentos de planejamento governamentais — para controlar preços, como no United States Office of Price Administration, encabeçado por Leon Henderson e depois por John Kenneth Galbraith; para estudar aprovisionamento militar (o que se tornou conhecido como "pesquisa operacional") com o Grupo de Pesquisa Estatística da Universidade Columbia; ou para prestar diversos serviços de consultoria. Isso foi absolutamente inédito, e para os liberais, bastante alarmante. (Hayek, ainda que um britânico naturalizado, foi excluído dos esforços britânicos por sua origem austríaca.)

O clima intelectual desse período é captado pela reação dos economistas à decisão do ministro Ludwig Erhard de liberar preços e salários na recém-criada Alemanha Ocidental. Em 1948, Galbraith assegurou aos seus colegas que "nunca houve a menor possibilidade de se conseguir a recuperação da Alemanha pela revogação generalizada [dos controles e das regulações]". Dois anos depois, Walter Heller, posteriormente chefe do Conselho de Assessores Econômicos de John F. Kennedy, acrescentou que "sem dúvida, o uso positivo de medidas fiscais e monetárias [que eu apoio] não está em sintonia com as políticas ortodoxas de livre mercado adotadas pelo atual governo da República Federal da Alemanha".[25] E Hayek recorda o relato da época do próprio Erhard: "Ele mesmo [Erhard] me contou alegremente como, no próprio domingo em que o famoso decreto sobre a liberação de todos os preços, juntamente com a introdução do novo marco alemão, estava para ser divulgado, o general Clay, principal comandante militar norte-americano, ligou para ele e lhe disse no telefone: 'Professor Erhard, meus assessores me dizem que o senhor está cometendo um grande erro', ao que, de acordo com seu próprio relato, Erhard respondeu: 'Os meus assessores também me dizem isso'".[26]

Contra tudo isso, Hayek reuniu para o primeiro encontro em Mont Pèlerin um grupo notável de liberais, em sua maioria pessoas que trabalhavam previamente em isolamento. O grupo incluía estudiosos internacionalmente conhecidos de Economia, História, Ciências Políticas e Filosofia (desde então, quatro dos economistas receberam prêmios Nobel); dois dos participantes, Walter Eucken e Wilhelm Röpke, estavam entre os principais arquitetos da milagrosa recuperação do pós-guerra da República Federal da Alemanha. O propósito de Hayek era incentivar o florescimento dos estudos liberais, na esperança de que a opinião pública acompanharia. "Pois é um problema real", ele observa, "que muitos mantêm a ilusão de que a liberdade pode ser imposta de cima, e não pela criação de precondições pelas quais as pessoas têm a possibilidade de moldar o seu próprio destino".

Os efeitos das iniciativas de Hayek são profundos e duradouros: não só a própria Sociedade continuou a existir, mas organizações mais novas com propósitos semelhantes foram criadas, sobretudo desde o renascimento da Escola Austríaca. Entre essas, incluem-se o Institute of Economic Affairs, em Londres; o Institute for Humane Studies, na Universidade George Mason, em Fairfix, na Virgínia; o Cato Institute, em Washington, D. C.; e o Ludwig von Mises Institute, na Universidade de Auburn, no Alabama. Todos esses grupos contribuíram decisivamente para o renascimento do pensamento liberal nos Estados Unidos e na Europa.

Como exemplo desse renascimento liberal, não precisamos olhar além da absorção, em 1989, do que era anteriormente a Alemanha Oriental pela Alemanha Ocidental; isso representa uma "redescoberta da liberdade" no leste alemão, quarenta anos depois que os esforços de Hayek ajudaram a estabelecer o mesmo na parte ocidental. E embora seja presunçoso dizer que Hayek foi visionário, os Capítulos 8, 10 e 11 desta obra contêm diversos *insights* sobre a natureza da nação e do povo alemão que são relevantes para os acontecimentos ali de hoje.

Em tom de aprovação, Hayek citou o famoso trecho da *General Theory* [*Teoria geral*] de Keynes sobre a influência das ideias abstratas nos acontecimentos do mundo real. "As ideias dos economistas e dos filósofos políticos, tanto quando estão certos como quando estão errados, são mais poderosas do que é geralmente entendido. De fato, o mundo é regido por pouco mais."[27] Neste livro, os textos de Hayek fazem muito para confirmar essa verdade.

Peter G. Klein

PARTE I

A Escola Austríaca de Economia

PRÓLOGO

A economia da década de 1920 como vista de Viena[1]

Embora acredite que os patrocinadores dessas palestras preferissem que eu desejasse relembrar algumas velhas histórias, escolhi deliberadamente até agora tópicos que as evitaram. É um hábito perigoso de adquirir, e quando começamos a descobrir que, para a maioria dos ouvintes, as coisas que lembramos são desconhecidas e desinteressantes, é difícil saber onde parar. No passado, eu mesmo não fui o mais paciente dos ouvintes dessas recordações e agora até me arrependo, pois, quando visitei este país pela primeira vez há quarenta anos, e um velho corretor de ações que havia descoberto que eu estava interessado em crises econômicas insistiu em falar para mim sobre suas experiências na crise de 1873, eu, em vez de ser inteligente o suficiente para lhe formular as perguntas certas, considerei-o um chato. Não sei por que deveria esperar que vocês fossem mais pacientes, sobretudo quando descobri que, depois que abrimos as comportas, todos os tipos de lembranças tendem a escapar, lançando mais luzes sobre a vaidade do palestrante do que sobre qualquer assunto de maior interesse.

Por outro lado, como estudante da história da economia, eu costumava despender muito esforço em tentativas vãs de reconstruir as atmosferas intelectuais em que discussões do passado aconteciam, e desejava que os participantes tivessem deixado algum relato de suas relações com seus contemporâneos, e principalmente que tivessem feito isso na época em que suas recordações ainda eram razoavelmente confiáveis. Neste momento, quando estou diante de vocês comprometido com a tarefa, posso entender perfeitamente por que a maioria dos homens relutava em fazer isso: receio que, nessa tentativa, é quase inevitável que nos tornemos algo narcisistas, e, se eu falar talvez demais sobre minhas próprias experiências, lembrem-se de que o fato de eu poder fazê-lo é minha única justificativa, ainda que talvez insuficiente, para falar sobre esse assunto. Tenho certeza de que, se eu alguma vez vier a preparar essas palestras para publicação, aquilo que anotei para elas demandará muitos cortes. Mas essa apresentação oral é, afinal de contas e em grande medida, uma conversa com velhos amigos, e, assim, vou relaxar.

A Universidade de Viena, na qual ingressei no final de 1918 como um jovem inexperiente recém-saído da guerra, e especialmente a área de Economia da sua faculdade de Direito, era um lugar animadíssimo. Ainda que as condições materiais fossem muito difíceis e a situação política bastante incerta, isso tinha a princípio pouca influência sobre o nível intelectual preservado da época anterior à guerra. Não quero aqui considerar a questão de por que a Universidade de Viena, que até a década de 1860 não havia se distinguido especialmente, então por um período de sessenta ou setenta anos se tornou uma das mais criativas intelectualmente em relação a qualquer outro lugar, e gerou distintas escolas de pensamento internacionalmente reconhecidas em uma grande variedade de áreas: Filosofia, Psicologia, Direito, Economia, Antropologia e Linguística, para mencionar apenas aquelas mais próximas dos nossos interesses. Não estou certo de qual é a explicação, ou se tal fenômeno pode realmente ser explicado plenamente. Vou apenas registrar que a ascensão do lugar à eminência coincide justamente com a vitória do liberalismo político naquela parte do mundo e que essa eminência não sobreviveu por muito tempo à predominância do pensamento liberal.

É possível que, logo depois da Primeira Guerra [Mundial], ainda que alguns dos grandes homens do período de antes da guerra já tivessem partido, e existisse, pelo menos no início, graves lacunas no corpo docente, a fermentação intelectual entre os jovens fosse ainda maior do que antes. Em parte, isso pode ter acontecido devido ao fato, tão flagrante após a Segunda Guerra [Mundial], de que o corpo discente era de uma idade mais adulta; e, em parte, porque a experiência da guerra e suas consequências geraram um forte interesse nos problemas sociais e políticos. Embora alguns dos homens mais velhos estivessem obviamente ansiosos para se formar o mais rápido possível para o exercício de uma profissão, entre os mais jovens os anos desperdiçados no serviço militar durante a guerra criaram uma determinação incomum para aproveitar plenamente as oportunidades que esperavam havia tanto tempo.

De certo modo, é claro, foram as circunstâncias da época que determinaram que muitas das questões e dos problemas que foram intensamente discutidos em Viena naqueles anos apenas mais tarde se tornassem tópicos no mundo ocidental, com a consequência de que, no decorrer das minhas migrações, tive repetidas vezes a sensação de "eu já estive aqui".[2] A proximidade da revolução comunista — Budapeste, a poucas horas de distância, teve um governo comunista por alguns meses, em que alguns dos líderes intelectuais do marxismo foram atuantes e logo apareceram como refugiados em Viena —, a súbita respeitabilidade acadêmica do marxismo, a rápida expansão do que aprendemos desde então a chamar de Estado do bem-estar social, a concepção então nova de "economia planificada" e, acima de tudo, a experiência de uma inflação em um grau de que nenhum europeu vivo tinha lembrança determinaram em grande medida os tópicos da discussão. Todavia, algumas das correntes puramente intelectuais, que desde então arrebataram o mundo ocidental, já estavam no seu auge em Viena naquele momento. Mencionarei apenas a psicanálise e o início da tradição do positivismo lógico, que dominaram toda a discussão filosófica.

Contudo, devo tentar me concentrar aqui no desenvolvimento da teoria econômica, e talvez a circunstância mais notável seja quanto do interesse da universidade, em um momento em que se apresentavam tantas questões práticas urgentes, centralizou-se na mais pura da economia pura. Nesse caso, os efeitos da revolução marginalista,[3] que não se situava muito mais atrás do que o tempo sobre o qual estou falando agora, eram ainda claramente sentidos. Dos grandes homens que a tinham provocado, apenas Wieser[4] ainda estava em atividade. Tanto Böhm-Bawerk[5] como Philippovich,[6] os dois professores mais influentes do período anterior à guerra, o primeiro em teoria e o segundo principalmente em problemas de política, haviam morrido cedo durante a guerra. Carl Menger[7] ainda estava vivo, mas era um homem muito velho, que se aposentara quinze anos antes e que era visto apenas em raras ocasiões. Ele era para nós, os jovens, mais um mito do que uma realidade, principalmente porque seu livro[8] se tornou uma raridade quase impossível de ser obtida, já que os exemplares tinham até mesmo desaparecido das bibliotecas. Poucos dos homens que conhecíamos ainda mantinham contato direto com ele. A memória viva que encontrávamos por toda parte entre nossos superiores era aquela do seminário de Böhm-Bawerk, que, é claro, fora o centro para todos aqueles mais interessados em economia na época anterior à guerra. Nossas contemporâneas femininas, por outro lado, achavam-se todas ocupadas com Max Weber,[9] que por um semestre curto lecionara em Viena pouco antes do fim da guerra, e de nós, os homens, voltarmos dela.

Wieser, o último elo vivo com o grande passado, pareceu para a maioria de nós a princípio um *grand seigneur* um tanto distante e inacessível. Ele acabara de voltar para a universidade após servir como ministro do Comércio em um dos últimos governos imperiais. Wieser dava aulas com base em seu livro *Social Economics*,[10] publicado pouco antes do início da guerra — o único tratado sistemático sobre teoria econômica que a Escola Austríaca[11] produziu e que ele parecia conhecer praticamente de cor. Não se tratava de uma aula animada, mas, como são as aulas puras, era uma performance muito impressionante e esteticamente gratificante, destinada sobretudo aos estudantes de direito, para quem esse singular estudo de teoria econômica seria seu único contato com o assunto. Apenas aqueles que tinham coragem e se aproximavam da imponente figura após a aula descobriam que isso provocaria o interesse mais amável e prestativo e geraria um convite para o seu pequeno seminário, ou até para uma refeição em sua casa.

Inicialmente, havia dois outros professores de economia de período integral: um historiador econômico marxista[12] e logo um novo e jovem professor de inclinação filosófica, Othmar Spann, que a princípio despertou considerável entusiasmo entre os estudantes. Ele tinha algumas coisas úteis a dizer sobre a lógica da relação entre meios e fins, mas rapidamente passou para regiões da filosofia que para a maioria de nós pareceu ter pouco a ver com economia.[13] No entanto, seu pequeno compêndio sobre a História da Economia,[14] supostamente inspirado nas palestras de Menger sobre o assunto, foi a primeira introdução para esse campo de investigação para a maioria de nós.

Embora um novo curso de Ciências Políticas e Econômicas tivesse acabado de ser criado, a maioria de nós ainda estudava para se formar em Direito, curso em que a Economia constituía apenas uma pequena parte, e qualquer competência profissional na área tínhamos que obter basicamente por meio da nossa própria leitura e do ensino de homens para quem isso era um trabalho de amor de tempo parcial. O mais importante deles era, é claro, Ludwig von Mises,[15] mas eu mesmo vim a conhecê-lo bem apenas relativamente tarde, e vou retornar a ele mais adiante.

Devo dizer aqui, porém, algumas palavras sobre a organização universitária na Europa Central, e, em particular, na Áustria, cujas peculiaridades raramente são entendidas e que, apesar de todos os seus defeitos, contribuiu não pouco para o contato estreito entre os acadêmicos de tempo integral e os amadores, no melhor sentido da palavra, que foi tão característico da atmosfera de Viena. O número de docentes de tempo integral na universidade, professores titulares e adjuntos, era sempre pequeno, e esses cargos eram geralmente alcançados só relativamente tarde na vida, raramente na faixa dos trinta anos e mais frequentemente na faixa dos quarenta ou até dos cinquenta anos. Para ter o direito a tal cargo, o docente precisava obter previamente, em geral alguns anos depois do doutorado, uma licença para ensinar como *Privatdozent*, uma função em que o salário se restringia a uma parte das taxas insignificantes que os estudantes pagavam por cursos específicos. Nas disciplinas experimentais, nas quais a pessoa só podia fazer pesquisa em algum instituto, esses *Privatdozenten* geralmente também mantinham cargos de assistentes remunerados em tais institutos, o que talvez permitisse que eles se dedicassem inteiramente ao trabalho científico. No entanto, em todas as disciplinas não experimentais, como Matemática, Direito, Economia, História, Letras e Filosofia, nada do tipo estava disponível. E a menos que a pessoa tivesse uma renda independente, o que antes da Primeira Guerra Mundial uma proporção considerável da classe que entrava para o trabalho acadêmico tinha, mas depois da grande inflação quase ninguém tinha, não havia outra possibilidade a não ser pegar outro emprego para subsistência, realizar pesquisas e dar algumas aulas nas horas vagas. Nas faculdades de Direito, que incluíam Economia, a alternativa mais frequente era se tornar funcionário público ou — o cargo mais atraente — funcionário das diversas organizações comerciais ou industriais, ou advogado praticante; e nas faculdades de Ciências Humanas, a alternativa era geralmente a docência em uma escola secundária, para quebrar o galho até a chegada da tão esperada cátedra, se viesse mesmo — o número de *Privatdozenten* sempre era muito maior do que o número de cátedras. Assim, talvez mais de 50% daqueles que haviam almejado uma carreira acadêmica permaneciam meros docentes de tempo parcial de forma voluntária pelo resto da vida, lecionando o que quer que lhes interessasse, mas sem auferir quase nenhuma renda disso. Para os leigos e, em particular, para os observadores estrangeiros, essa situação era camuflada em grande medida pelo fato de que, depois de alguns anos, o mero título de professor era conferido aos *Privatdozenten*, mas não alterando em nada sua posição. Em algumas disciplinas, porém, tal como Medicina e Direito, o prestígio do título podia conferir vantagens pecuniárias consideráveis, e um médico ou advogado podia cobrar honorários significativamente mais elevados se pudesse se intitular "professor". Foi apenas nesse sentido que, por exemplo, Sigmund Freud sempre foi professor da Universidade de Viena.

Isso não quer dizer que alguns desses homens não tivessem uma influência tão grande como docentes quanto qualquer um dos professores regulares. As duas ou três horas por semana em que eles geralmente lecionavam, se fossem docentes talentosos, às vezes tinham mais repercussão do que as performances dos professores regulares — mas o fato de que era destes últimos o monopólio da aplicação de exames de graduação reduzia inevitavelmente a influência daqueles primeiros.

Em Direito e Economia, de qualquer maneira, esse sistema possuía não só a vantagem de proporcionar a todos os docentes universitários períodos relativamente longos de experiência em trabalhos práticos como também criava geralmente contatos estreitos entre o mundo acadêmico e o mundo profissional. De fato, uma proporção muito maior dos graduados mais talentosos que no final chegava a se qualificar como *Privatdozenten* considerava essa possibilidade por muito tempo e realizava certa quantidade de trabalho científico como atividade paralela. E isso serviu para preservar a tradição do *Privatgelehrte*, o estudioso privado, que, no século XIX, foi de considerável importância — talvez não de tão grande importância na Áustria como foi na Inglaterra, mas ainda assim com algum significado. Em nossa área, um exemplo interessante da década de 1880 envolve

Rudolf Auspitz e Richard Lieben,[16] autores de *Researches on the Theory of Price*, uma das grandes contribuições originárias de Viena para a economia matemática. O primeiro era um produtor de açúcar, e o segundo, um banqueiro. Havia ainda algumas figuras desse tipo no período posterior à Primeira Guerra Mundial, dos quais pelo menos o financista Karl Schlesinger, que escrevera um livro interessante sobre o dinheiro[17] e inventou o termo "oligopólio", participa regularmente de nossa discussão. Durante aqueles anos confusos do pós-guerra, dois ou três outros dos principais homens de negócios e alguns altos funcionários que anteriormente adquiriram renome como economistas viram-se muito ocupados e participaram muito ocasionalmente das atividades científicas correntes.

Contudo, em Viena, naquela época, na principal plataforma para discussões econômicas correntes, uma pequena associação informal denominada Nationalökonomische Gesellschaft,[18] que quase não sobrevivera à guerra e, após uma interrupção, foi revivida, acho que os não acadêmicos e os não profissionais foram sempre maioria. Mas embora esse fosse o único grupo onde velhos e jovens, acadêmicos e não acadêmicos se reunissem cinco ou seis vezes por ano para discutir um conjunto de artigos e ensaios, para nós, homens mais novos, outras oportunidades mais regulares para discussão fora da universidade eram mais importantes. Na maior parte do período entre as duas guerras, a mais importante dessas oportunidades era aquela que ficou conhecida como *Privatseminar*, de Mises, ainda que fosse, na realidade, inteiramente fora da universidade. Tratava-se de encontros quinzenais informais realizados ao anoitecer no escritório de Mises na Câmara de Comércio, e invariavelmente continuavam até tarde da noite em alguma cafeteria. Devem ter começado em 1922, aproximadamente, e acredito que continuaram até a partida de Mises de Viena, em 1934 — não sei dizer com exatidão, visto que não estava no começo nem no fim.[19] Mas entre 1924 e 1931, ajudado pela circunstância de que Mises arranjara emprego para Haberler[20] e para mim no mesmo prédio, e Haberler, como bibliotecário assistente, continuou o trabalho iniciado por Mises de converter a biblioteca da Câmara de Comércio na melhor biblioteca de economia de Viena. Esse prédio da Câmara de Comércio e os encontros realizados ali eram, no mínimo, tanto quanto a universidade, o centro da discussão econômica em Viena.

Havia três ou quatro circunstâncias especiais que davam a essas discussões no círculo de Mises seu interesse peculiar. Naturalmente, Mises estava tão interessado nos problemas básicos da análise da utilidade marginal, que dominavam quase exclusivamente as discussões na universidade, quanto qualquer outro teórico. Porém, questões como a conciliação da análise da produtividade marginal com a teoria da imputação da utilidade, que era, por exemplo, meu interesse principal no início da década de 1920, ou todos os outros refinamentos da análise da utilidade marginal, que encontramos expostos em detalhes no artigo de Rosenstein-Rodan sobre *Grenznutzen* (utilidade marginal), em *Handwörterbuch der Staatswissenschaften*,[21] não eram tanto um interesse exclusivo como eram na universidade sob Wieser e seu sucessor, Hans Mayer.[22] No primeiro caso, Mises já tinha publicado, em 1912, sua *Theory of Money*,[23] e não exagero quando digo que, durante a grande inflação, ele era a única pessoa em Viena, ou talvez no mundo de língua alemã, que realmente entendia o que estava acontecendo. Mises também apresentara e desenvolvera nesse livro algo das ideias de Wicksell,[24] e, assim, propiciara os fundamentos de uma teoria de crises e depressões. Mais recentemente, logo após o fim da guerra, ele publicou um livro pouco conhecido, mas bastante interessante, sobre problemas relativos a casos limites em Economia, Política e Sociologia,[25] e logo lançaria seu grande livro, *Socialism*,[26] que, ao abordar o problema da possibilidade do cálculo racional sem um mercado, proporcionou um dos principais tópicos para a discussão corrente.[27] Mises estava quase sozinho — pelo menos entre os homens de sua geração (havia ainda alguns homens mais velhos, como Gustav Cassel,[28] para os quais isso também era verdade) que estavam preparados para defender os princípios do livre mercado às suas últimas consequências. E ele combinou, mesmo naquela época, o interesse apaixonado pelo que agora denominamos princípios libertários com o grande interesse nos fundamentos metodológicos e filosóficos da economia que se tornaram tão característicos da sua obra posterior. Foi esta última circunstância que tornou o seminário de Mises tão atraente para muitos que não só não compartilhavam sua política como também estavam pouco interessados em economia técnica. Porém, foi a presença regular de homens como Felix Kaufmann,[29] que era principalmente um filósofo, ou Alfred Schultz,[30] que era principalmente um sociólogo, e alguns outros, sobre quem falarei em breve, que deu a essas discussões seu caráter especial.

Antes de comentar algo mais sobre o grupo em que aconteciam essas discussões, quero dizer algumas palavras sobre a fonte desse liberalismo intransigente do qual, em sua geração, Mises era realmente único e ficou quase totalmente isolado — pelo menos entre os autores de língua alemã. Com certeza, ele não é, como pode parecer para algumas das gerações mais jovens, simplesmente uma relíquia de uma época mais antiga, porque existe algo como uma geração inteira entre ele e os últimos liberais clássicos. E se sabe que, quando começou seus estudos, Mises estava pelo menos na mesma medida sob a influência dos ideais então vigentes da reforma social como qualquer outro jovem da sua época. É verdade que Carl Menger, que ainda lecionava quando Mises começou seus estudos (embora eu não acredite que Mises tenha assistido alguma vez às suas aulas[31]), era, em geral, ainda um liberal clássico. No entanto, ainda que o livro 4 da famosa obra de Menger sobre o método[32] contenha algumas das mais importantes contribuições para o que chamei previamente de teoria do crescimento espontâneo, que fornece os fundamentos para uma política de liberdade, ele nunca foi um liberal dogmático ou agressivo.[33] Na geração seguinte, certamente Böhm-Bawerk, Wieser e Philippovich se intitulariam liberais, e acontece que sei que, no caso dos dois primeiros homens, sua opinião política geral, como a de muitos liberais europeus continentais da sua geração, era basicamente aquela que encontramos formulada nos ensaios de T. B. Macaulay,[34] que ambos tinham estudado rigorosamente. Porém, no caso de Wieser e ainda mais no de Philippovich, esse liberalismo já incluía uma grande quantidade de argumentos em favor do controle, certamente no que diz respeito a problemas do mercado de trabalho e da política social: Philippovich, de fato, era bem mais um fabiano do que um liberal no sentido clássico. Böhm-Bawerk pode ter sido uma exceção e permaneceu um liberal verdadeiro do começo ao fim, e seu último ensaio, "Control and Economic Law", pode até ser considerado como o início do renascimento liberal. No entanto, Mises tinha se afastado e se manteve afastado deliberadamente como um liberal intransigente e isolado, e, para sua construção gradual de uma nova doutrina liberal, ele teve de empreender uma viagem de descoberta da literatura inglesa do século XIX, já que a literatura alemã corrente não teria permitido que Mises descobrisse quais eram de fato os princípios do liberalismo. Na época da qual estou falando, porém, ele já havia descoberto espíritos afins em Edwin Cannan[36] e Theodore Gregory[37], em Londres, e é dessa época, no início da década de 1920, que remontam os contatos entre os grupos liberais austríaco e londrino.

O liberalismo de Mises não só o envolveu em uma controvérsia contínua com o poderoso grupo de intelectuais marxistas de Viena — de fato, alguns dos principais luminares foram seus colegas de escola e, por meio de Otto Neurath,[38] tiveram grande influência sobre o grupo de filósofos neopositivistas do "Círculo de Viena", que estava se formando na ocasião —, mas também era intragável para um grande grupo de liberais moderados, que então provavelmente incluía a maioria dos jovens intelectualmente ativos. Ou, em rigor, todos nós que não éramos marxistas no começo pertencíamos a esse grupo, e só alguns de nós fomos conquistados de modo lento e gradual pelo ponto de vista de Mises. Mesmo no *Privatseminar*, desconfio que, no fundo, a maioria era meio socialista fazia muito tempo, e se mantinha ainda mais afastada porque se ressentia do retorno constante da discussão aos princípios do liberalismo, ainda que o questionamento sistemático do que aconteceria se o Estado não interferisse era uma das fontes principais de força dessas discussões.

Antes que eu diga algo mais sobre o ambiente em que minha geração formou suas opiniões, devo dizer algumas palavras acerca de alguns homens da geração intermediária entre a minha e a geração de Schumpeter[39] e Mises, três homens cujas obras merecem ser mais bem conhecidas, mas que morreram relativamente cedo. Nenhum deles nunca foi economista de período integral, mas suas contribuições para a economia técnica são consideráveis. Em primeiro lugar, havia Richard Strigl,[40] o qual todos nós considerávamos como o sucessor predestinado e legítimo da cátedra em Viena e que, de fato, teria sido o mais qualificado para manter a tradição se não tivesse morrido. Seu estudo a respeito da teoria dos salários[41] é um dos mais notáveis da área, e ele também fez contribuições importantes para a teoria do capital. Ainda que tivesse sido *Privatdozent* por muito tempo e houvesse recebido o título de professor, seu principal ofício era como funcionário em uma comissão industrial que supervisionava trocas de empregos e questões similares. Então havia Ewald Schams,[42] o único de todo o nosso grupo que fora aluno de Schumpeter, em Graz, e, provavelmente, também o único profundamente familiarizado com a obra de Walras e Pareto.⁴³ Seus ensaios sobre o método e o caráter lógico da teoria econômica são pequenas joias que mostram todo o asseio e a precisão do apaixonado colecionador de borboletas que ele era — além de ser consultor jurídico em uma das seções da Chancelaria Federal. O terceiro homem desse grupo era o brilhante Leo Schönfeld (que depois trocou seu nome para Leo Illy),⁴⁴ tão atarefado em sua profissão de contador que nós o víamos muito raramente, mas foi o autor do último grande tratado sobre o interesse central tradicional da Escola Austríaca: a teoria do valor subjetivo.⁴⁵

Quando agora me volto para os homens de minha geração, a diversidade de suas atividades profissionais, antes que todos se tornassem professores nos Estados Unidos, era ainda maior. Felix Kaufmann, filósofo, teórico jurídico, lógico e matemático, era diretor do escritório vienense de uma grande empresa de petróleo. Alfred Schutz, sociólogo, era secretário de uma associação de pequenos bancos. Fritz Machlup era fabricante de papelão. Friedrich Engel-Jánosi, historiador, produzia assoalhos de madeira. J. H. Fürth, mais tarde do Federal Reserve Board [Conselho Diretor do Banco Central norte-americano], e Walter Fröhlich, mais tarde professor da Universidade Marquette, eram advogados praticantes. Nenhum deles, no desenrolar convencional dos acontecimentos, teria sido alguma vez professor universitário de período integral, e poucos deles lecionaram alguma vez na universidade antes de partirem de Viena. No entanto, todos eles foram tão importantes na formação de um conjunto comum de ideias como profissionais dependentes de outras atividades como eu, que depois de quatro anos no serviço público tive sorte suficiente para me tornar diretor de um instituto de pesquisa econômica;⁴⁷ ou Oskar Morgenstern,⁴⁸ que logo virou meu assistente e, mais à frente, meu sucessor; ou Haberler, cujo ofício já mencionei; ou Rosenstein-Rodan,⁴⁹ que tinha um cargo de assistente na universidade e que, com Morgenstern, editava a revista *Zeitschrift für Nationalökonomie*. Será fácil ver que nesse círculo a discussão, mesmo que fosse sobre economia técnica, raramente permanecia em economia pura. A influência de Kaufmann como elo dos positivistas jurídicos do *Kreis*, de Kelsen, e do positivismo lógico de Schlick e seu círculo foi especialmente importante, e foi ele que ensinou a todos nós os rudimentos da filosofia moderna da ciência e da lógica simbólica. Por meio de Schutz, todos nós nos familiarizamos com Max Weber e com a fenomenologia de Husserl (que eu, no entanto, nunca entendi, ainda que os talentos expositivos únicos de Kaufmann ajudassem Schutz nisso).

O que fez desse um grupo relativamente muito ligado foi sobretudo que, nas circunstâncias do período inicial do pós-guerra, ele teve que ser forçosamente autossuficiente e se valer muito dos seus próprios recursos. Contudo, não foram apenas as circunstâncias especiais da época que, por alguns anos, dificultaram até o acesso à literatura estrangeira corrente e tornaram as viagens quase impossíveis. Talvez seja difícil se dar conta hoje de quão pouco contato pessoal ou intercâmbio intelectual ainda existia entre os cientistas de diferentes países cinquenta ou até quarenta anos atrás. Ainda que ocasionalmente se correspondessem, acredito que, antes da Primeira Guerra Mundial, poucos dos principais economistas de diferentes países tivessem se encontrado cara a cara alguma vez. Houve algumas primeiras iniciativas deliberadas para remediar isso nos anos imediatamente anteriores à guerra. Uma dessas foi o primeiro intercâmbio de professores visitantes entre universidades norte-americanas e europeias continentais; o fato de Schumpeter, que foi para Harvard em 1913, ter sido provavelmente o primeiro professor visitante austríaco tem algum significado. Na minha opinião, foi principalmente por isso que, no período inicial do pós-guerra, as obras dos teóricos norte-americanos John Bates Clark,[50] Thomas Nixon Carver,[51] Irving Fisher,[52] Frank Fetter[53] e Herbert Joseph Davenport[54] eram mais conhecidas por nós em Viena do que as obras de quaisquer outros economistas estrangeiros, exceto talvez os suecos. Uma visita de Wicksell a Viena antes da guerra era lembrada como um acontecimento, e Gustav Cassel, é claro, era, nos anos imediatamente posteriores à guerra, o mais famoso de todos os economistas vivos, dando palestras e escrevendo em jornais de todos os países europeus — tão superestimado então quanto é subestimado agora. Mas embora acolhêssemos positivamente o fato de que sua versão simplificada de Walras ocasionasse um renascimento do interesse da teoria econômica na Alemanha, Cassel não tinha muito a nos oferecer.

Mas voltemos por um momento para a situação anterior à guerra. O quão fora do comum ainda era na época um encontro pessoal entre economistas de diferentes países e ainda mais além-mar ficou demonstrado pela vívida lembrança que Wieser preservou de uma única exceção: um encontro que, não muito antes da guerra, a Carnegie Foundation for International Peace organizara na Suíça para discutir uma série de publicações que planejara. E não devo omitir aqui o episódio do encontro acidental de Alfred Marshall e alguns dos austríacos que a sra. Marshall relata em suas memórias,[55] e que contarei como o ouvi de Wieser, mesmo que alguns de vocês já tenham me ouvido contar a história antes. Durante algum tempo, creio, os Marshall e os Wieser passaram suas férias de verão no mesmo vilarejo, no vale das Dolomitas, então parte da Áustria. Entretanto, embora eles logo descobrissem a identidade um do outro, os dois eram bastante tímidos e não eram grandes conversadores. Assim, não fizeram nenhuma tentativa de travar amizade. Então, certo dia, Böhm-Bawerk, acho que na companhia de um terceiro membro da Escola Austríaca, veio visitar Wieser, seu cunhado, e, sendo um conversador empolgado e brilhante (que se ressentia um pouco da relutância do cunhado de conversar sobre economia com ele), aproveitou a ocasião para se apresentar a Marshall, com quem, creio, ele tinha tido alguma correspondência anterior. Por sua vez, a sra. Marshall ofereceu o chá que ela menciona e do qual existe uma fotografia. Aparentemente, tudo transcorreu de modo bastante agradável e amável. Porém, no ano seguinte, tanto os Marshall como os Wieser, por conta própria, escolheram outro lugar para suas férias, onde os homens do casal pudessem trabalhar sem perturbações e sem encontrar outros economistas.

Ao falar sobre grandes conversadores entre os economistas me ocorre que vocês podem querer saber por que ainda não comentei mais a respeito de Schumpeter — com certeza, o conversador mais brilhante entre os economistas que conheci, com a única exceção de Keynes, com quem ele tinha muitas outras coisas em comum, especialmente um desejo endiabrado *pour épater les bourgeois* [chocar os burgueses], certa pretensão à onisciência e uma tendência ao blefe que ia muito além do conhecimento espantoso deles.[56] No que diz respeito a Schumpeter, o fato é que, durante os poucos anos do pós-guerra que ele viveu em Viena, quase não teve contato com os economistas e viu pouco até mesmo aqueles que foram seus contemporâneos no seminário de Böhm-Bawerk. Claro que seus dois livros anteriores à guerra e seu ensaio sobre o dinheiro[57] eram conhecidos por todos nós. Contudo, nós quase não o vimos, e alguns dos seus pronunciamentos sobre questões de atualidade lhe valeram a reputação de *enfant terrible* entre os economistas. Ele teve então a infelicidade de, durante um curto período como ministro das Finanças, na época do auge da inflação,[58] ter que assinar um decreto que confirmava que dívidas contraídas em coroas boas podiam legalmente ser saldadas pela mesma quantidade de coroas depreciadas, pois *"Krone ist Krone"*, como a frase circulou, tendo como resultado, acredito, que, até os dias de hoje, os austríacos típicos da minha geração se ruborizam quando o nome de Schumpeter é mencionado. Então, ele se tornou presidente de um dos menores bancos de Viena, que prosperara muito durante a inflação, mas faliu completamente logo depois. Em seguida, Schumpeter voltou para a vida acadêmica em Bonn, na Alemanha. Devo acrescentar que, embora Schumpeter fosse admirado, mas não muito apreciado por seus superiores e contemporâneos, todos os que conheciam os detalhes dos seus envolvimentos financeiros falavam muito bem da maneira como ele se comportou depois do colapso do banco que presidiu em relação aos que sofreram no caso.

Eu só encontrei Schumpeter uma vez naquele período e, como a ocasião está relacionada com a retomada e rápida extensão dos contatos internacionais após a guerra, mencionarei isso. Pouco mais de quarenta anos atrás, eu havia decidido que uma visita aos Estados Unidos era fundamental para um aspirante a economista. De alguma maneira, consegui juntar o dinheiro para a viagem e obter uma vaga promessa de um emprego se eu chegasse até lá. Então, Wieser pediu para Schumpeter me fornecer cartas de apresentação para seus amigos nos Estados Unidos. Em seguida, visitei Schumpeter em seu suntuoso escritório — os escritórios dos presidentes de bancos tendem a ficar cada vez mais pomposos à medida que se deslocam para o Leste, e Schumpeter poderia estar em Bucareste em vez de em Viena —, e ele me deu um conjunto de cartas de apresentação para todos os grandes economistas norte-americanos, autênticas cartas diplomáticas, tão grandes em tamanho que tive que fazer uma pasta especial para que não chegassem amassadas aos seus destinos. No entanto, as cartas resultaram em verdadeiros "abre-te sésamo": provavelmente o primeiro economista da Europa Central a visitar os Estados Unidos depois da guerra, fui recebido e tratado muito além do meu merecimento por John Bates Clark, Seligman,[59] Seager,[60] Mitchell[61] e H. P. Willis,[62] em Nova York; T. Carver, em Harvard (me desencontrei de Taussig⁶³ em uma visita rápida); Irving Fisher, em Yale; e Jacob Hollander, na Johns Hopkins.⁶⁴ Foi graças a essas cartas de apresentação que tive a permissão de ler o último texto do último seminário de J. B. Clark — não sobre um assunto teórico, mas sobre as condições econômicas na Europa Central — e que, finalmente, mas não menos importante, depois que minha expectativa em relação a um emprego fracassou e meus poucos recursos financeiros terminaram, nunca tive de começar a lavar pratos em um restaurante da Sexta Avenida, em um emprego que já havia conseguido, pois encontraram para mim um cargo como assistente de Jeremiah W. Jenks, na Universidade de Nova York (ou melhor, no Alexander Hamilton Institute), que me permitiu dedicar meu tempo a questões mais intelectuais. Um ano depois, as primeiras bolsas de estudo Rockefeller — ou pelo menos as primeiras para aliados do ex-inimigo — foram concedidas, e um fluxo cada vez maior de estudantes europeus para esse país [os Estados Unidos] começou, o que tornou esses contatos um assunto cotidiano.

Devo confessar que, a partir do meu interesse predominantemente teórico, a primeira impressão da economia norte-americana foi decepcionante. Logo descobri que os grandes nomes, que eram familiares para mim, eram considerados homens antiquados pelos contemporâneos norte-americanos, que o trabalho com base nas obras deles não avançara mais do que eu já sabia, e que o único homem em cujas palavras os impacientes jovens juravam era o único que eu não conhecia até que Schumpeter me deu uma carta de apresentação endereçada a ele: Wesley Clair Mitchell. De fato, ciclos econômicos e institucionalismo eram os dois principais tópicos de discussão. Foi o ano da publicação da obra *The Trend of Economics*, destinada a oferecer um programa para a escola institucionalista, por Rexford Guy Tugwell.⁶⁵ E uma das primeiras solicitações ao economista visitante foi sua ida à New School for Social Research para ouvir Thorstein Veblen resmungar de modo sarcástico e quase inaudível para um grupo de velhinhas admiradoras — uma experiência estranhamente insatisfatória.⁶⁶ É provável que a parte mais instrutiva e sólida da discussão corrente tenha sido sobre a política do Banco Central, girando principalmente ao redor do importante relatório do Federal Reserve Board de 1923. "Estabilização" era a palavra-chave sob a qual todos os problemas eram discutidos. O que mais me intrigou acerca desses problemas, e me intriga desde então, foi o quanto a estabilização do nível de preços, ou qualquer outra grandeza observável, asseguraria realmente a eliminação dessas forças desequilibrantes que vinham do dinheiro. Todavia, na época, o único artigo que escrevi foi uma tentativa de demonstrar que não podemos estabilizar o valor externo e interno do dinheiro ao mesmo tempo. Nunca o publiquei, porque, antes que eu conseguisse colocá-lo em um inglês decente o suficiente para apresentá-lo a um editor, deu-se a publicação de *Tract on Monetary Reform*,[67] de Keynes, em que ele chamava a atenção para a mesma coisa. Acredito que, naquele momento, pareceu para a maioria dos economistas como uma reflexão inteiramente nova, embora possamos nos surpreender com o quão tarde uma circunstância relativamente simples passou a ser entendida em geral.

Na época, claro que as tentativas de previsão econômica exerceram um grande fascínio, em particular os indicadores econômicos do Harvard Economic Service, e, por mais questionáveis que todos pareçam em retrospecto, a familiaridade com esses indicadores e toda a técnica de lidar com séries temporais econômicas foram a maior vantagem prática que nós, repatriados dos Estados Unidos, obtivemos — tenho um pouco de vergonha de confessar — para nossas carreiras profissionais. Mas isso produziu a vantagem sólida que nos forçou a nos familiarizarmos com as técnicas modernas de estatística econômica, que eram ainda praticamente desconhecidas na Europa.

Não há dúvida de que foi a minha experiência de visita aos Estados Unidos que me levou, e logo a de muitos dos outros visitantes deste país, aos problemas das relações entre teoria monetária e ciclo econômico. Talvez as teorias de "subconsumo" de Foster e Catchings agora esquecidas, mas na época muito discutidas, tenham oferecido aos teóricos o ponto de partida mais interessante.[68] Todavia, eu as considerei, e as críticas às quais foram submetidas por um prêmio pela melhor crítica adversa do trabalho deles, não mais satisfatórias do que o resultado do trabalho mais empírico de Mitchell, que pareceu levantar mais perguntas do que respostas. Tudo me mandou de volta a Wicksell e Mises, e me fez tentar construir sobre as fundações que eles assentaram uma descrição totalmente explícita das sucessivas fases do ciclo econômico, nas quais todos nós ainda acreditávamos. Foi esse trabalho que me ocupou a maior parte dos sete anos que permaneci em Viena depois do meu retorno. No momento em que pensei que tinha a solução em minhas mãos, fui incentivado a fazer um esboço conciso de *Prices and Production*.[69] No entanto, logo me apercebi de que a teoria do capital sobre a qual me baseara era simplista demais para carregar o fardo da superestrutura que eu tentara construir sobre ela. O resultado foi que tive de dedicar a maior parte da década seguinte a providenciar uma teoria do capital mais satisfatória do que aquela que tive para trabalhar. Receio que ainda me pareça a parte da teoria econômica que se encontra no estado menos satisfatório. Mas já estou além do ponto do tempo que pretendia alcançar na palestra de hoje.

Não parece haver muito a dizer sobre a segunda metade da década de 1920. Pode ser apenas minha preocupação como diretor do novo instituto de pesquisa de ciclos econômicos que me faz pensar em assistir ao *boom* norte-americano e querer saber quanto tempo duraria o espetáculo. Os pagamentos de indenizações e os problemas de transferência eram as outras fontes de interesse teórico principal, mas nunca tive interesse ativo na teoria de comércio internacional, e o livro de Haberler[70] é, claro, o produto representativo da discussão daquela época. Contudo, o esforço geral dos teóricos era provavelmente avançar no sentido de uma integração das diferentes escolas. Em Viena, nós, de qualquer importância, ficamos ocupados muito cedo, apenas absorvendo a enxurrada de novas ideias que estavam vindo de outros lugares, principalmente da Inglaterra — Hawtrey,[71] um dos autores mais avançados —, mas também cada vez mais dos Estados Unidos.

ADENDO
JOHN BATES CLARK (1847-1938)[72]

Quando John Bates Clark morreu em 23 de março de 1938, aos noventa e um anos, ele havia se tornado para os economistas mais jovens deste lado do Atlântico,[73] uma figura quase lendária, e, para alguns, parecia ser conhecido principalmente como um Bastiat moderno,[74] o último crente na harmonia natural das forças econômicas. Este não é o lugar para defendê-lo contra essa má interpretação. E o seu grande feito no âmbito da teoria econômica — o desenvolvimento e o estabelecimento definitivo da análise da produtividade marginal —, o que o coloca entre os fundadores da teoria econômica moderna, será motivo para o futuro historiador do pensamento econômico falar. Mas todos nós devemos ser gratos por esse encantador serviço em memória do homem John Bates Clark, um dos mais amáveis e sábios entre os professores de sua geração, como alguém que o conheceu bem durante esse último ano de ensino ativo pode testemunhar. Muitos devem ser aqueles que lhe devem grande gratidão pela maneira generosa com que ele os ajudou e os orientou nos primeiros passos de suas carreiras científicas. E para aqueles que nunca o conheceram, esse pequeno esboço de sua vida e atividades dará uma visão vívida de uma das figuras realmente grandes de nossa matéria.

Talvez essa seja a ocasião apropriada para dar uma pequena contribuição para a biografia de J. B. Clark, reproduzindo a carta a seguir, que por acaso está de posse do comentador. Ela foi escrita logo depois da publicação de *Theorie des Preises mit besonderer Beücksichtigung der Lehre* (Leipzig: Stein, 1889), do falecido Robert Zuckerkandl, e incluso no livro havia um exemplar de *New Englander*, nº 161, de julho de 1881, contendo o artigo de J. B. Clark sobre "The Philosophy of Value":

Smith College, Northampton, Mass. 14 de janeiro de 1890.

Prezado senhor,

Neste momento, estou tendo o prazer e o proveito de ler seu admirável livro sobre a teoria dos preços. Tomei a liberdade de lhe enviar uma antiga publicação minha sobre valor. Na época da publicação, em 1881, eu era um jovem professor em uma das nossas faculdades da região oeste; e achei realmente que era o descobridor original dos princípios expressos no artigo. A análise foi escrita muito tempo antes da sua publicação.

Atenciosamente,
J. B. Clark

Herrn Dr. Robert Zuckerkandl,
Viena.

PARTE I   A ESCOLA AUSTRÍACA DE ECONOMIA

> P. S.: Nada me dá maior prazer do que prestar todas as honras aos eminentes pensadores, principalmente austríacos, que entraram nesse campo de investigação mais cedo do que eu, e que levaram suas análises mais longe.
>
> Podemos acrescentar, talvez, que, apesar da conhecida e vívida controvérsia sobre a teoria do capital, as relações pessoais entre J. B. Clark e os austríacos, quando finalmente foram estabelecidas pouco antes da guerra, foram muito cordiais, e que pelo menos alguns dos membros da segunda ou terceira geração da escola austríaca deveram quase tanto aos ensinamentos de J. B. Clark quanto aos de seus professores próximos.

ADENDO
WESLEY CLAIR MITCHELL (1874-1948)[75]

Com a morte de Wesley Clair Mitchell aos setenta e quatro anos, a ciência econômica norte-americana perdeu uma de suas figuras mais ilustres e, talvez, a mais representativa. Além de suas importantes contribuições para problemas específicos, ele provavelmente contribuiu mais do que qualquer outro economista da sua geração para moldar a abordagem geral da matéria que, durante os últimos trinta anos,[76] foi distintiva da maior parte do trabalho realizado nos Estados Unidos.

Formado originalmente em Chicago na tradição clássica ortodoxa, representada por J. L. Laughlin, Mitchell logo ficou sob as influências decisivas de Thorstein Veblen e John Dewey. Embora se familiarizasse completamente com a teoria econômica da época, e durante grande parte de sua carreira como professor dedicasse seus principais ciclos de palestras a uma discussão do seu desenvolvimento, Mitchell considerava sua utilidade como algo limitado, e dedicou seus esforços ao desenvolvimento de uma abordagem diferente, que lhe pareceu mais no espírito da ciência empírica, e para a qual ele se baseou amplamente no pensamento de Veblen, Dewey e da escola histórica alemã. Foi a partir dos esforços dele mais do que dos de qualquer outro homem que surgiu a escola "institucionalista" de economia, que, na década de 1920, encontrou seus protagonistas mais ativos na Universidade Columbia, onde Mitchell lecionara desde 1914, e na década de 1930 exerceu grande influência nas políticas econômicas do presidente Roosevelt.

Mitchell dedicou quase inteiramente o trabalho de pesquisa aos problemas sobre a linha divisória entre economia e estatística. Após dois estudos sobre os problemas monetários do período do "Greenbak" [papel-moeda emitido pelos Estados Unidos durante a Guerra Civil], publicados em 1903 e 1908, Mitchell se voltou para a investigação do problema das flutuações industriais, e em 1913 apresentou sua monumental obra *Business Cycles*,[77] que rapidamente se tornou um clássico, e que, provavelmente, influenciou o desenvolvimento dessa área durante os vinte anos seguintes mais do que qualquer outra obra. O assunto fez permanecer o interesse central de Mitchell, para o qual dedicou a maior parte do seu trabalho técnico pelo resto da sua vida. Suas contribuições adicionais ao assunto consistem tanto no trabalho de um grupo dedicado de colaboradores e alunos, que ele inspirou e ajudou, e na organização da pesquisa que ele criou, como em suas próprias publicações posteriores. O National Bureau of Economic Research, em Nova York, que ele fundou após a Primeira Guerra Mundial, é, muito provavelmente, a instituição mais bem-sucedida desse tipo que existe. Além de dirigir todas as suas atividades por vinte e cinco anos, Mitchell se encarregou especialmente da série de estudos especiais que visavam substituir sua iniciativa solitária inicial por um estudo mais abrangente de todo o problema das flutuações cíclicas. Um primeiro volume da nova grande obra que Mitchell planejara apareceu na série de publicações do Bureau, em 1927, sob o título *Business Cycles: The Problem and its Setting*.[78] Um segundo volume, *Measuring Business Cycles*,[79] elaborado em conjunto com o dr. A. F. Burns, mais tarde seu sucessor como diretor do Bureau,[80] apareceu somente em 1946. Um volume adicional, que era para resumir a conclusão principal de um trabalho de um quarto de século nessa área foi, dizem, praticamente concluído algum tempo antes da morte de Mitchell.

Contudo, os interesses e as atividades de Mitchell eram muito mais amplos do que o sugerido por esse esboço do seu persistente objetivo principal. Durante muitos anos, os deveres públicos exigiram muito do seu tempo. E embora ele provavelmente seja lembrado principalmente por seu trabalho pioneiro em uma área especial, seus interesses e sua perspectiva geral eram quase tanto os de um filósofo quanto os de um especialista. O caráter e o significado das ciências sociais e sua função na sociedade eram, no mínimo, um problema tão persistente para ele quanto aqueles da área especial em que ele próprio experimentou com novas técnicas. Uma coleção dos seus ensaios publicada em 1937 sob o título *The Backward Art of Spending Money*[82] dá talvez a melhor noção da gama dos seus interesses e do caráter das suas visões metodológicas. Do mesmo modo, um volume de ensaios dos seus alunos e admiradores publicado em sua honra dois anos antes dá alguma indicação da influência das suas ideias. Mesmo para alguém que conhece Mitchell apenas ligeiramente, não é difícil ver como essa influência deve ter sido ampliada pelo poder da sua personalidade e pelo exemplo da dedicação concentrada em um ideal científico.

CAPÍTULO 1

A Escola Austríaca de Economia[1]

A TEORIA DO VALOR ANTES DE 1871

Em geral, a "revolução marginal[ista]" da década de 1870 é reconhecida como o passo principal no avanço da teoria econômica. Aqueles que foram capazes de começar com seus resultados estabelecidos costumam achar difícil compreender por que uma ideia óbvia e simples, que tinha ocorrido a muitos pensadores prévios, exerceu tão grande efeito quando W. S. Jevons, Carl Menger e Léon Walras, separadamente, redescobriram-na quase ao mesmo tempo[2] e, em particular, por que a tradição fundada por Menger afetou tão profundamente a teoria econômica por duas gerações. Para explicar isso, é necessário que se aprofunde na distinção que é expressa de modo frequente, mas inadequado, como um contraste entre as teorias do valor "objetivo" e "subjetivo".

Uma vez que valor é evidentemente um atributo possuído por certas coisas ou serviços, era natural buscar seus determinantes em alguma propriedade, ou propriedades, de objetos específicos que o possuem. Esse procedimento se mostrou bem-sucedido nas ciências físicas, e, portanto, a expectativa de que os objetos dotados do mesmo valor também deviam ter outras propriedades "intrínsecas" em comum pareceu razoável. Claro que muitas vezes fora vislumbrado que o fator decisivo talvez fosse algo detectável não no objeto em si, mas nas relações dos homens com o objeto. Repetidas vezes, desde os filósofos escolásticos medievais (e até mesmo

Aristóteles), fora assinalado que, para possuir valor, um objeto deve ser útil e escasso.[3] Porém, raramente essa ideia era seguida de maneira sistemática (embora seja necessário abrir uma exceção para o maior dos primeiros antecipadores da teoria moderna, Ferdinando Galiani, em sua obra *Della moneta*, de 1750[4]) e nunca a ponto de perceber que aquilo que era relevante não era apenas a relação do homem com uma coisa específica ou uma classe de coisas, mas a posição da coisa na estrutura completa de meios e fins — o esquema completo pelo qual os homens decidem como alocar os recursos à sua disposição entre suas diferentes iniciativas.

Em grande medida, foi a partir da abordagem do problema do valor através da análise paciente do caráter da escolha econômica nos diversos tipos de relações possíveis entre diferentes meios e diferentes fins que, no final, emergiu a explicação de valor que tornou o trabalho de Menger e seus alunos tão imediatamente eficaz. Embora as respostas fornecidas por Jevons e Walras ao velho paradoxo da água e do diamante [*paradox of value*] não fossem menos corretas, foram omitidas pelos economistas mais contemporâneos pela notação matemática empregada. Além disso, esses autores trataram a solução do paradoxo da utilidade como apenas um passo preliminar a ser tirado rapidamente do caminho, a fim de dar prosseguimento ao assunto principal: a explicação do valor de troca. Os austríacos, por outro lado, fizeram a análise completa das condições do valor, independentemente da possibilidade de troca; essa foi uma tarefa tão fundamental que, posteriormente, tiveram de se defender contra o mal-entendido de que eles acreditaram que a utilidade marginal fornecia uma explicação direta dos preços.[5] Naturalmente, o valor subjetivo que isso explica é apenas um primeiro passo para a segunda fase: a teoria dos preços.

Na Europa continental, desde Galiani, a abordagem da utilidade-*e*-escassez permaneceu uma tradição importante, e *insights* consideráveis foram alcançados em obras como *Le commerce et le gouvernement*, de E. B. de Condillac, de 1776;[6] *Considérations sur l'ndustrie*, de Louis Say, de 1822;[7] *De la nature de la richesse*, de Auguste Walras, de 1831;[8] *De la mesure de l'utilité des travaux publics*, de Jules Dupuit, de 1844;[9] e, finalmente, a notável, mas na época completamente ignorada, obra *Entwicklung der Gesetze des menschlichen Verkehrs*, de H. H. Gossen, de 1854.[10] Na Inglaterra, por outro lado, a economia política clássica, geralmente muito mais altamente desenvolvida, tinha se apegado a uma teoria "objetiva" do valor-trabalho, e a tradição da utilidade persistiu apenas como um tipo de subcorrente de protesto, que alcançou um ponto alto em 1834 com *The Notion of Value*, de W. F. Lloyd.[11] Ela foi totalmente sobrepujada quando, já em 1848, J. S. Mill, em sua obra *Principles of Political Economy*, não só reinterpretou a posição clássica como serenamente afirmou: "Felizmente, não há nada nas leis do valor que resta para o autor do presente ou do futuro esclarecer; a teoria sobre o assunto está completa."[12]

MENGER E AS ORIGENS DA ESCOLA AUSTRÍACA

Enquanto W. S. Jevons (que com seu esboço preliminar de uma teoria do valor baseada na "utilidade final" antecipara Menger em nove anos[13]) escrevia em oposição direta à doutrina dominante e tinha pouco mais do que o utilitarismo de Bentham para recorrer, tanto Menger como Walras foram capazes de se basear em uma rica tradição literária favorável à abordagem baseada na utilidade. Porém, em Viena, onde Menger trabalhava, havia pouco interesse em teoria econômica. Naquela época, a economia era ensinada na Universidade de Viena por alemães com interesses principalmente sociológicos.[14] Portanto, a rápida ascensão de uma escola austríaca de teoria econômica se deveu inteiramente ao trabalho de Menger — embora isso coincidisse com a ascensão da universidade a uma grande eminência em uma série de outras áreas, que por cerca de cinquenta ou sessenta anos a tornou um centro intelectual de grande influência.[15]

Em Viena, Carl Menger era funcionário público do gabinete do primeiro-ministro quando, aos trinta e um anos, publicou sua primeira e decisiva obra, *Principles of Economics*.[16] Era a primeira parte de um tratado planejado, mas cujo resto nunca foi publicado. Tratava das condições gerais que criam atividade econômica, valor, troca, preço e dinheiro. O que a tornou tão eficaz foi que a explicação de valor oferecida surgiu de uma análise das condições determinantes da distribuição de bens escassos entre usos concorrentes e da maneira pela qual bens diferentes competiam ou cooperavam para a satisfação de necessidades diferentes; em resumo, o que foi chamado há pouco de "estrutura de meios e fins". É essa análise que precede a teoria do valor propriamente dita. Friedrich von Wieser iria desenvolver isso sistematicamente em uma parte *vorwerttheoretische* da teoria econômica, tornando a forma austríaca de análise da utilidade marginal adequada e, ao mesmo tempo, uma base para desenvolvimento adicional. Dessa análise, surge a maior parte do que é conhecido hoje como a lógica da escolha ou o "cálculo econômico".

Em geral, a exposição de Menger caracteriza-se mais pelos mínimos detalhes e pela busca incansável de pontos importantes do que pela elegância ou pelo uso de termos gráficos para expressar suas conclusões. Embora a exposição seja sempre clara, ela é difícil, sendo improvável que suas doutrinas tivessem tido alguma vez grande apelo na forma em que ele as enunciou. No entanto, Menger teve a boa sorte de encontrar leitores ao mesmo tempo ávidos e talentosos em dois jovens que deixaram a Universidade de Viena algum tempo antes de ele se tornar professor ali. Esses jovens decidiram fazer com que os ensinamentos de Menger se convertessem no trabalho principal de suas vidas. Foi principalmente por meio do trabalho de Eugen von Böhm-Bawerk e Friedrich von Wieser, colegas de classe e mais tarde cunhados, que as ideias de Menger foram desenvolvidas e divulgadas.[17] Gradualmente, durante a década de 1880, quando as obras mais influentes desses dois foram publicadas, eles foram acompanhados por outros que trabalhavam nas universidades ou em outros lugares na Áustria. Desses, Emil Sax (1845-1927), Robert Zuckerkandl (1856-1926), Johann von Komorzynski (1843-1912), Viktor Mataja (1857-1933) e Robert Meyer (1855-1914) merecem particular menção. Um tanto mais tarde, vieram Hermann von Schullern zu Schrattenhofen (1861-1931) e Richard Schüller (1871-1972).

Em 1889, ano em que o maior número de publicações importantes do grupo se concentrou, também houve o lançamento de um tratado teórico importante, *Untersuchungen über die Theorie des Preises*,[18] de Rudolf Auspitz e Richard Lieben, dois homens de negócios vienenses. Porém, só com ressalvas o tratado pode ser incluído nas obras da Escola Austríaca. Ele avançou em linhas paralelas, mas completamente independentes, e, por causa de sua exposição muito matemática, era bastante difícil para a maioria dos economistas da época, de modo que sua importância veio a ser reconhecida só muito mais tarde.

De grande importância para a divulgação dos ensinamentos da escola, sobretudo na Alemanha, foi o fato de que outro professor vienense, Eugen von Philippovich von Philippsberg (1858-1917), embora não fosse um teórico ativo, incorporou o princípio da utilidade marginal em um compêndio muito bem-sucedido, intitulado *Grundriss der politischen Okonomie*,[19] que por cerca de vinte anos depois da publicação permaneceu o compêndio mais usado na Alemanha e quase o único canal através do qual o princípio da utilidade marginal se tornou conhecido ali.[20] Em outros países estrangeiros, principalmente Inglaterra, Estados Unidos, Itália, Países Baixos e países escandinavos, as publicações econômicas básicas dos austríacos se tornaram conhecidas mais cedo, em parte em traduções em inglês.[21] O seguidor estrangeiro mais importante foi, provavelmente, o sueco Knut Wicksell, contemporâneo exato de Böhm-Bawerk e Wieser. Embora também tivesse uma grande dívida com Walras, Wicksell escreveu, em 1921, que "Desde *Principles*, de Ricardo, não houve nenhum outro livro — nem mesmo excetuando a obra brilhante, mas algo aforística de Jevon, e a obra infelizmente difícil de Walras — que tenha exercido tão grande influência no desenvolvimento da ciência econômica como *Grundsätze*, de Menger".[22]

DESENVOLVIMENTO POR BÖHM-BAWERK E WIESER

No desenvolvimento teórico das ideias de Menger, os passos mais importantes foram a interpretação de Wieser a respeito dos custos como utilidade sacrificada (ou "custos de oportunidade", como o conceito passou a ser chamado depois) e a teoria da determinação do valor dos fatores de produção por "imputação" (*Zurechnung*). (Este último termo e o termo *Grenznutzen* — "utilidade marginal" — foram introduzidos por Wieser.) No campo da teoria do valor propriamente dita, Böhm-Bawerk contribuiu principalmente pela lucidez de sua exposição e pela grande habilidade de suas polêmicas. Sua contribuição original mais importante foi a teoria do capital e dos juros, que de modo algum foi aceita por todos os membros da escola.[23] Em geral, pode-se dizer que a escola jamais desenvolveu uma ortodoxia estrita, mas que o desenvolvimento das ideias de Menger por seus diferentes membros revela diferenças distintas. Isso se aplica particularmente a Böhm-Bawerk e Wieser, que, sob muitos aspectos, representavam tipos intelectuais muito diferentes[24] e cujas iniciativas assinalaram os pontos de partida de duas tradições distinguíveis dentro da escola. Böhm-Bawerk tinha um raciocínio lógico particularmente consistente, era um debatedor magistral e, ao mesmo tempo, era um homem de grande experiência prática (foi três vezes ministro das Finanças da Áustria). Ele era capaz de fundamentar seu trabalho em um domínio completo de toda a literatura econômica, e sempre estava pronto para discordar de outras visões. Portanto, sob vários aspectos, Böhm-Bawerk permanecia mais próximo dos fundamentos de Menger do que Wieser, que após o estímulo inicial recebido de Menger perseguiu fortemente seus próprios caminhos. Em consequência, a obra de Wieser possui um caráter bastante pessoal, e embora em alguns aspectos (por exemplo, na análise do papel de diferentes graus de monopólio), ele tenha previsto evoluções posteriores, em outros, como sua insistência na calculabilidade e comparabilidade interpessoal da utilidade, ele evoluiu em direções que mais tarde tiveram de ser abandonadas. Sua obra *Social Economics*,[25] que constitui a única sistematização completa da teoria econômica da escola de Menger inicial, consequentemente não pode ser considerada como representativa, mas, não obstante, representa uma realização distintamente pessoal.

CONTROVÉRSIA COM A ESCOLA HISTÓRICA

Carl Menger foi um professor bastante eficiente, e por meio de seus inúmeros alunos e sua participação na discussão da época da política econômica e financeira exerceu considerável influência sobre a vida pública austríaca. Se depois de sua primeira obra suas contribuições literárias à teoria pura, exceto no campo do dinheiro, são poucas, isso deve ser atribuído principalmente ao seu envolvimento na *Methodenstreit*, sua disputa acerca do método com o líder da escola histórica alemã mais jovem, Gustav Schmoller.[26] Que o livro de Menger tenha permanecido quase despercebido na Alemanha se deveu principalmente ao fato de que a predominância da escola histórica tinha quase eliminado o ensino da teoria econômica das universidades alemãs. Nessas circunstâncias, era natural que parecesse urgente para Menger defender a importância da pesquisa teórica. Isso ele realizou em sua obra *Problems of Economics and Sociology*,[27] que sob vários aspectos tornou-se tão importante para o desenvolvimento da Escola Austríaca quanto *Grundsätze*, sua obra inicial, embora, em detalhes, suas visões metodológicas não fossem plenamente aceitas mesmo dentro de sua própria escola. Contudo, a justificação sistemática do que Schumpeter chamaria mais tarde de "individualismo metodológico"[28] e a análise da evolução das instituições sociais (em que ele retomou ideias originalmente concebidas por Bernard Mandeville[29] e David Hume) tiveram uma profunda influência sobre todos os membros da escola e, posteriormente, muito além dos limites da economia. Em comparação com isso, os pontos diretamente em desacordo com Schmoller são de menor importância, embora, na época, levassem a uma troca de opiniões apaixonada, para a qual diversos discípulos de cada lado contribuíram. Essa troca de opiniões provocou tal desacordo entre os dois grupos que as universidades alemãs passaram a ser preenchidas cada vez mais exclusivamente por membros da escola histórica, e as universidades austríacas, por membros da escola de Menger.

A TERCEIRA E QUARTA GERAÇÕES

Em 1903, Menger se aposentou prematuramente do magistério e, em consequência, exerceu pouca influência direta na formação da terceira geração da Escola Austríaca, que cresceu durante a década anterior à Primeira Guerra Mundial. Esses anos, durante os quais Böhm-Bawerk, Wieser e Philippovich lecionavam em Viena, foram o período de maior fama da escola. Particularmente, foi o seminário de Böhm-Bawerk que proporcionou o centro da discussão teórica e produziu os principais membros da terceira geração. Entre eles, menção específica deve ser feita a Ludwig von Mises (1881-1973),[30] que seguiu a tradição de Böhm-Bawerk, e Hans Mayer (1879-1955),[31] que seguiu a de Wieser. (Franz X. Weiss (1885-1936) pertenceu à tradição mais rigorosa de Böhm-Bawerk.) Joseph Schumpeter (1883-1950),[32] ainda que em grande dívida com Böhm-Bawerk, absorveu tantas outras influências (sobretudo aquela da escola de Lausanne[33]) que não pode ser completamente considerado como membro desse grupo. O mesmo pode ser dito de Alfred Amonn (1883-1962), que ficou perto da tradição clássica inglesa. Entre alguns outros membros um pouco mais jovens, mais ainda totalmente ativos em Viena, incluíam-se Richard von Strigl (1891-1942), Ewald Schams (1889-1955),[34] e Leo Illy (1888-1952), cujo nome era originalmente Leo Schönfeld.[35]

Mais uma vez, a escola de Viena mostrou sua vitalidade na década de 1920, quando Hans Mayer e Ludwig von Mises (e por um tempo também ainda Friedrich von Wieser) lecionavam em Viena. Nessa época, uma quarta geração apareceu, incluindo um número extraordinariamente grande de teóricos mais jovens, que se tornariam bastante conhecidos. Entre eles, incluíam-se Gottfried von Haberler (1900-1995), Fritz Machlup (1902-1983), Alexander Mahr (1896-1972), Oskar Morgenstern (1902-1977), Paul N. Rosenstein-Rodan (1902-1985) e o autor deste artigo. A maioria destes foi mais ativa posteriormente nos Estados Unidos.

Mas se essa quarta geração em estilo de pensamento e em interesses ainda mostra claramente a tradição de Viena, mesmo assim não poderá por mais tempo ser vista como uma escola distinta no sentido de representar doutrinas específicas. Uma escola alcança seu maior sucesso quando deixa de existir como tal, porque suas principais ideias se tornaram parte do ensinamento geral dominante. Em grande medida, a escola de Viena chegou a desfrutar desse sucesso. De fato, sua evolução levou a uma fusão do pensamento procedente de Menger com aquele de W. S. Jevons (por meio de Philip H. Wicksteed[36]) e de Léon Walras (por meio de Vilfredo Pareto[37]), e, sobretudo, com as ideias principais de Alfred Marshall.[38] No entanto, se a estrutura total da teoria moderna, como ensinada hoje na maioria dos centros do mundo ocidental, é mais fortemente determinada pela tradição procedente de Marshall, e mesmo que sua pedra angular, a teoria do valor e dos preços, tenha, nas décadas recentes, passado por evoluções que alteraram profundamente sua forma, esta última representa a continuação consistente dos princípios fundamentais transmitidos pela escola de Viena.

ADENDO
NA GRÃ-BRETANHA E NOS ESTADOS UNIDOS[39]

Da quarta geração que se desenvolveu no *Privatseminar* de Mises, que desempenhou para ela um papel semelhante ao que o de Böhm-Bawerk desempenhou para a terceira geração, apenas o membro mais velho, o autor deste artigo, ainda foi aluno e membro do último seminário de Wieser. Apenas um pouco mais jovens e em contato próximo com o autor, porque trabalharam durante anos no mesmo prédio, estavam Gottfried von Haberler, Fritz Machlup, Oskar Morgenstern e Paul N. Rosenstein-Rodan. Sob a influência de Mises e em associação constante com filósofos, sociólogos e cientistas políticos de mais ou menos a sua idade, como Alfred Schutz, Felix Kaufmann e Erik Vögelin, as discussões se concentravam principalmente nos problemas do método e no caráter filosófico das ciências sociais.

Desde o início da década de 1930, o grupo de Viena começou a receber apoio decisivo e uma ampliação das suas fontes literárias quando Lionel C. Robbins, como professor recém-nomeado da London School of Economics, adotou o que até então fora uma tradição quase exclusivamente austríaca. Então, duas novas fontes exerceriam considerável influência em sua evolução adicional. A primeira delas era o sistema bem-sucedido de teoria econômica desenvolvido pelo único seguidor importante de W. S. Jevons: P. H. Wicksteed e sua obra *Common Sense of Political Economy*.[40] E a outra era o resumo apropriado do estado corrente da teoria microeconômica contido nos primeiros quatro capítulos da obra *Risk, Uncertainty and Profit*, do professor Frank H. Knight, de Chicago.[41] Fez parte dos mesmos esforços quando Robbins assegurou a nomeação, em 1931, do autor para o cargo de professor na London School of Economics, com o resultado de que, na década de 1930, o seminário conjunto Robbins-Hayek se tornou outro centro no qual o que até então fora uma tradição principalmente austríaca desenvolveu ainda mais seu pensamento.

A obra mais influente de Robbins, *The Nature and Significance of Economic Science*,[42] converteu em norma geralmente reconhecida o que havia sido a abordagem metodológica da teoria microeconômica estabelecida pela escola austríaca. De igual importância é o que pode se considerar muito bem como a formulação final da análise da utilidade marginal de J. R. Hicks em relação à análise da utilidade marginal do valor no conceito de taxa marginal de substituição, com base na técnica da curva de indiferença introduzida por Irving Fisher e F. Y. Edgeworth.[43] Essa concepção de taxas variáveis de substituição ou equivalência, totalmente independente de qualquer concepção de utilidade mensurável, pode muito bem ser considerada como a afirmação definitiva de uma discussão de mais de meio século na tradição da Escola Austríaca,[44] enquanto refinamentos adicionais sugeridos por P. A. Samuelson[45] não pertencem à tradição austríaca.

Outra contribuição marcante para esse ramo da tradição austríaca é muito bem representada pelos ensaios editados em 1937 por J. M. Buchanan e G. F. Thirlby.[46] Também foi nesse grupo de Londres que G. L. S. Schakle[47] e também L. M. Lachmann[48] desenvolveram a tradição subjetiva, de modo que, no final das contas, eles desempenharam um papel significativo no ramo norte-americano da Escola Austríaca.

Em 1934, Ludwig von Mises deixou Viena para assumir um cargo de professor no Instituto Universitário de Altos Estudos Internacionais da Universidade de Genebra (Suíça) e, em 1940, sob a ameaça de Hitler, mudou-se para os Estados Unidos. Ali, a comunidade intelectual era então tão pouco simpática a um adversário tão ferrenho de todo pensamento socialista quanto seus possíveis apoiadores em Viena, mas ele gradualmente ascendeu de uma espécie de posição honorária na Escola de Negócios da Universidade de Nova York até uma posição bastante influente.[49] Durante muitos anos, o termo Escola Austríaca nos Estados Unidos foi sinônimo de discípulos de Mises. Os primeiros alunos proeminentes a se tornarem bastante respeitados foram Murray N. Rothbard[50] e Israel M. Kirzner[51]. Nas décadas de 1970 e 1980, o grupo se expandiu muito, com a obra mais representativa sendo realizada por Thomas Sowell.[52] O próprio Mises, no entanto, era muito mais do que os austríacos precedentes, um utilitarista estritamente racionalista, o que não era inteiramente reconciliável com seu subjetivismo básico e, principalmente, com sua própria negação da possibilidade de uma comparação interpessoal das utilidades ou da medição do bem-estar social. Isso privou sua epistemologia e sua crítica elaborada do socialismo de seus efeitos completos.

Embora no terceiro quarto do século XX a abordagem da escola austríaca se tornasse a forma principal da teoria microeconômica, essa abordagem tinha sido, em grande medida, desalojada como centro do interesse profissional pela macroeconomia de Keynes. Os esforços paralelos estimulados pelo sucesso dos ensinamentos de Keynes foram, no entanto, do ponto de vista austríaco do individualismo metodológico, o produto de uma concepção errônea daquilo requerido pela explicação científica de fenômenos altamente complexos. Assim, por um período e pela segunda vez, a Escola Austríaca se viu envolvida em uma espécie de *Methodenstreit*, em que seus adversários alegavam ser mais científicos porque suas descobertas eram mais empíricas; isto é, baseadas mais diretamente na observação e nas medições (naquela época, no entanto, mais estatísticas do que históricas). A situação estava ficando bastante complicada, pelo menos nos Estados Unidos, porque Mises, como representante da Escola Austríaca, assumira uma posição um tanto extrema em sua reação ao positivismo científico dominante daquela época. Contudo, ao mesmo tempo, ele também vinha fazendo maiores concessões ao utilitarismo racionalista da tradição anglo-americana do que se encaixava na tradição metodológica austríaca. A forma distintiva que isso assumiu em seu ensino foi que toda teoria econômica tinha um caráter logicamente dedutivo *a priori*.

Contra isso, o presente autor, então bastante inconsciente de que estava simplesmente desenvolvendo parte um tanto ignorada da tradição mengeriana, sustentou[53] que, embora fosse verdade que a lógica da escolha pura, pela qual a teoria austríaca interpretava a ação individual, fosse, de fato, puramente dedutiva, assim que a explicação se moveu para as atividades interpessoais de mercado, os processos cruciais eram aqueles pelos quais a informação era transmitida entre indivíduos, e desse modo eram puramente empíricos (Mises nunca rejeitou explicitamente essa crítica, mas não estava mais disposto a reconstruir o seu sistema plenamente desenvolvido àquela altura).

Assim, o principal feito da teoria da Escola Austríaca foi que ela decididamente ajudou a esclarecer as diferenças que devem inevitavelmente existir entre disciplinas que lidam com fenômenos relativamente simples, como a mecânica, que foram necessariamente as primeiras a ser muito bem-sucedidas e que, por essa razão, vieram a ser consideradas paradigmas que outras disciplinas deveriam imitar, e as ciências de fenômenos altamente complexos ou de estruturas determinadas por um número maior de fatos específicos do que poderiam alguma vez ser concretamente verificados por observadores científicos e contendo objetos de pensamento teórico (em vez de fisicamente observável); isto é, os pensamentos de outras pessoas. O que tinha já ficado implícito na concepção de Adam Smith da "mão invisível", que levou à formação de uma ordem que nenhum indivíduo da sociedade poderia entender,[54] dessa maneira se tornou o protótipo do modelo em que um número crescente de tentativas é estabelecido para resolver os problemas de determinação de ordens altamente complexas.

BIBLIOGRAFIA[55]

OBRAS DE MEMBROS DA ESCOLA AUSTRÍACA

Alfred Amonn, *Objekt und Grundbegriffe der theoretischen Nationalökonomie* (Viena: Deuticke, 1911; Leipzig: Deuticke, 1927).

Rudolf Auspitz e Richard Lieben, *Untersuchungen über die Theorie des Preises* (Leipzig: Duncker & Humblot, 1889). Tradução para o francês, *Recherches sur la théorie du prix* (Paris: M. Giard & E. Brière, 1914).

Eugen von Böhm-Bawerk, *Capital and Interest*, 3 vols. (South Holland, Ill.: Libertarian Press, 1959). Publicado primeiro como *Kapital und Kapitalzins*. Volume 1: *Geschichte und Kritik der Kapitalzinstheorien* (*History and Critique of Interest Theories*) (Innsbruck: Verlag der Wagner'schen Universitätsbuchhandlung, 1884). Volume 2: *Die Positive Theorie des Kapitals* (*Positive Theory of Capital*) (Innsbruck: Verlag der Wagner'schen Universitätsbucchhandlung, 1889). Volume 3: *Further Essays on Capital and Interest*, publicado primeiro como apêndice ao Volume 2 da edição de 1909-12; impresso como volume separado na quarta edição (Jena: Gustav Fischer, 1921).

Eugen von Böhm-Bawerk, *Karl Marx and the Close of His System* [1896], ed. Paul M. Sweezy (Nova York: Kelley, 1949).

Eugen von Böhm-Bawerk, *Control or Economic Law?* [1914] (South Holland, Ill.: Libertarian Press, 1951).

Eugen von Böhm-Bawerk, *Gesammelte Schriften*, 2 vols., ed. Franz X. Weiss (Viena: Hölder, 1924-26).

Eugen von Böhm-Bawerk, *Rechte und Verhältnisse vom Standpunkt der volkswirtschaftlichen Güterlehre* (Innsbruck: Wagner, 1881); reeditado em *Gesammelte Schriften*, ed. Franz X. Weiss (Vienna: Hölder, 1924-26).

Eugen von Böhm-Bawerk, *Grundzüge der Theorie des wirtschaftlichen Gütewertes* (Jena: Gustav Fischer, 1886; reeditado, Londres: London School of Economics and Political Science, 1932).

Eugen von Böhm-Bawerk, *Eugen von Böhm-Bawerks kleinere Abhandlungen über Kapital und Zinz*, ed. Franz X. Weiss (Viena: Hölder, 1926).

F. A. Hayek, "Bemerkungen zum Zurechnungsproblem", *Jarbücher für Nationalökonomie und Statistik*, vol. 124, 1926, pp. 1-18.

Leo Illy (Leo Schönfeld), *Grenznutzen und Wirtschaftsrechnung* (Viena: Manz, 1924).

Leo Illy (Leo Schönfeld), *Das Gesetz des Grenznutzens* (Viena: J. Springer, 1948).

Johann von Komorzynski, *Der Wert in der isolierten Wirtschaft* (Viena: Manz, 1889).

Viktor Mataja, *Der Unternehmergewinn* (Viena: Hölder, 1884).

Hans Mayer, "Untersuchungen zu dem Grundgesetz der wirtschaftlichen Wertrechnung", *Zeitschrift für Volkswirtschaft und Sozialpolitik*, N. S., vol. 1, 1921, pp. 431-458; vol. 2, 1922, pp. 1-23; e vol. 6, 1928.

Hans Mayer, "Der Erkenntniswert der funktionellen Preistheorie", em Hans Mayer et al., eds., *Die Wirtschaftstheorie der Gegenwart* (Viena: Springer, 1932), vol. 2, pp. 147-239b.

Carl Menger, *The Collected Works of Carl Menger*, 4 vols., com uma introdução de F. A. Hayek (Londres: London School of Economics and Political Science, 1933-36). Esses volumes, em alemão, incluem: vol. 1: *Grundsätze der Volkswirtschaftslehre* [1871]; vol. 2: *Untersuchungen über die Methode der*

Sozialwissenschaften [1883]; vol. 3: *Kleinere Schriften zur Methode und Geschichte der Volkswirtschaftslehre* [1884-1915]; vol. 4: *Schriften über Geldtheorie* [1889-1893].

Carl Menger, *Grundsätze der Volkswirtschaftslehre*, vol. 1 (Viena: W. Braumüller, 1871; segunda edição, Viena: Hölder-Pichler-Tempsky, 1923). Reeditado em *The Collected Works of Carl Menger*, vol. 1 (Londres: London School of Economics, 1934). Traduzido para o inglês como *Principles of Economics: First General Part*, ed. James Dingwall e Bert F. Hoselitz, com uma introdução de Frank H. Knight (Glencoe, Ill.: Free Press, 1950). [Uma reimpressão da edição inglesa foi publicada em 1981 pela New York University Press com o ensaio "Carl Menger", de Hayek, reeditado como capítulo 2 neste volume, como Introdução. — Ed.]

Carl Menger, *Problems of Economics and Sociology*, ed. com uma Introdução de Louis Schneider (Urbana, Ill.: University of Illinois Press, 1963). Tradução para o inglês de *Untersuchungen über die Methode der Sozialwissenschaften und der politischen Ökonomie insbesondere*, 1883. [Republicado sob o título *Investigations into the Method of the Social Sciences with Special Reference to Economics*, com uma nova Introdução de Lawrence H. White (Nova York e Londres: New York University Press, 1985). — Ed.]

Carl Menger, *Untersuchungen über die Methode der Sozialwissenschaften und der politischen Ökonomie insbesondere* (Leipzig: Duncker & Humblot, 1883). Reeditado em *The Collected Works of Carl Menger*, vol. 2 (Londres: London School of Economics, 1933).

Robert Meyer, *Das Wesen des Einkommens: Eine volkswirtschaftliche Untersuchung* (Berlim: Hertz, 1887).

Ludwig von Mises, *Theorie des Geldes und der Umlaufsmittel* (Munique: Duncker & Humblot, 1912; segunda edição, 1924). Tradução para o inglês: *The Theory of Money and Credit*, nova edição, ampliada (New Haven, Conn.: Yale University Press, 1953; reeditado, Indianápolis, Ind.: Liberty*Classics*, 1981).

Ludwig von Mises, *Die Gemeinwirtschaft* (Jena: Fischer, 1922; segunda edição, 1932). Tradução para o inglês: *Socialism: An Economic and Sociological Analysis*, nova edição (New Haven, Conn.: Yale University Press, 1959; reeditado, Indianápolis, Ind.: Liberty*Classics*, 1981).

Ludwig von Mises, *Grundprobleme der Nationalökonomie* (Jena: Gustav Fischer, 1933). Tradução para o inglês: *Epistemological Problems of Economics* (Princeton,

N. J.: D. Van Nostrand, 1960; reeditado, Nova York e Londres: New York University Press, 1981).

Ludwig von Mises, *Nationalökonomie: Theorie des Handelns und Wirtschaftens* (Genebra: Editions Union, 1940).

Ludwig von Mises, *Human Action: A Treatise on Economics* (New Haven, Conn.: Yale University Press, 1949; terceira edição revisada, Chicago: Henry Regnery, 1966).

Eugen Philippovich von Philippsberg, *Grundriss der politischen Okonomie*, vol. 1: *Allgemeine Volkswirtschaftslehre* (Friburgo: J. C. B. Mohr, 1893).

Emil Sax, *Grundlegung der theoretischen Staatwirtschaft* (Viena: Hölder, 1887).

Ewald Schams, "Wirtschaftslogik", Schmoller's *Jahrbuch für Gesetzgebung, Verwaltung und Volkswirtschaft im Deutschen Reiche*, vol. 58, 1934, pp. 513-533.

Leo Schönfeld: *Ver* Leo Illy acima.

Richard Schüller, *Die klassiche Nationalökonomie und ihre Gegner* (Berlim: Heymann, 1895).

Hermann von Schullern zu Schrattenhofen, *Untersuchungen über Begriff und Wesen der Grundrente* (Leipzig: Fock, 1889).

Joseph A. Schumpeter, *Das Wesen und der Hauptinhalt der theoretischen Nationalökonomie* (Leipzig: Duncker & Humblot, 1908).

Joseph A. Schumpeter, *Theorie der wirtschaftlichen Entwicklung* (Leipzig e Munique: Duncker & Humblot, 1912). Tradução para o inglês por Revders Opie, *The Theory of Economic Development: An Inquiry Into Profits, Capital, Credit, Interest, and the Business Cycle*, Harvard Economic Studies, nº 46 (Cambridge, Mass.: Harvard University Press, 1934).

Richard von Strigl, *Die ökonomischen Katagorien und die Organisation der Wirtschaft* (Jena: Gustav Fischer, 1923).

Friedrich von Wieser, *Gesammelte Abhandlungen* [1876-1923], ed. com uma introdução de F. A. Hayek (Tübingen: J. C. B. Mohr (Paul Siebeck), 1929).

Friedrich von Wieser, *Das Gesetz der Macht* (Viena: Springer, 1926).

Friedrich von Wieser, *Der natürliche Wert* (Viena: Hölder, 1889), traduzido para o inglês como *Natural Value*, ed. com prefácio e análise de William Smart (Nova York: Macmillan, 1893; reeditado, Nova York: Kelly & Millman, 1956).

Friedrich von Wieser, *Über den Ursprung und die Hauptgesetze des wirtschaftlichen Wertes* (Viena: Hölder, 1884).

Friedrich von Wieser, *Theorie der gesellschaftlichen Wirtschaft*, vol. 1 (Tübingen: J. C. B. Mohr, 1914; segunda edição, 1924. Tradução para o inglês: *Social Economics* (Londres: Allen & Unwin, 1927; reeditado, Nova York: Augustus M. Kelley, 1967).

Franz X. Weiss, "Die Moderne Tendenz in der Lehre vom Geldwert", *Zeitschrift für Volkswirtschaft, Sozialpolitik, und Verwaltung*, vol.19, 1910, pp. 502-560.

Robert Zuckerkandl, *Zur Theorie des Preises mit besonderer Berücksichtigung der geschichtlichen Entwicklung der Lehre* (Leipzig: Stein, 1889).

CAPÍTULO 2

Carl Menger (1840-1921)[1]

A história da economia está repleta de relatos de precursores esquecidos, homens cuja obra não produziu nenhum efeito e só foi redescoberta após suas principais ideias terem se tornado conhecidas por outras pessoas, de coincidências notáveis de descobertas simultâneas e do destino peculiar de livros individuais. No entanto, deve haver poucos casos, em economia ou em qualquer outro ramo do saber, em que as obras de um autor que revolucionou o corpo de uma ciência já bem desenvolvida e que tenha sido geralmente distinguido por tê-lo feito tenham permanecido tão pouco conhecidas como aquelas de Carl Menger. É difícil se lembrar de um caso semelhante em que uma obra como *Grundsätze* tenha exercido uma influência duradoura e persistente, mas ainda, por causa de circunstâncias puramente acidentais, tenha uma circulação extremamente limitada.

Não há dúvida entre os historiadores de que se, nos últimos sessenta anos,[2] a Escola Austríaca ocupou uma posição quase única no desenvolvimento da ciência econômica, isso se deve inteiramente às fundações assentadas por esse homem. A reputação da escola no resto do mundo e o desenvolvimento de seu sistema em pontos importantes se deveram aos esforços dos seus brilhantes seguidores Eugen von Böhm-Bawerk e Friedrich von Wieser.[3] Mas não é minorar exageradamente os méritos desses autores dizer que as ideias fundamentais [da escola] pertencem totalmente a Carl Menger. Se ele não tivesse descoberto esses princípios, poderia ter permanecido relativamente desconhecido; talvez até houvesse compartilhado o destino de muitos homens brilhantes que o precederam e foram esquecidos, e quase certamente, por muito tempo, teria permanecido pouco conhecido fora dos países de língua alemã. Contudo, o que é comum aos membros da Escola Austríaca, que constitui sua peculiaridade e propiciou os fundamentos das suas contribuições posteriores, é a sua aceitação dos ensinamentos de Carl Menger.

A descoberta independente e praticamente simultânea do princípio da utilidade marginal por William Stanley Jevons, Carl Menger e Léon Walras é demasiado sabida e não precisa ser recontada. O ano de 1871, em que as obras *Theory of Political Economy*,[4] de Jevons, e *Grundsätze*, de Menger, foram publicadas, é considerado agora, de modo geral e com justiça, como o início do período moderno do desenvolvimento da ciência econômica. Nove anos antes, Jevon esboçou suas ideias fundamentais em uma palestra (publicada em 1866)[5] que, no entanto, não atraiu muita atenção, e Walras começou a publicar sua contribuição só em 1874, mas a completa independência das obras desses três fundadores é absolutamente certa. E, de fato, embora a sua posição principal — o ponto no sistema deles ao qual eles e seus contemporâneos atribuíram naturalmente a maior importância — seja a mesma, as suas obras são tão claramente distintas em *background* e caráter geral que o problema mais interessante é realmente como caminhos tão diferentes levaram a resultados tão semelhantes.[6]

Para entender o *background* intelectual da obra de Carl Menger, algumas palavras sobre a posição geral da economia na época são necessárias. Embora o quarto de século entre 1848, ano da publicação de *Principles*,[7] de John Stuart Mill, e o surgimento da nova escola visse, sob vários aspectos, os maiores triunfos da economia política clássica nos campos das ciências aplicadas, seus fundamentos, sobretudo sua teoria do valor, tinham se tornado cada vez mais desacreditados. Talvez a exposição sistemática na própria obra *Principles*, de Mill, apesar de ou por causa da satisfação complacente dele acerca do estado perfeito da teoria do valor, juntamente com as retratações posteriores de Mill em relação a outros pontos essenciais da doutrina fizeram tanto quanto qualquer outra coisa para mostrar as deficiências do sistema clássico. De qualquer maneira, ataques críticos e tentativas de reconstrução se multiplicaram em muitos países.

Em nenhum lugar, porém, o declínio da escola clássica dos economistas foi mais rápido e completo do que na Alemanha. Sob os ataques da escola histórica, não só as doutrinas clássicas foram completamente abandonadas — elas nunca se enraizaram com muita firmeza naquela região do mundo — como também qualquer tentativa de análise teórica passou a ser encarada com profunda desconfiança. Em parte, isso se deveu a considerações metodológicas. Mas se deveu ainda mais à profunda aversão às conclusões práticas da escola clássica inglesa — que estava no caminho do zelo reformador de um novo grupo, que se orgulhava do nome de "escola ética".[8] Na Inglaterra, o progresso da teoria econômica só estagnou. Na Alemanha, uma segunda geração de economistas históricos cresceu, e não só nunca se familiarizara com o sistema de teoria muito bem desenvolvido existente como também aprendera a considerar as especulações teóricas de qualquer tipo como inúteis, ou até mesmo absolutamente prejudiciais.

Provavelmente, os princípios da escola clássica estavam muito desacreditados para propiciar uma possível base de reconstrução para aqueles que ainda se interessavam por problemas de teoria. Porém, existiam elementos nos textos dos economistas alemães da primeira metade do século XIX que continham as sementes para um possível novo desenvolvimento.[9] Uma das razões pelas quais as doutrinas clássicas nunca se estabeleceram firmemente na Alemanha foi que os economistas alemães sempre permaneceram conscientes de certas contradições inerentes em qualquer teoria do valor-trabalho ou teoria do valor como custo de produção. Devido talvez em parte à influência de Galiani[10] e outros autores italianos e franceses do século XVIII, uma tradição se manteve viva, recusando-se a separar valor inteiramente de utilidade. Desde os primeiros anos do século XIX até as décadas de 1850 e 1860, uma série de autores, dos quais Hermann[11] foi provavelmente a figura proeminente e mais influente (o totalmente bem-sucedido Gossen permanecendo despercebido), tentou combinar as ideias de utilidade e escassez numa explicação a respeito do valor, muitas vezes chegando muito perto da solução apresentada por Menger. É em relação a essas especulações, que para as mentes mais práticas dos economistas ingleses da época devem ter parecido excursões inúteis na filosofia, que Menger tem a maior dívida. Uma espiada nas extensas notas de rodapé da sua obra *Grundsätze,* ou no índice onomástico, que foi acrescentado na edição de 1934, revelará o quão extraordinariamente amplo era o conhecimento de Menger desses autores alemães e também dos franceses e italianos, e o quão pequeno, em comparação, era o papel desempenhado pelos autores da escola clássica inglesa.[12]

Mas embora Menger provavelmente superasse todos os seus colegas idealizadores do princípio da utilidade marginal na extensão do seu conhecimento da literatura — e só de um apaixonado colecionador de livros inspirado pelo exemplo do enciclopédico Roscher[13] se poderia esperar um conhecimento semelhante na tenra idade na qual *Grundsätze* foi escrito —, há lacunas curiosas na lista de autores mencionados por Menger que chegam longe demais e podem explicar a diferença de sua abordagem das de Jevons e Walras.[14] Particularmente significativo é seu aparente desconhecimento, na época em que escreveu *Grundsätze,* da obra de Cournot,[15] a quem todos os outros fundadores da economia moderna — Walras, Marshall e muito possivelmente Jevons[16] — parecem ter tido uma dívida direta ou indireta. Ainda mais surpreendente, porém, é o fato de que, naquela época, Menger pareceu não ter conhecimento da obra de von Thünen,[17] que se esperava que ele achasse especialmente compatível. Embora possa ser dito, portanto, que Menger trabalhou em uma atmosfera nitidamente favorável a uma análise sobre linhas utilitárias, ele não tinha nada tão definido sobre o qual construir uma moderna teoria dos preços como seus colegas do mesmo campo de investigação, todos os quais se encontravam sob a influência de Cournot, à qual devem ser acrescentadas, no caso de Walras, a de Dupuit,[18] e, no caso de Marshall, a de Von Thünen.

É uma especulação interessante imaginar que direção a evolução do pensamento de Menger tomaria se ele tivesse tido familiaridade com esses fundadores da análise matemática. É um fato curioso, até onde sei, ele não ter tecido comentários em nenhum lugar sobre o valor da matemática como ferramenta da análise econômica.[19] Não há razão para supor que Menger carecesse do conhecimento técnico ou da inclinação. Ao contrário, seu interesse pelas ciências naturais é incontestável, e um viés firme em favor dos seus métodos é evidente em toda a sua obra. E o fato de seus irmãos, sobretudo Anton, serem conhecidos por terem se interessado profundamente pela matemática e de seu filho Karl ter se tornado um matemático célebre pode provavelmente ser usado como evidência de um traço matemático claro na família. Todavia, apesar de Menger mais tarde tomar conhecimento não só da obra de Jevons e Walras, mas também dos seus compatriotas Auspitz e Lieben, ele nem sequer se refere ao método matemático em nenhum dos seus textos sobre metodologia.[20] Devemos concluir que ele se sentia bastante cético em relação à sua utilidade?

Entre as influências às quais Menger ficou sujeito durante o período formativo do seu pensamento há uma ausência completa da influência dos economistas austríacos, pela simples razão de que, no período inicial do século XIX, na Áustria, quase não existiam economistas nativos. Nas universidades onde Menger estudou, a economia política era lecionada como parte do currículo de direito, principalmente por economistas importados da Alemanha. E embora Menger, como todos os economistas austríacos posteriores, estudasse até receber o título de doutor em direito, não há razão para acreditar que ele tenha sido realmente estimulado pelos seus professores em economia.[21] Isso, porém, nos leva à sua história pessoal.

Nascido em 28 de fevereiro de 1840, em Neu Sandec, na Galícia, território da atual Polônia, filho de um advogado, Carl Menger vinha de uma antiga família de artesãos, músicos, funcionários públicos e oficiais do exército austríaco que tinham, apenas uma geração antes, mudado das regiões alemãs da Boêmia para as províncias orientais.[22] O pai de sua mãe,[23] comerciante boêmio que ganhou uma fortuna durante as guerras napoleônicas, comprou uma grande propriedade rural na Galícia Ocidental, onde Carl Menger passou a maior parte da sua infância, e, antes de 1848, ainda exibia as condições de semiescravidão dos camponeses, que, nessa parte da Áustria, persistiu durante mais tempo do que em qualquer outra região da Europa fora da Rússia. Com seus dois irmãos — Anton, posteriormente célebre escritor sobre direito e socialismo, autor de *The Right to the Whole Produce of Labour*,[24] e colega de Carl na faculdade de direito da Universidade de Viena; e Max, na sua época famoso parlamentar austríaco e escritor sobre problemas sociais —, Menger frequentou as Universidades de Viena (1859-60) e de Praga (1860-63). Após concluir seu doutorado na Universidade de Cracóvia, dedicou-se primeiro ao jornalismo, escrevendo para jornais em Lemberg e, depois, em Viena, sobre questões econômicas.[25] Após alguns anos, ele ingressou no serviço público, no departamento de imprensa do *Ministerratspräsidium* austríaco, um cargo que sempre teve uma posição muito especial no serviço público austríaco e atraiu muitos homens de grande talento.[26]

Wieser relata que, certa vez, Menger lhe disse que, entre seus deveres, incluía-se escrever análises a respeito da situação dos mercados para um jornal oficial, o *Wiener Zeitung*, e que, ao estudar os relatórios dos mercados, ele se deu conta do contraste gritante entre as teorias dos preços tradicionais e os fatos que homens práticos experientes consideravam como decisivos para a determinação dos preços. Se isso foi realmente a causa original que levou Menger ao estudo da determinação dos preços ou se, o que parece mais provável, apenas deu uma direção definida aos estudos que ele perseguira desde que saiu da universidade, não sabemos. Há pouca dúvida, no entanto, de que durante o período de 1867-1868 e a publicação de *Grundsätze* Menger deve ter trabalhado intensamente nesses problemas, adiando a publicação até que seu sistema estivesse plenamente elaborado em sua mente.[27]

Dizem que, certa vez, Menger comentou que escreveu *Grundsätze* em um estado de excitação doentia. Isso está longe de significar que esse livro foi resultado de uma inspiração súbita, planejado e escrito com demasiada pressa. Poucos livros podem ter sido mais cuidadosamente planejados; em raras ocasiões a primeira exposição de uma ideia foi mais meticulosamente desenvolvida e investigada em todas as suas ramificações. O volume fino que apareceu no início de 1871 foi concebido como uma primeira parte introdutória de um tratado amplo.[28] O livro lidava com questões fundamentais de cujas opiniões aceitas Menger discordava com a exaustividade necessária para satisfazê-lo de que estava construindo sobre terreno totalmente firme. Os problemas tratados nessa "Primeira Parte Geral", como é descrito na página de rosto, eram as condições gerais que levavam à atividade econômica, troca de valores, preços e dinheiro. Das anotações manuscritas comunicadas por seu filho[29] mais de cinquenta anos depois, na introdução da segunda edição, descobrimos que a segunda parte trataria de "juros, salários, rentabilidade, renda, crédito e papel-moeda"; a terceira parte "aplicada" abordaria a teoria da produção e do comércio; e a quarta parte discutiria análises do sistema econômico da época e propostas de reforma econômica.

Seu principal objetivo, como ele afirma no Prefácio,[30] era uma teoria uniforme dos preços, que explicaria todos os fenômenos de preços e, em particular, também os juros, os salários e as rentabilidades por meio de uma única ideia principal. No entanto, mais da metade do livro é dedicada a questões que apenas preparam o caminho para a tarefa principal: o conceito que deu à nova escola seu caráter especial; isto é, o valor em seu sentido subjetivo, pessoal. E mesmo isso não é alcançado antes de um exame minucioso dos conceitos principais com os quais a análise econômica tem que trabalhar.

A influência dos autores alemães precedentes com suas predileções por classificações um tanto pedantes e definições de conceitos prolixas é claramente perceptível. Porém, nas mãos de Menger os "conceitos fundamentais" consagrados pelo tempo dos livros didáticos alemães tradicionais assumem nova vida. Em vez de uma enumeração e definição secas, tornam-se instrumento poderoso de uma análise em que cada passo parece resultar da necessidade inevitável do passo anterior. E embora a exposição de Menger ainda careça de muitas das frases mais impressivas e das formulações elegantes dos textos de Böhm-Bawerk e Wieser, está, em essência, longe de ser inferior, e é, em muitos aspectos, definitivamente superior a estas últimas obras.

Não é o propósito do presente ensaio dar um resumo das ligações relativas ao argumento de Menger.[31] Mas há certos aspectos menos conhecidos, um tanto surpreendentes, da sua abordagem que merecem menção especial. A investigação inicial criteriosa da relação causal entre necessidades humanas e os meios para sua satisfação, que, nas primeiras páginas do livro, levam Menger à agora célebre distinção entre bens de primeira, segunda, terceira e mais elevadas ordens e o conceito agora igualmente conhecido de complementaridade entre bens distintos, é típica da atenção particular que, ao contrário da impressão generalizada, a escola austríaca sempre deu à estrutura técnica da produção — uma atenção que encontra a sua expressão sistemática mais clara na *vorwerttheoretischer Teil* que precede a discussão da teoria do valor da última obra de Wieser, *The Theory of Social Economy*, de 1914.[32]

Ainda mais notável é o papel proeminente que o elemento tempo desempenha desde o início. Há uma impressão geral de que os primeiros representantes da ciência econômica moderna tendiam a ignorar esse fator. No que diz respeito aos criadores da exposição matemática da teoria do equilíbrio moderna,[33] essa impressão é provavelmente justificada. Isso não acontece com Menger. Para ele, a atividade econômica é basicamente planejar o futuro, e sua discussão do período, ou melhor, dos períodos diferentes aos quais a previsão humana se estende em relação a diferentes necessidades[34] tem um toque definitivamente moderno.

É um pouco difícil de acreditar agora que Menger foi o primeiro a basear a distinção entre bens livres e bens econômicos na ideia de escassez. Mas, como ele mesmo afirma,[35] embora o próprio conceito não seja conhecido na literatura inglesa, os autores alemães que o usaram antes dele, e sobretudo Hermann, tentaram basear a distinção na presença ou ausência de custos no sentido de esforço. No entanto, de modo muito característico, embora toda a análise de Menger seja fundamentada na ideia de escassez, esse termo simples não é usado em nenhum lugar. "Quantidade insuficiente" ou *"das ökonomische Mengenverhältnis"* são as expressões bastante exatas, mas algo pesadas utilizadas por ele.

Em geral, a obra de Menger se caracteriza pelo fato de ele atribuir mais importância a uma descrição cuidadosa de um fenômeno do que lhe dar um nome curto e adequado. Isso costuma impedir que sua exposição seja tão eficaz quanto poderia ter sido desejada. No entanto, também o protege contra certa unilateralidade e uma tendência para a simplificação excessiva a que uma fórmula breve induz tão facilmente. O exemplo clássico disso, claro, é o fato de que Menger não originou — nem nunca usou, até onde eu sei — o termo "utilidade marginal" [*Grenznutzen*], introduzido por Wieser, mas sempre explicou "valor" por meio de uma frase algo desajeitada, mas precisa — "a importância que bens concretos, ou quantidades de bens, recebem de nós pelo fato de termos consciência de depender do nosso dispor sobre eles para a satisfação dos nossos desejos" —, e descreve a magnitude desse valor como igual à importância que atribuímos à satisfação menos importante, que é assegurada por uma unidade única da quantidade disponível da mercadoria.[36]

Outro exemplo, talvez menos importante, mas não insignificante, da recusa de Menger de condensar explicações em uma fórmula única ocorre ainda mais cedo, na discussão da intensidade decrescente dos desejos individuais junto com a satisfação crescente. Esse fato fisiológico, que, posteriormente, sob o nome de "lei de Gossen da satisfação dos desejos", assumiria uma posição um tanto desproporcional na exposição da teoria do valor, e que foi até saudado por Wieser como a principal descoberta de Menger, assume no sistema de Menger a posição secundária mais apropriada como um dos fatores que nos capacitam a arranjar as diferentes sensações individuais do desejo por ordem de importância.

Sobre outro e ainda mais interessante ponto em relação à teoria pura do valor subjetivo, as ideias de Menger são notavelmente modernas. Embora ele fale ocasionalmente de valor como mensurável, sua exposição deixa bem claro que, com isso, ele está apenas dizendo que o valor de qualquer mercadoria pode ser expresso nomeando outra mercadoria de igual valor. Das cifras que Menger utiliza para representar as escalas de utilidade, ele afirma expressamente que elas não se destinam a representar o absoluto, mas apenas a importância relativa dos desejos,[37] e os próprios exemplos que ele dá quando as apresenta deixa perfeitamente claro que ele pensa a respeito delas não como cifras cardinais, mas como ordinais.[38]

Ao lado do princípio geral que lhe permitiu basear a explicação de valor sobre a utilidade, a mais importante das contribuições de Menger é, provavelmente, a aplicação desse princípio ao caso onde se requer mais do que um bem para assegurar a satisfação de qualquer desejo. É aqui que a análise meticulosa da relação causal entre bens e desejos dos capítulos iniciais e os conceitos de complementaridade e de bens de diferentes ordens rendem seus frutos. Ainda hoje está longe de ser reconhecido que Menger respondeu ao problema da distribuição da utilidade de um produto entre diversas mercadorias cooperantes de uma ordem superior — o problema da imputação, como foi posteriormente chamado por Wieser[39] — por meio de uma teoria da produtividade marginal razoavelmente desenvolvida. Menger distingue claramente entre o caso em que as proporções nas quais dois ou mais fatores podem ser usados na produção de qualquer mercadoria são variáveis e o caso em que são fixas. No primeiro caso, ele responde ao problema da imputação afirmando que essas quantidades de diferentes fatores, como podem ser substituídas mutuamente a fim de obter a mesma quantidade adicional do produto, devem ter valor igual, ao passo que, no caso das proporções fixas, ele mostra que o valor de diferentes fatores é determinado pela utilidade deles em usos alternativos.[40]

Na primeira parte do seu livro, que é dedicada à teoria do valor subjetivo e se compara bem com a exposição posterior de Wieser, Böhm-Bawerk e outros, há realmente apenas um ponto importante em que a exposição de Menger deixa uma séria lacuna. Uma teoria do valor não pode ser chamada de completa e certamente nunca será bastante convincente se o papel que os custos de produção desempenham na determinação do valor relativo de diferentes mercadorias não for explicitamente explicado. Em um ponto inicial de sua exposição, Menger indica que ele enxerga o problema e promete uma resposta posteriormente. Mas essa promessa nunca é cumprida. Foi deixado para Wieser desenvolver o que se tornou conhecido tempos depois como o princípio do custo de oportunidade ou "Lei de Wieser"; isto é, o princípio que os outros usos competindo pelos fatores limitarão a quantidade disponível para qualquer linha de produção, de tal maneira que o valor do produto não cairá abaixo da soma do valor que todos os fatores usados em sua produção obtém nesses usos competitivos.

Vez por outra, sugeriu-se que Menger e sua escola ficaram tão satisfeitos com a descoberta dos princípios que governam o valor na economia de um indivíduo que viram-se inclinados a aplicar os mesmos princípios de uma maneira muito rápida e exageradamente simplificada para a explicação do preço.[41] Pode haver alguma justificativa para essa sugestão no que diz respeito às obras de alguns dos seguidores de Menger, especialmente o mais jovem Wieser. Mas isso, com certeza, não pode ser dito da própria obra de Menger. Sua exposição corresponde completamente à regra tão enfatizada depois por Böhm-Bawerk de que qualquer explicação satisfatória a respeito do preço teria de consistir em duas fases distintas e separadas, das quais a explicação do valor subjetivo é apenas a primeira. Só proporciona a base para uma explicação das causas e dos limites das trocas entre duas ou mais pessoas. Em *Grundsätze*, o arranjo de Menger é exemplar a esse respeito. O capítulo sobre trocas que precede aquele sobre preços deixa bem clara a influência do valor no senso subjetivo sobre as relações de troca objetivas sem postular nenhum grau maior de correspondência do que é realmente justificado pelas suposições.

O próprio capítulo sobre preços, com sua investigação cuidadosa de como as avaliações relativas dos participantes individuais na troca afetarão as proporções de troca no caso de uma troca isolada de dois indivíduos, sob condições de monopólio, e, finalmente, sob condições de competição, é a terceira e, provavelmente, a menos conhecida das principais contribuições de *Grundsätze*. No entanto, é apenas na leitura desse capítulo que nos damos conta da unidade essencial do pensamento de Menger; o objetivo claro que direciona sua exposição desde o início até seu feito supremo.

Nos capítulos finais, que abordam os efeitos da produção para um mercado, do significado técnico do termo "mercadoria" (*Ware*), como distinto do simples termo "bem", seus graus diferentes de potencial de venda que levam à introdução e discussão do dinheiro, pouco precisa ser dito neste momento. As ideias contidas aqui e os comentários fragmentários sobre capital contidos nas seções iniciais são as únicas partes dessa primeira obra que foram desenvolvidas adicionalmente em sua obra impressa. Embora incorporem contribuições de influência duradoura, foi principalmente em sua exposição posterior e mais elaborada que elas se tornaram conhecidas.

O considerável espaço dedicado aqui à discussão do conteúdo de *Grundsätze* se justifica pelo caráter excepcional dessa obra entre as publicações de Menger e, de fato, entre todos os livros que estabeleceram as bases da economia moderna. Talvez seja apropriado citar a esse respeito a opinião de Kurt Wicksell, acadêmico mais qualificado para avaliar os méritos relativos das diferentes variantes da escola moderna, e que foi o primeiro e, até agora, o mais bem-sucedido em combinar o que é melhor no ensino de diferentes grupos. "Sua fama", ele afirma, "se assenta sobre essa obra e, através dela, seu nome ficará para a posteridade, pois podemos dizer com segurança que desde *Principles*, de Ricardo, não houve nenhum outro livro — nem mesmo excetuando a obra brilhante, mas algo aforística de Jevon, e a obra infelizmente difícil de Walras — que tenha exercido tão grande influência no desenvolvimento da ciência econômica como *Grundsätze*, de Menger."[42]

No entanto, a recepção imediata do livro não pode ser chamada de encorajadora. Nenhum dos críticos das publicações alemãs parece ter percebido a natureza da sua principal contribuição.[43] Na terra natal, a tentativa de Menger obter, baseando-se em sua obra, uma cátedra (*Privatdozentur*) na Universidade de Viena vingou só depois de alguma dificuldade. Menger mal ficou sabendo que, pouco antes de ele começar a lecionar, tinham acabado de sair da universidade dois jovens que imediatamente reconheceram que sua obra proporcionava o "ponto arquimediano", como Wieser o chamou, pelo qual os sistemas de teoria econômica existentes poderiam ser renovados. Böhm-Bawerk e Wieser, seus primeiros e mais empolgados discípulos, nunca foram seus alunos diretos, e suas tentativas de popularizar as doutrinas de Menger nos seminários dos líderes da escola histórica mais velha — Knies, Roscher e Hildebrand — foram infrutíferas.[44] No entanto, pouco a pouco, Menger conseguiu obter considerável influência em seu país. Em 1873, não muito depois de sua promoção ao nível de *Professor Extraordinarius*, ele renunciou ao seu cargo no gabinete do primeiro-ministro, para grande surpresa de seu chefe, o príncipe Adolf von Auersperg, que achou difícil entender que alguém quisesse trocar um cargo com perspectivas de satisfazer as maiores ambições por uma carreira acadêmica.[45] Porém, isso não significou o *adieu* final de Menger ao mundo dos assuntos de governo. Em 1876, ele foi nomeado um dos tutores de Rodolfo, o malfadado príncipe herdeiro da Áustria, então com dezoito anos, e o acompanhou nos dois anos seguintes em suas longas viagens pela maior parte da Europa, incluindo Inglaterra, Escócia, Irlanda, França e Alemanha.[46] Em 1879, após seu retorno, Menger foi nomeado para a cátedra de economia política em Viena, e daí em diante assentou-se na vida isolada e tranquila de acadêmico, que seria tão característica da segunda metade da sua longa existência.

A essa altura, as doutrinas do seu primeiro livro — além de algumas críticas curtas de livros, Menger não publicara nada no período intermediário — começavam a atrair maior atenção. Certo ou errado, com Jevons e Walras foi a forma matemática, e não o conteúdo dos ensinamentos, que pareceu ser a principal inovação, e que contribuiu como principal obstáculo para sua aceitação. Mas não havia obstáculos desse tipo para um entendimento da exposição de Menger sobre a nova teoria do valor. Na segunda década após a publicação do livro, sua influência começou a se ampliar com grande rapidez. Ao mesmo tempo, Menger passou a obter considerável reputação como professor e atrair para as suas aulas e os seus seminários uma quantidade crescente de estudantes, muitos dos quais logo se tornaram economistas de considerável renome. Juntamente com aqueles já registrados, entre os primeiros membros de sua escola, seus contemporâneos Emil Sax e Johann von Komorzynski e seus alunos Robert Meyer, Robert Zuckerkandl, Gustav Gross e — numa data um pouco posterior — Hermann von Schullern zu Schrattenhofen, Richard Reisch e Richard Schüller merecem menção especial.

No entanto, enquanto na terra natal uma escola clara e distinta se formava, na Alemanha, ainda mais do que em outros países, os economistas mantinham uma atitude hostil. Nessa época, a escola histórica mais jovem, sob a liderança de Schmoller, vinha alcançando a maior influência naquele país.[47] O *Volkswirtschaftliche Kongress*, que havia preservado a tradição clássica, era suplantado pela recém-criada Verein für Sozialpolitik.[48] De fato, o ensino da teoria econômica era cada vez mais excluído das universidades alemãs. Assim, a obra de Menger foi ignorada, não porque os economistas alemães achassem que ele estava errado, mas porque consideravam sem utilidade o tipo de análise que ele tentava fazer.

Sob essas condições, era natural que Menger considerasse mais importante defender o método adotado por ele contra as alegações da escola histórica de possuir o único instrumento de investigação apropriado do que continuar o trabalho no *Grundsätze*. É a essa situação que se deve sua segunda grande obra: *Untersuchungen über die Methode der Sozialwissenschaften und der politischen Ökonomie insbesondere*.[49] É bom lembrar que em 1875, quando Menger começou a trabalhar nesse livro, e mesmo em 1883, quando foi publicado, a rica safra de obras de seus discípulos, que estabeleceram definitivamente a posição da escola, ainda não tinha começado a amadurecer, e que ele pode muito bem ter pensado que seria um esforço vão continuar enquanto a questão do princípio não estivesse decidida.

À sua maneira, *Untersuchungen* é uma realização quase igual a *Grundsätze*. Enquanto polêmica contra as alegações da escola histórica de direito exclusivo para tratar os problemas econômicos, o livro não pode ser superado. Talvez não seja absolutamente certo que possam ser classificados como elevados os méritos da sua exposição positiva a respeito da natureza da análise teórica. Se essa era, de fato, a principal reivindicação de Menger à fama, poderia haver algo na sugestão ocasionalmente ouvida entre os seus admiradores de que era lamentável que ele se afastasse dos seus trabalhos sobre os problemas concretos da economia. O que não significa que o que Menger disse sobre o caráter do método teórico ou abstrato não seja de importância muito grande ou que não tenha influência muito grande. Provavelmente o livro fez mais do que qualquer outro para deixar claro o caráter peculiar do método científico nas ciências sociais, e teve um efeito bastante considerável sobre os "metodologistas" profissionais entre os filósofos alemães. No entanto, para mim, de qualquer maneira, seu principal interesse para o economista dos nossos dias parece residir no *insight* extraordinário sobre a natureza dos fenômenos sociais que se revela casualmente na discussão dos problemas mencionados para exemplificar diferentes métodos de abordagem, e na luz lançada pela discussão de Menger a respeito do desenvolvimento dos conceitos com os quais as ciências sociais precisam trabalhar. As discussões sobre visões um tanto obsoletas, como aquelas relativas à interpretação orgânica ou talvez fisiológica dos fenômenos sociais, deram-lhe uma oportunidade para a elucidação da origem e do caráter das instituições sociais que podem, com vantagem, ser lidas pelos economistas e sociólogos atuais.[50]

Das questões controversas principais do livro, apenas uma pode ser destacada para comentário adicional: a ênfase de Menger na necessidade de um método de análise estritamente individualista ou, como ele costuma dizer, atomístico. Foi dito de Menger por um de seus seguidores mais eminentes que "ele mesmo sempre continuou sendo um individualista, no sentido dos economistas clássicos. Seus sucessores deixaram de ser". É duvidoso que essa afirmação seja verdadeira em relação a mais do que um ou dois exemplos. Mas, em todo caso, falha notavelmente em dar crédito total a Menger pelo método que ele realmente empregou. Aquilo que com os economistas clássicos permaneceu algo de uma mistura entre um postulado ético e uma ferramenta metodológica foi desenvolvido por Menger sistematicamente na direção desta última. E se a ênfase no elemento subjetivo foi mais completa e mais convincente nos textos dos membros da escola austríaca do que naqueles de qualquer outro dos fundadores da economia moderna, isso se deve em grande medida à justificação brilhante de Menger nesse livro.

Menger não conseguiu estimular os economistas alemães com seu primeiro livro. No entanto, ele não pôde reclamar de descaso em relação ao seu segundo. O ataque direto sobre o que era a única doutrina aprovada atraiu atenção imediata e provocou, entre outras críticas hostis, uma repreensão autoritária de Gustav Schmoller, o chefe da escola — uma repreensão formulada em um tom mais do que ofensivo.[51] Menger aceitou o desafio e respondeu em um livreto inflamado, *Irrthümer des Historismus in der deutschen Nationalökonomie*,⁵² escrito sob a forma de cartas para um amigo, em que ele demoliu brutalmente a posição de Schmoller. O livreto acrescenta pouco em conteúdo a *Untersuchungen*. No entanto, é o melhor exemplo do poder extraordinário e do brilhantismo expressivo que Menger podia alcançar quando não estava envolvido em construir um argumento acadêmico e complicado, mas em enfatizar os pontos de um debate direto.

O confronto entre os mestres logo foi imitado pelos discípulos. Um grau de hostilidade não frequentemente igualado em controvérsia científica foi criado. Do ponto de vista austríaco, a ofensa suprema foi proferida pelo próprio Schmoller, que, no aparecimento do livreto de Menger, deu um passo provavelmente sem precedentes de informar em sua publicação que, embora tivesse recebido um exemplar do livreto para avaliação, foi incapaz de fazê-la porque devolveu imediatamente o exemplar para o autor, acompanhado de uma carta insultante.⁵³

É necessário se dar conta plenamente da paixão suscitada por essa controvérsia, e o que a ruptura com a escola dominante na Alemanha significou para Menger e seus seguidores, se quisermos entender por que o problema dos métodos adequados permaneceu na preocupação dominante da maior parte da vida futura de Menger. De fato, Schmoller chegou ao ponto de declarar publicamente que membros da escola "abstrata" eram incapazes de ocupar um cargo de professor em uma universidade alemã, e a influência dele era mais do que suficiente para tornar isso equivalente a uma exclusão completa de todos os adeptos das doutrinas de Menger dos cargos acadêmicos na Alemanha. Mesmo trinta anos depois do fim da controvérsia, a Alemanha ainda era menos influenciada pelas novas ideias, agora triunfantes em outros lugares, do que qualquer outro país importante do mundo.⁵⁴

No entanto, em que pesem esses ataques, entre 1884 e 1889 apareceram em rápida sucessão os livros que finalmente estabeleceram a reputação mundial da Escola Austríaca. Böhm-Bawerk, de fato, já tinha publicado, em 1881, seu pequeno mas importante estudo intitulado *Rechte und Verhältnisse vom Standpunkt der wirtschaftlichen Güterlehre*,⁵⁵ contudo, foi só com a publicação simultânea da primeira parte de sua obra sobre o capital, *Geschichte und Kritik der Kapitalzinstheorien*,⁵⁶ e da obra de Wieser,

Uber den Ursprung und Hauptgesetze des wirtschaftlichen Wertes,[57] em 1884, que ficou evidente o quão poderoso o apoio às doutrinas de Menger tinha se tornado naquele período. Dessas duas obras, a de Wieser foi, com certeza, a mais importante para o desenvolvimento adicional das ideias fundamentais de Menger, já que continha a aplicação fundamental ao fenômeno dos custos, naquele momento conhecida como lei dos custos de Wieser, à qual já foi feita referência. Porém, dois anos depois, veio à luz *Grundzüge einer Theorie des wirtschaftlichen Güterwertes*,[58] de Böhm-Bawerk, que, embora acrescente pouco, salvo a elaboração casuística em relação à obra de Menger e Wieser, graças à grande lucidez e força do seu argumento provavelmente fez mais do que qualquer outra obra para popularizar o princípio da utilidade marginal. Em 1884, dois alunos de Menger, Viktor Mataja e Gustav Gross, publicaram seus interessantes livros sobre lucros, e Emil Sax contribuiu com um estudo pequeno mas perspicaz sobre a questão do método, em que ele apoiou Menger em sua atitude fundamental, mas o criticou em algumas questões de pormenor.[59] Em 1887, Sax fez sua principal contribuição para o desenvolvimento da Escola Austríaca mediante a publicação de *Grundlegung der theoretischen Staatswirtschaft*,[60] a primeira e mais completa tentativa de aplicar o princípio da utilidade marginal aos problemas das finanças públicas, e, no mesmo ano, Robert Meyer, outro dos antigos alunos de Menger, apresentou sua investigação a respeito do problema algo cognato da natureza da renda.[61]

Contudo, a safra mais rica foi a de 1889. Nesse ano, foram publicados *Positive Theorie des Kapitalzinses*,[62] de Böhm-Bawerk; *Natürlicher Wert*,[63] de Wieser; *Zur Theorie des Preises*,[64] de Robert Zuckerkandl; *Werth in der isolierten Wirthschaft*,[65] de Komorzynski; *Neueste Fortschritte der nationalökonomischen Theorie*,[66] de Sax; e *Untersuchungen über Begriff und Wessen der Grundrente*,[67] de Schullern-Schrattenhofen. Nos anos seguintes, diversos adeptos também apareceram entre os economistas checos, poloneses e húngaros da monarquia austro-húngara.

Publicada no mesmo ano, *Pure Economics*, de Maffeo Pantaleoni, talvez tenha sido a exposição inicial mais bem-sucedida das doutrinas da escola austríaca em língua estrangeira.[68] Outros economistas italianos — L. Cossa, A. Graziani e G. Mazzola — aceitaram a maioria ou a totalidade das doutrinas de Menger. Essas doutrinas tiveram sucesso semelhante na

Holanda, onde a aceitação pelo grande economista holandês N. G. Pierson do princípio da utilidade marginal em seu compêndio (1884-1890), publicado tempos depois em inglês sob o título *Principles of Economics*,[69] também teve considerável influência. Na França, Charles Gide, E. Villey, Charles Secrétan e M. Block difundiram a nova doutrina e, nos Estados Unidos, S. N. Patten e o professor Richard Ely a receberam com grande simpatia. Mesmo a primeira edição de *Principles*,[70] de Alfred Marshall, que foi publicada em 1890, apresentou uma influência mais forte de Menger e seu grupo do que os leitores de edições posteriores da grande obra suspeitariam.[71] Nos anos seguintes, William Smart e James Bonar, que já tinham mostrado sua adesão à escola, popularizaram amplamente as obras da Escola Austríaca no mundo de língua inglesa.[72] Todavia, e isso nos leva de volta à posição especial da obra de Menger, naquele momento, não eram os seus textos e sim os dos seus discípulos que ganhavam cada vez mais popularidade. A principal razão para isso foi simplesmente que *Grundsätze*, de Menger, ficou fora de catálogo durante algum tempo e era difícil de se obter, e Menger se recusou a permitir uma reimpressão ou uma tradução. Ele esperava substituir a obra em breve por um "sistema" de economia muito mais elaborado, e não estava disposto a tê-la republicada sem uma revisão considerável. No entanto, outras tarefas reclamaram a sua atenção prévia e, durante anos, levaram a um adiamento contínuo desse plano.

Em 1884, a controvérsia direta de Menger com Schmoller chegou a um fim abrupto. Mas a *Methodenstreit* foi levada adiante por outros, e os problemas envolvidos continuaram a reclamar a sua atenção principal. A próxima ocasião que o induziu a fazer uma declaração pública sobre essas questões foi a publicação, em 1885 e 1886, de uma nova edição de *Handbuch der politischen Ökonomie*, de Schönberg, obra coletiva em que vários economistas alemães, em sua maioria adeptos não convictos da escola histórica, uniram-se para produzir uma exposição sistemática de todo o campo da economia política. Menger analisou a obra para uma publicação jurídica vienense em um artigo que também foi publicado como livreto separado sob o título *Zur Kritik der politischen Ökonomie*.[73] Em grande medida, sua segunda metade era dedicada à discussão da classificação de diferentes disciplinas agrupadas geralmente sob o nome de economia política — um tema que, dois anos depois, Menger tratou mais exaustivamente em outro artigo intitulado *Grundzüge einer Klassifikation der Wirtschaftswissenschaften*.[74] No ano intermediário, porém, ele publicou uma de suas duas contribuições adicionais ao conteúdo — enquanto distinto da metodologia — da teoria econômica, seu importante estudo intitulado *Zur Theorie des Kapitals*.[75]

É certo que devemos esse artigo ao fato de que Menger não concordou inteiramente com a definição do termo "capital" que estava implícita na primeira parte histórica de *Capital and Interest*, de Böhm-Bawerk. A discussão não é polêmica. O livro de Böhm-Bawerk só é mencionado para elogiá-lo. Mas seu principal objetivo é, sem dúvida, reabilitar o conceito abstrato do capital como valor em dinheiro dos bens dedicados a propósitos aquisitivos em relação ao conceito smithiano de "meios de produção produzidos". Seu principal argumento, que a distinção da origem histórica de uma mercadoria é irrelevante do ponto de vista econômico, e também sua ênfase na necessidade de fazer uma distinção clara entre a rentabilidade obtida dos instrumentos de produção já existentes e os juros propriamente ditos, refere-se a pontos que, mesmo hoje, ainda não receberam a atenção que merecem.[76]

Mais ou menos na mesma época, em 1889, Menger quase foi persuadido por seus amigos a não adiar mais a publicação de uma nova edição de *Grundsätze*. Mas, apesar de ele realmente escrever um novo prefácio para essa nova edição (excertos que foram impressos mais de trinta anos depois pelo seu filho na introdução da segunda edição real[77]), a publicação voltou a ser adiada. Logo em seguida, um novo conjunto de publicações surgiu, o que absorveu a maior parte da sua atenção e o ocupou durante os dois anos seguintes.

Perto do final da década de 1880, o problema perene da moeda austríaca assumiu uma forma em que pareceu se tornar possível e necessária uma drástica reforma final. Em 1878 e 1879, a queda do preço da prata trouxe o papel-moeda depreciado de volta à sua paridade com a prata e, logo depois, tornou necessária a interrupção da livre cunhagem de prata; desde então, o papel-moeda austríaco se valorizou gradualmente em termos da prata e flutuou em termos do ouro. A situação durante aquele período — em muitos aspectos uma das mais interessantes na história monetária — foi considerada cada vez mais insatisfatória, e, quando a situação financeira da Áustria pareceu, pela primeira vez por um longo período, forte o suficiente para garantir um período de estabilidade, houve a expectativa de que o governo tomasse uma atitude. Além disso, em 1887, o tratado celebrado com a Hungria realmente previu que uma comissão fosse imediatamente designada para discutir as medidas preparatórias necessárias para tornar possível a retomada dos pagamentos em espécie. Depois de considerável atraso, devido às dificuldades políticas habituais entre as duas partes da monarquia dual, a comissão, ou melhor, as comissões, uma da Áustria e uma da Hungria, foram designadas e se reuniram em março de 1892, em Viena e Budapeste respectivamente.

As discussões da *Währungs-Enquete-Commission* austríaca, da qual Menger era o membro mais eminente, são de considerável interesse, além da situação histórica especial com a qual a comissão tinha de lidar. Como base de suas negociações, o ministro das Finanças austríaco elaborou três memorandos volumosos com grande cuidado, contendo, provavelmente, o conjunto mais completo disponível de material documental referente à história monetária do período precedente que já apareceu em qualquer publicação.[78] Entre os membros da comissão, além de Menger, incluíam-se outros economistas renomados, como Sax, Richard Lieben e Mataja, e vários jornalistas, banqueiros e industriais, como Benedikt, Hertzka e Taussig, todos os quais tinham um conhecimento maior do que o normal dos problemas monetários, enquanto Böhm-Bawerk, então no Ministério das Finanças, era um dos representantes do governo e vice-presidente da comissão. A tarefa da comissão não era elaborar um relatório, mas ouvir e discutir as visões dos seus membros a respeito de uma série de questões formuladas pelo governo.[79] Essas questões diziam respeito à base da futura moeda; à retenção, no caso da adoção do padrão-ouro, da prata existente e da circulação do papel-moeda; à relação de troca entre o florim existente em papel-moeda e o ouro; e à natureza da nova unidade a ser adotada.

O conhecimento profundo do problema por Menger, sem falar em seu talento para a exposição clara, deu-lhe imediatamente uma posição de liderança na comissão, e suas declarações atraíram a máxima atenção. Até conseguiu o que para um economista talvez fosse a distinção única de provocar uma queda violenta da bolsa de valores. Suas contribuições consistiam não tanto na discussão da questão geral da escolha do padrão — nesse ponto,

Menger concordava com praticamente todos os membros da comissão que a adoção do padrão-ouro era o único rumo exequível — mas na discussão criteriosa sobre os problemas práticos da paridade exata a ser escolhida e o momento do tempo a ser escolhido para a transição. É principalmente por sua avaliação dessas dificuldades práticas, relacionadas com a transição a um novo padrão de moeda, e pela análise das diferentes considerações que tinham de ser levadas em conta que seu testemunho é justamente celebrado. É de interesse extraordinariamente tópico hoje em dia, quando problemas semelhantes precisam ser enfrentados por quase todos os países.[80]

O trabalho dessa comissão, o primeiro de uma série de contribuições em relação a problemas monetários, foi o produto final e maduro de vários anos de concentração nessas questões. Os resultados desse trabalho foram publicados em rápida sucessão ao longo do mesmo ano — um ano em que surgiu um número maior de publicações da lavra de Menger do que em qualquer outro período da sua vida. Os resultados das suas investigações sobre os problemas específicos da Áustria foram publicados em dois livretos distintos. O primeiro, intitulado *Beiträge zur Währungsfrage in Osterreich-Ungarn*[81] e tratando da história e das peculiaridades do problema da moeda austríaca e da questão geral do padrão a ser adotado, é uma reedição de uma série de artigos que apareceram mais cedo no ano em *Jahrbücher*, de Conrad, com um título diferente.[82] O segundo, intitulado *Der Übergang zur Goldwährung, Untersuchungen über die Wertprobleme der österreichisch--ungarischen Valutareform*,[83] aborda basicamente os problemas técnicos associados com o adoção do padrão-ouro, especialmente a escolha da paridade apropriada e dos fatores suscetíveis de afetar o valor da moeda uma vez feita a transição.

Contudo, o mesmo ano também viu a publicação de uma abordagem muito mais geral a respeito do problema do dinheiro que não estava diretamente interessada na questão específica da época, e que pode ser classificada como a terceira e última das principais contribuições de Menger para a teoria econômica. Foi o artigo sobre dinheiro no volume 3 da primeira edição de *Handwörterbuch der Staatswissenschaften*, que estava então em processo de publicação.[84] Era a preocupação de Menger com as investigações extensivas realizadas em relação à preparação de sua complexa exposição a respeito da teoria geral do dinheiro — investigações que devem tê-lo ocupado durante os dois ou três anos anteriores, o que contribuiu para que o início da discussão dos problemas específicos austríacos encontrasse Menger tão singularmente preparado para lidar com eles. Certamente, Menger sempre se interessara muito por problemas monetários. O último capítulo de *Grundsätze* e partes de *Untersuchungen über die Methode* contêm contribuições importantes, sobretudo sobre a questão da origem do dinheiro. Note-se também que, entre as diversas resenhas que Menger costumava escrever para jornais diários, especialmente em seus anos iniciais, há duas, de 1873, que abordam com grande detalhe o efeito das descobertas de ouro tratados na obra *Essays*, de J. E. Cairnes: em certos aspectos, as visões posteriores de Menger estão muito relacionadas com as de Cairnes.[85] Mas embora as contribuições iniciais de Menger, sobretudo a introdução dos conceitos de diferentes graus de "potencial de venda" das mercadorias como base para o entendimento das funções do dinheiro, já fossem lhe assegurar uma posição honrosa na história das doutrinas monetárias, foi apenas em sua última contribuição importante que ele fez sua principal contribuição para o problema central do valor do dinheiro. Até a obra do professor Mises vinte anos depois,[86] continuação direta da obra de Menger, esse artigo permaneceu a principal contribuição da Escola Austríaca para a teoria do dinheiro. Vale a pena nos determos um pouco sobre a natureza dessa contribuição, pois é uma questão sobre a qual ainda existe muito mal-entendido. Costuma-se pensar que a contribuição austríaca consiste apenas em uma tentativa algo mecânica de aplicação do princípio da utilidade marginal para o problema do valor do dinheiro. Mas não é isso. O principal feito austríaco nessa área é a aplicação consistente na teoria do dinheiro da peculiar abordagem subjetiva ou individualista que, de fato, subjaz à análise da utilidade marginal, mas que possui uma significação muito mais ampla e mais universal. Tal feito nasce diretamente de Menger. Sua exposição a respeito do significado de diferentes conceitos do valor do dinheiro, as causas das mudanças e a possibilidade da quantificação desse valor, assim como sua discussão sobre os fatores determinantes da demanda por dinheiro me parecem representar o avanço mais significativo além da tradicional abordagem da teoria da quantidade em termos de agregados e médias. E mesmo quando, como no caso da sua conhecida distinção entre o valor "interno" e "externo" (*innerer und äusserer Tauschwert*) do dinheiro, os termos reais empregados são algo enganoso — a distinção, como se depreenderia dos termos, não se refere a tipos diferentes de valor, mas a forças diferentes que afetam os preços —, o conceito subjacente do problema é extraordinariamente moderno.[87]

Com as publicações do ano de 1892,[88] a lista das principais obras de Menger, que foram publicadas durante sua vida, chega a um fim abrupto. Nas três décadas restantes da sua vida, ele publicou apenas pequenos artigos ocasionais; uma lista completa deles será encontrada na bibliografia dos seus textos no final do último volume de suas obras completas.[89] Durante alguns anos, essas publicações ainda mostraram preocupação principalmente com a questão do dinheiro. Entre essas, sua palestra *Das Goldagio und der heutige Stand der Valutareform* [1893],[90] seu artigo sobre dinheiro e cunhagem na Áustria desde 1857 em *Österreichische Staatswörterbuch* [1897] e, sobretudo, a edição detalhadamente revisada do seu artigo sobre dinheiro no volume 4 da segunda edição de *Handwörterbuch der Staatswissenschaften* [1900][91] devem ser especialmente mencionados. As últimas publicações são principalmente do caráter de resenhas, notas biográficas ou introduções para obras publicadas por seus alunos. Seu último artigo publicado[92] é um obituário de seu discípulo Böhm-Bawerk, que morreu em 1914.

A razão dessa aparente inatividade é clara. Menger agora queria se concentrar inteiramente nas tarefas principais a que se propôs: a obra sistemática sobre economia longamente adiada e, além disso, um tratado abrangente sobre o caráter e os métodos das ciências sociais em geral. Foi para a conclusão dessa obra que Menger dedicou a maior parte da sua energia e, no final da década de 1890, ele aguardava ansiosamente a publicação em um futuro próximo, e partes consideráveis estavam prontas de forma definitiva. Porém, seus interesses e o escopo da obra proposta continuaram a se expandir cada vez mais. Menger achou necessário ir mais além no estudo de outras disciplinas. A filosofia, a psicologia e a etnografia[93] exigiam cada vez mais do seu tempo, e a publicação da obra era adiada frequentemente. Em 1903, ele chegou ao ponto de renunciar à sua cátedra na idade relativamente precoce de sessenta e três anos para poder se dedicar inteiramente à sua obra.[94] Mas Menger nunca ficava satisfeito e, ao que parece, continuou a trabalhar nela, na crescente reclusão da sua velhice, até sua morte, em 1921, com a idade avançada de oitenta e um anos. Uma inspeção do seu original mostrou que, a certa altura, parte considerável da obra devia estar pronta para publicação. Todavia, mesmo depois que as suas forças começaram a decair, Menger continuou a revisar e reorganizar os originais de tal modo que qualquer tentativa de reconstituí-los seria uma tarefa muito difícil ou até mesmo impossível. Algum material que tratava do assunto de *Grundsätze* e era destinado em parte a uma nova edição dessa obra foi incorporado pelo seu filho em uma segunda edição desse livro, publicada em 1923.[95] Muito mais, porém, resta sob a forma de originais volumosos, mas fragmentários e desorganizados, que só os esforços prolongados e pacientes de um editor muito hábil poderiam tornar acessíveis. Por ora, para todos os efeitos, os resultados do trabalho dos últimos anos de Menger devem ser considerados como perdidos.[96]

Para alguém que não conheceu Carl Menger em pessoa, trata-se de uma incumbência arriscada adicionar a este esboço da sua carreira científica uma apreciação do seu caráter e personalidade. Mas como tão pouco sobre ele é geralmente conhecido pela geração atual de economistas, e como não há nenhum retrato literário abrangente disponível,[97] uma tentativa de reconstituir algumas das impressões registradas por seus amigos e alunos, ou preservada pela tradição oral de Viena, pode não ser completamente descabida. Naturalmente, tais impressões se relacionam com a segunda metade da sua vida, ao período em que ele deixou de estar em contato ativo com o mundo dos assuntos de governo, e quando ele já havia assumido a vida tranquila e isolada do acadêmico, dividida apenas entre seu magistério e sua pesquisa.

A impressão deixada sobre um jovem em uma dessas raras ocasiões em que a figura quase lendária ficou acessível é bem reproduzida na gravura bem conhecida de F. Schmutzer. É possível, de fato, que a imagem de Menger deva tanto a esse retrato magistral quanto à memória. A cabeça imponente e bem modelada, com a testa enorme e os traços fortes, mas claros, ali delineados não são facilmente esquecidos. De estatura mediana,[98] com cabelo abundante e barba cheia, em seu auge, Menger deve ter sido um homem de aparência bastante impressionante.

Nos anos seguintes à sua aposentadoria, tornou-se tradição que jovens economistas, que estavam ingressando na carreira acadêmica, realizassem uma peregrinação até sua casa. Eles eram recebidos cordialmente por Menger entre seus livros e atraídos para conversas sobre a vida que ele conhecera tão bem, e da qual se afastara após ela ter lhe dado tudo o que ele queria. De maneira desapegada, Menger manteve um interesse ávido por economia e pela vida universitária até o fim, e quando, em anos posteriores, os problemas de visão venceram o leitor infatigável, ele esperava ser informado pelo visitante acerca da obra que tinha realizado. Naqueles últimos anos, ele dava a impressão de um homem que, após uma vida longa e ativa, continuava a buscar não o cumprimento de algum dever ou tarefa autoimposta, mas sim o simples prazer intelectual de transitar no elemento que se tornara seu. Em sua vida adulta, Menger se conformou um tanto, talvez, com a noção popular do acadêmico que não tem contato com a vida real. Mas isso não se deveu a nenhuma limitação de sua perspectiva. Foi consequência de uma escolha deliberada na idade madura, e depois de uma experiência rica e variada.

Para Menger não faltaram nem a oportunidade nem os sinais exteriores de distinção para torná-lo uma figura mais influente na vida pública, se ele se importasse com isso. Em 1900, ele foi promovido a membro vitalício da Câmara Alta do parlamento austríaco. Mas Menger não se importou o suficiente para participar muito ativamente das suas deliberações. Para Menger, o mundo era muito mais um objeto de estudo do que de ação, e foi apenas por esse motivo que ele apreciara muito observá-lo de perto. Em sua obra escrita, podemos procurar em vão por qualquer manifestação das suas visões políticas.[99] Na realidade, Menger tendia ao conservadorismo ou liberalismo do tipo antigo. Ele não era antipático ao movimento pela reforma social, mas o entusiasmo social nunca interferiu em seu raciocínio frio. Nisso, como em outros aspectos, Menger parece ter apresentado um contraste curioso com Anton, seu irmão mais arrebatado.[100] Portanto, é principalmente como um dos professores mais bem-sucedidos da universidade que Menger é mais lembrado por gerações de estudantes,[101] e que, indiretamente, teve enorme influência sobre a vida pública austríaca.[102] Todos os relatos concordam no elogio da sua lucidez transparente de exposição. A descrição a seguir da impressão causada por Menger feita por um jovem economista norte-americano que acompanhou as aulas de Menger no inverno de 1892-1893 pode ser reproduzida aqui como representativa: "O professor Menger carrega seus cinquenta e três anos com suficiente leveza. Nas aulas, ele raramente usa suas anotações, exceto para verificar uma citação ou uma data. Suas ideias parecem lhe ocorrer enquanto ele fala e são expressas em linguagem tão clara e simples, e enfatizadas com gestos tão apropriados, que é um prazer segui-lo. O aluno sente que está sendo levado em vez de dirigido, e quando uma conclusão é alcançada, ela entra em sua mente não como algo de fora, mas como consequência óbvia de seu próprio processo mental. Afirma-se que aqueles que frequentam as aulas do professor Menger regularmente não precisam de outra preparação para seu exame final em economia política, e posso acreditar nisso sem reservas. Raramente, ou nunca, ouvi um professor que tivesse o mesmo talento para combinar clareza e simplicidade de exposição com amplitude de visão filosófica. Poucas vezes suas aulas são "à revelia" dos seus alunos mais estúpidos, e mesmo assim contêm ensinamentos para os mais brilhantes.[103] Todos os seus alunos conservam uma lembrança vívida da abordagem simpática e completa da história das doutrinas econômicas, e as cópias mimeografadas de suas aulas sobre finanças públicas ainda eram procuradas pelos estudantes vinte anos depois da sua aposentadoria como a melhor preparação para os exames.

Contudo, seus maiores dons como professor foram mais bem exibidos em seu seminário, que reunia um círculo seleto de alunos de nível avançado e muitos homens que tinham se doutorado muito tempo atrás. Às vezes, quando se discutiam questões práticas, o seminário era organizado em bancadas parlamentares que indicavam os oradores pró e contra a medida. Mais frequentemente, porém, uma dissertação cuidadosamente preparada por um dos membros servia de base para longas discussões. Menger deixava os alunos discutirem ao máximo, mas se empenhava muitíssimo em ajudar na elaboração das dissertações. Ele não só colocava sua biblioteca completamente à disposição dos alunos, e até comprava para eles os livros especialmente necessários, mas também analisava o manuscrito com eles muitas vezes, discutindo não só as questões principais e a organização da dissertação como também "ensinando-lhes elocução e a técnica de respiração".[104]

Para os recém-chegados era, a princípio, difícil entrar em contato mais próximo com Menger. Mas, assim que ele identificava um talento especial e recebia o aluno no círculo seleto do seminário, não poupava esforços para ajudá-lo. O contato entre Menger e seu seminário não se limitava às discussões acadêmicas. Ele costumava convidar o seminário para excursões dominicais ao campo, ou pedia a alunos individuais que o acompanhassem em suas expedições de pesca. De fato, a pesca era o único passatempo que ele se permitia. Mesmo nesse caso, Menger abordava o objeto com o espírito científico que dedicava a todo o resto, procurando dominar cada detalhe da sua técnica e estar familiarizado com sua literatura.

Seria muito difícil pensar em Menger como tendo uma paixão real que não estivesse de alguma maneira ligada com o propósito dominante da sua vida: o estudo da economia. Além do estudo direto do seu objeto, porém, havia outra preocupação que estava longe de ser menos absorvente: a coleção e a preservação da sua biblioteca. No que tange à sua seção de economia, essa biblioteca pode ser classificada como uma das três ou quatro maiores bibliotecas já constituídas por um colecionador particular.[105] Mas de modo algum incluía apenas livros sobre economia. As coleções de etnografia e filosofia também eram bastante ricas. Após a morte de Menger, a maior parte dessa biblioteca, incluindo todos os livros sobre economia e etnografia, foi para o Japão, e agora está preservada como parte distinta da biblioteca da faculdade de economia em Tóquio (atualmente, Universidade Hitotsubashi). Essa parte do catálogo publicado, que lida só com economia, contém mais de 20 mil itens.[106]

Não foi dado a Menger concretizar a ambição dos seus últimos anos de vida e concluir o grande tratado que, ele esperava, seria a realização suprema da sua obra. No entanto, Menger teve a satisfação de ver sua grande obra inicial colher os frutos mais opulentos, e, até o fim, ele conservou um entusiasmo intenso e nunca enfraquecido pelo objeto escolhido do seu estudo. O homem que é capaz de dizer, como é relatado que ele afirmou certa vez, que, se tivesse sete filhos, todos estudariam economia, deve ter sido extremamente feliz em seu trabalho. Que ele tivesse o dom de inspirar entusiasmo semelhante em seus alunos é testemunhado pela miríade de economistas eminentes que se orgulhavam de chamá-lo de seu mestre.

ADENDO
O LUGAR DE GRUNDSÄTZE, DE MENGER, NA HISTÓRIA DO PENSAMENTO ECONÔMICO[107]

Em 1871, quando *Grundsätze* veio à luz, a primeira edição de *The Wealth of Nations* [*A riqueza das nações*], de Adam Smith, tinha noventa e cinco anos, *Principles* [*Princípios*], de David Ricardo, cinquenta e quatro anos, e meros vinte e três anos haviam se passado desde a grande reformulação da economia clássica por John Stuart Mill. É bom começarmos recordando esses intervalos, para que não procuremos um marco na economia contemporânea (cem anos depois) que seja maior do que pareça ser na realidade. É claro que ocorreu, na parte final desses cem anos, outra revolução, que deslocou o interesse para aspectos da análise econômica que eram pouco cultivados na parte inicial do século, época em que o impacto da obra de Menger foi principalmente sentido. No entanto, em uma perspectiva mais longa, a fase "microeconômica", que deve muito do seu caráter a Menger, teve considerável duração — mais de um quarto dos quase dois séculos que se passaram desde Adam Smith.

Também é importante para a apreciação adequada de Menger que não subestimemos o que tinha sido alcançado antes. É enganoso considerar o período precedente, 1820-1870, como dominado simplesmente pela ortodoxia ricardiana. Pelo menos na primeira geração depois de Ricardo surgiram muitas ideias. Tanto dentro do corpo da economia clássica, como finalmente exposto por John Stuart Mill, quanto fora, onde se acumulou uma variedade de ferramentas de análise por meio das quais gerações posteriores foram capazes de construir uma estrutura teórica elaborada e coerente após o conceito de utilidade marginal propiciar a base de unificação. Se já houve uma época em que a ortodoxia quase ricardiana foi dominante foi após John Stuart Mill tê-la reformulado de modo tão persuasivo. Mas mesmo *Principles*, de Mill, contém evoluções bastante importantes, que vão muito além de Ricardo. E mesmo antes da publicação dessa obra, houve contribuições bastante importantes não incluídas por Mill em sua síntese. Não existiram apenas Cournot, Thünen e Longfield, com suas obras fundamentais sobre a teoria dos preços e sobre a produtividade marginal, mas também várias outras contribuições relevantes para a análise da oferta e procura — para não falar daquelas antecipações da análise da utilidade marginal que foram ignoradas na época, mas encontradas posteriormente contidas nas obras de Lloyd, Dupuit e Gossen. Portanto, a maior parte do material estava disponível, donde era quase inevitável que alguém, mais cedo ou mais tarde, empreendesse a reconstrução de todo o corpo da teoria econômica — como Alfred Marshall fez por fim e, provavelmente, teria feito de uma maneira não muito diferente [mesmo] se a revolução marginal[ista] não tivesse ocorrido antes.

Que a reação contra a economia clássica assumisse a forma específica que assumiu — que, quase ao mesmo tempo, William Stanley Jevons, na Inglaterra, Carl Menger, em Viena, e Léon Walras, em Lausanne, tornassem o valor subjetivo dos bens para os indivíduos o ponto de partida para sua renovação — foi provavelmente, mais que tudo, devido ao fato que, em sua teoria do valor, Mill havia retornado explicitamente a Ricardo. Nas obras de Menger e Walras, suas teorias do valor não surgem tão diretamente de uma reação contra Mill como no caso de Jevon. Mas o que se destaca tão claramente em Mill — em outras palavras, que lhe faltava uma teoria geral do valor que explicasse a determinação de todos os preços por um princípio uniforme — quase não era menos verdadeiro em relação aos sistemas e compêndios de teoria econômica que eram geralmente utilizados na Europa continental. Ainda que muitos deles incluíssem muita análise perspicaz dos fatores que contribuíam para a determinação dos preços em situações específicas, todos careciam de uma teoria geral sob a qual os casos específicos podiam ser incluídos. É verdade que mesmo o instrumento das curvas de oferta e procura começava a ser usado; talvez mereça menção que a edição do compêndio alemão de Karl Heinrich Rau, que Menger estudou atentamente antes de escrever *Grundsätze*, inclui, no final, um diagrama que utiliza tais curvas. Contudo, em geral, continua a ser verdade que as teorias predominantes ofereciam explicações diferentes sobre a determinação dos preços dos bens aumentáveis e não aumentáveis; e, no caso do primeiro, relacionavam os preços dos produtos ao seus custos de produção — isto é, aos preços dos fatores utilizados —, que, por sua vez, não eram adequadamente explicados. Esse tipo de teoria não poderia satisfazer. De fato, é bastante difícil entender como um estudioso com o conhecimento e a honestidade intelectual transparente de John Stuart Mill pode ter destacado o que logo se considerou a parte mais fraca do seu sistema, afirmando de maneira confiante que "não há nada nas leis do valor que resta para o autor do presente ou do futuro esclarecer; a teoria sobre o assunto está completa".[108] Que essa fundação de todo o edifício da teoria econômica era inadequada ficou penosamente evidente para vários pensadores críticos da época.

No entanto, provavelmente não seria justo sugerir que a desilusão generalizada acerca do corpo prevalecente da teoria econômica, que se tornou perceptível logo depois do grande sucesso da obra de Mill, deveu-se inteiramente ou até principalmente a essa falha. Existiram outras circunstâncias que abalaram a confiança na teoria econômica que tinha de maneira tão triunfante conquistado a opinião pública durante a geração precedente, tal como, no caso de Mill, seu abandono da teoria do fundo de salários, que desempenhara papel tão importante em sua obra, e para a qual ele não tinha nada para substituir. Além disso, houve a influência crescente da escola histórica, que tendeu a questionar o valor de todas as tentativas de uma teoria geral dos fenômenos econômicos. E o fato de as conclusões da teoria econômica prevalecente aparentemente atrapalharem as diversas aspirações sociais novas gerou uma atitude hostil em relação a ela, que tirou o máximo proveito dos seus defeitos inegáveis.

Mas, ainda que o contrário tenha sido afirmado, eu não encontro indicação de Jevons, Menger ou Walras, em suas iniciativas para reconstruir a teoria econômica, terem sido movidos por qualquer desejo de reivindicar as conclusões práticas que foram tiradas dos economistas clássicos. As indicações que temos das suas simpatias estão do lado dos movimentos correntes pela reforma social. Suas obras científicas me parecem ter surgido inteiramente das suas consciências a respeito da inadequação do corpo predominante da teoria em explicar como a ordem de mercado funcionava de fato. E em todos os três casos, a fonte de inspiração parece ter sido uma tradição intelectual que, pelo menos desde Ferdinando Galiani no século XVIII, correu lado a lado com as teorias do trabalho e do custo procedentes de John Locke e Adam Smith. Não posso reservar um tempo aqui para traçar a história agora bastante bem explorada dessa tradição de utilidade na teoria do valor. Contudo, embora no caso de Jevons e Walras a dívida deles com autores precedentes específicos seja bastante clara, é menos fácil no caso de Menger descobrir a quem ele deveu as sugestões decisivas. É verdade que, em geral, a literatura alemã, à qual ele recorreu em seus estudos iniciais, dera mais atenção à relação entre valor e utilidade do que os autores ingleses. No entanto, nenhuma das obras de que Menger teve conhecimento alcançou a solução do problema ao qual ele finalmente chegou; por isso, parece certo que Menger não conhecia, antes de escrever *Grundsätze*, a única obra alemã em que ele foi bastante antecipado, aquela de Herman Heinrich Gossen.[109] Nem parece provável que o ambiente local em que ele trabalhava tenha propiciado muito estímulo na busca dos problemas com os quais ele estava preocupado. De fato, Menger parece ter trabalhado em completo isolamento, e, na velhice, ainda disse com pesar para um jovem economista que, em sua juventude, ele não tivera nenhuma das oportunidades de discussão desfrutadas pelas gerações posteriores.[110] Realmente, na época, Viena não poderia ter parecido um lugar provável onde se poderia esperar uma contribuição importante para a teoria econômica.

No entanto, sabemos pouquíssimo acerca da juventude e educação de Menger, e não posso deixar de lastimar que tão pouco trabalho tenha sido realizado pelos austríacos para esclarecer mais isso.[111] E também que tão pouco trabalho tenha sido realizado nos tempos atuais sobre a origem e a história das suas ideias em outros lugares, mal suprindo o que poderia ser feito a partir das fontes austríacas.[112] Mesmo se inexiste material para uma biografia adequada de Menger, deveria pelo menos ser possível obter uma visão mais clara do que temos do *background* intelectual geral dos seus estudos e obras iniciais. Vou aqui me limitar a apresentar alguns fatos relevantes, a maioria dos quais devo às publicações do professor Emil Kauder.[113]

Na Áustria, não houve aquela grande onda da visão smithiana da economia ou aquela recepção das ideias inglesas e francesas no campo da economia que varreu a maior parte da Alemanha na primeira metade do século XIX. Até 1846, a economia era, de fato, lecionada nas universidades austríacas com base no compêndio cameralista do século XVIII de Joseph von Sonnenfels.[114] Naquele ano, enfim, foi substituído pela obra que Menger aparentemente utilizou como estudante: *Grundlehren der Volkswirtschaft*, de J. Kudler.[115] Nessa obra, ele teria encontrado alguma discussão sobre a relação do valor com a utilidade e, sobretudo, sobre o significado da diferente urgência das necessidades que as diversas mercadorias atendiam. Contudo, até algum tempo depois de Menger ter deixado a universidade, não temos nenhuma evidência de que ele começou a sério a se preocupar com esses problemas. O que se diz é que ele mesmo afirmou que seu interesse neles surgiu ao ter de redigir, como jovem servidor público, relatórios sobre as condições do mercado, e ao fazer isso, conscientizou-se de quão pouca teoria estabelecida ajudava a explicar as mudanças de preços. As anotações preservadas mais antigas em seu exemplar do compêndio de Rau mencionadas antes sugerem que, em 1867, isto é, aos vinte e sete anos, Menger começara a sério a pensar sobre essas questões e já havia chegado bastante perto de sua solução definitiva. Essas anotações extensas em seu exemplar do livro de Rau, que, junto com a biblioteca de livros sobre economia de Menger, estão preservadas na Universidade Hitotsubashi de Tóquio, foram editadas pelos japoneses com a ajuda do professor Kauder, sob o título de "First Draft of the *Grundsätze*" ["Primeiro rascunho de *Grundsätze*"],[116] mas não poderia ser chamado assim. Apesar de as anotações mostrarem que Menger já havia chegado à sua concepção de valor de um bem para um indivíduo enquanto dependente de um desejo específico para a satisfação do que é uma condição; embora manifeste a característica impaciência com alusões vagas nesse sentido, que deve ser sentida por alguém que já chegara a uma visão mais clara; ainda (talvez inevitavelmente segundo sua natureza) ficam muito aquém da abordagem metódica que caracteriza *Grundsätze*. Concluo que o livro foi realmente elaborado entre 1867 e 1871, em grande medida com referência às extensas discussões alemãs às quais as notas de rodapé remetem.

O que torna a exposição de *Grundsätze* tão eficaz é sua abordagem lenta e persistente em relação ao seu alvo principal. Encontramos

Menger elaborando as propriedades, primeiro de um objeto útil, em seguida de um bem, depois de um bem escasso ou econômico, do qual ele prossegue para os fatores que determinam seu valor; então, Menger passa a definir uma mercadoria negociável (com vários graus de negociabilidade), o que o leva finalmente ao dinheiro. E, em cada fase, Menger enfatiza (de uma maneira que, para o leitor moderno, para quem essas coisas se tornaram corriqueiras, pode muito bem parecer entediante) como essas propriedades dependem (1) dos desejos da pessoa que está atuando e (2) do seu conhecimento dos fatos e das circunstâncias que fazem a satisfação da sua necessidade depender daquele objeto específico. Continuamente, ele destaca que esses atributos não são inerentes às coisas (ou aos serviços) propriamente ditas; que não são propriedades que podem ser descobertas ao se estudar as coisas isoladamente. Eles são inteiramente uma questão de relações entre coisas e as pessoas que agem a respeito delas. São estas últimas que, a partir do seu conhecimento de seus desejos subjetivos, e das condições objetivas para a satisfação desses desejos, são levadas a atribuir às coisas físicas um grau específico de importância.

Claro que o resultado mais óbvio dessa análise é a solução do antigo paradoxo da água e do diamante, mediante a distinção entre utilidade total e marginal de um bem. Menger ainda não emprega o termo "utilidade marginal" (ou mais precisamente seu equivalente em alemão, *Grenznutzen*), que foi introduzido apenas treze anos depois por Friedrich von Wieser.[117] No entanto, ele torna a distinção totalmente clara, mostrando para o caso mais simples possível de uma dada quantidade de um tipo específico de bem de consumo que pode ser usado para satisfazer diferentes desejos (cada um dos quais declina em urgência à medida que é mais plenamente satisfeito) que a importância de qualquer unidade dele dependerá da última necessidade, cuja satisfação a quantidade total disponível ainda é suficiente. Mas se Menger tivesse parado nesse ponto, não teria ido além do que diversos predecessores, desconhecidos para ele, já tinham visto, nem provavelmente teria causado um impacto maior do que eles. O que posteriormente foi chamado (também por Wieser) de duas leis de Gossen — a saber, a utilidade decrescente da satisfação sucessiva de qualquer desejo e a equalização das utilidades para as quais a satisfação dos diferentes desejos de um dado bem servido seria conduzida — eram para Menger não mais do que o ponto de partida para a aplicação das mesmas ideias básicas para relações muito mais complexas.

O que torna a análise de Menger muito mais admirável do que as dos seus predecessores é que ele aplicou a ideia básica sistematicamente em situações em que a satisfação de um desejo é apenas indiretamente (ou parcialmente) dependente de um bem específico. Sua descrição meticulosa das ligações causais entre os bens e a satisfação dos desejos que eles atendem lhe permitiu trazer à luz relações tão básicas como aquelas de complementaridade, de bens de consumo, assim como de fatores de produção, de distinção entre bens de uma ordem inferior ou superior, de variabilidade das proporções em que os fatores de produção podem ser usados, e, finalmente e mais importante, dos custos como determinados pela utilidade que os bens usados para um propósito específico talvez tivessem tido em usos alternativos. Foi essa ampliação da dedução do valor de um bem a partir da sua utilidade, desde o caso de determinadas quantidades de bens de consumo até o caso geral de todos os bens, incluindo os fatores de produção, o feito principal de Menger.

Ao fornecer, assim, como base para sua explicação do valor dos bens, uma espécie de tipologia das possíveis estruturas da relação entre meios e fins, Menger estabeleceu as bases do que, posteriormente, foi chamado de lógica da escolha pura ou cálculo econômico. Contém, no mínimo, os elementos da análise do comportamento do consumidor e do comportamento do produtor — as duas partes essenciais da teoria microeconômica moderna. É verdade que seus seguidores imediatos desenvolveram principalmente a primeira, e, em particular, não aproveitaram a sugestão simples que encontramos em Menger a respeito de uma análise da produtividade marginal, que é fundamental para um entendimento adequado do comportamento do produtor. Em grande medida, o desenvolvimento do complemento essencial — a teoria da firma — foi deixado para Alfred Marshall e sua escola. Contudo, Menger sugere o suficiente para que seja possível afirmar que ele forneceu todos os elementos essenciais para a realização de seu objetivo final:

uma explicação dos preços que seria obtida a partir de uma análise da conduta dos participantes individuais no processo de mercado.

O uso consistente da conduta inteligível dos indivíduos como pedras de construção, a partir das quais se constroem modelos de estruturas de mercado complexas, é, naturalmente, a essência do método que o próprio Menger descreveu como "atomístico" (ou ocasionalmente, em notas manuscritas, como "compositivo") e que, posteriormente, veio a ser conhecido como individualismo metodológico. Seu caráter é mais bem expressado por sua afirmação enfática no Prefácio de *Grundsätze*, em que ele diz que seu objetivo é "associar os fenômenos complexos da economia social aos elementos mais simples que ainda estão acessíveis a certa observação". No entanto, embora Menger saliente que, ao fazer isso, está empregando o procedimento empírico comum a todas as ciências, ele sugere, ao mesmo tempo, que, ao contrário das ciências físicas, que analisam os fenômenos diretamente observados em elementos hipotéticos, nas ciências sociais começamos a partir da nossa familiaridade com os elementos e os utilizamos para construir modelos de possíveis configurações em relação às estruturas complexas nas quais podem se combinar e que não são acessíveis da mesma maneira à observação direta como são os elementos.

Isso suscita uma série de questões importantes, e na mais difícil delas só posso tocar brevemente. Menger acredita que, ao observar as ações de outras pessoas, somos ajudados por uma capacidade de *entender* o significado dessas ações de uma maneira com a qual não conseguimos entender os eventos físicos. Isso está intimamente ligado a um dos sentidos em que pelo menos os seguidores de Menger falam do caráter "subjetivo" de suas teorias, pelas quais eles queriam dizer, entre outras coisas, que se baseavam em nossa capacidade de compreender o significado pretendido das ações observadas. Portanto, "observação", como Menger utiliza o termo, possui um significado que os comportamentalistas (behavioristas) modernos não aceitariam; e sugere um *Verstehen* ("entendimento") no sentido em que Max Weber desenvolveu posteriormente o conceito. Parece para mim que ainda há muito a ser dito em defesa da posição original de Menger (e em geral dos austríacos) sobre esse assunto. Porém, desde o desenvolvimento posterior da técnica da curva de indiferença e, em particular, da abordagem da "preferência revelada", que foram concebidas para evitar a dependência sobre esse conhecimento introspectivo, mostrou-se que, pelo menos em princípio, a hipótese acerca do comportamento individual requerido pela teoria microeconômica pode ser estabelecida independentemente dessas suposições "psicológicas". Vou passar por cima desse ponto importante e me voltar para outra dificuldade criada pela adesão ao individualismo metodológico em todas as suas formas.

Naturalmente, o fato é que, se fôssemos deduzir do nosso conhecimento do comportamento individual previsões específicas sobre mudanças das estruturas complexas nas quais as ações individuais se combinam, deveríamos precisar de informações completas sobre a conduta de cada indivíduo participante. Sem dúvida, Menger e seus seguidores tinham consciência de que jamais poderíamos obter todas essas informações. Porém, eles evidentemente acreditavam que a observação comum nos forneceria um catálogo bastante completo dos diversos *tipos* de conduta individual que provavelmente ocorreriam, e até com conhecimento adequado da probabilidade que certas situações típicas acarretariam. O que eles tentaram mostrar foi que, a partir desses elementos conhecidos, se demonstraria que esses elementos podem ser combinados apenas em certos tipos de estruturas estáveis, mas não em outras. Nesse sentido, essa teoria, de fato, levaria a previsões sobre o tipo de estruturas que ocorreriam e que seriam passíveis de falsificação. É verdade, porém, que essas previsões iriam se referir apenas a certas propriedades que essas estruturas possuiriam, ou indicariam certas faixas dentro das quais essas estruturas poderiam variar, e raramente, ou nunca, a previsões de mudanças ou eventos específicos dentro dessas estruturas. Para obter tais previsões de eventos específicos a partir desse tipo de microteoria, deveríamos ter que saber não apenas os tipos de elementos individuais dos quais as estruturas complexas eram constituídas, mas as propriedades específicas de cada elemento do qual a estrutura particular era constituída. A teoria microeconômica, pelo menos além dos casos em que consegue atuar com uma suposição *ceteris paribus* razoavelmente plausível, permanece, portanto, limitada àquilo que chamei em outro lugar de "previsões padrão" — previsões dos tipos de estruturas que podem ser formadas a partir de tipos disponíveis de elementos. Essa limitação dos poderes da previsão específica, que acredito que seja verdade em relação a todas as teorias de fenômenos caracterizadas por aquilo que Warren Weaver chamou de "complexidade organizada" (para diferenciá-las dos fenômenos de complexidade desorganizada, onde podemos substituir as informações sobre os elementos individuais por probabilidades estatisticamente verificadas relativamente à ocorrência de certos elementos),[118] é certamente válida para grandes partes da teoria microeconômica. A posição que prevalece aqui é bem ilustrada por uma afirmação frequentemente citada de Vilfredo Pareto concernente à aplicabilidade limitada do sistema de equações pelo qual a escola walrasiana descreve a posição de equilíbrio de todo o sistema econômico. Claramente, ele afirmou que esses sistemas de equação "de modo algum tinham o propósito de chegar a um cálculo numérico dos preços" e que seria "absurdo" supor que poderíamos saber todos os fatos específicos dos quais essas grandezas concretas dependiam.

Parece para mim que Carl Menger tinha bastante consciência dessa limitação do poder preditivo da teoria que desenvolveu, e estava satisfeito com isso, porque sentia que mais não poderia ser alcançado nesse campo de investigação. Há para mim certo realismo reconfortante acerca desse objetivo modesto, que se satisfaz, por exemplo, em indicar apenas certos limites dentro dos quais um preço se estabelecerá, em vez de um ponto definido. Mesmo a aversão de Menger ao uso da matemática me parece direcionada contra uma pretensão de maior precisão que ele pensava que poderia ser alcançada. Ligado a isso também está a ausência na obra de Menger da concepção de um equilíbrio geral. Se ele tivesse continuado sua obra, provavelmente teria ficado ainda mais evidente do que na parte introdutória (que é *Grundsätze*) que aquilo que Menger estava buscando era antes fornecer ferramentas para o que chamamos agora de análise de processos do que para uma teoria do equilíbrio estático. A esse respeito, sua obra e aquela dos austríacos é, em geral, naturalmente bastante diferente da grande visão de um sistema econômico total que Walras nos deu.

A limitação sobre o poder da previsão específica à qual eu me referi me parece se aplicar a todo o corpo da microteoria que foi gradualmente construída sobre as bases da análise da utilidade marginal. No final das contas, foi o desejo de alcançar mais do que seu modesto objetivo que levou a uma crescente insatisfação com essa espécie de microteoria e a tentativas de substituí-la por uma teoria de um tipo diferente.

Antes de eu voltar para essa reação contra o tipo de teoria da qual a obra de Menger é o protótipo, devo dizer algumas palavras acerca da maneira curiosa pela qual sua influência atuou durante o tempo em que era a maior. Provavelmente, poucos livros tiveram um efeito tão grande quanto *Grundsätze*, em que pese o fato de que sua obra foi lida por não mais do que um número de pessoas relativamente pequeno. O efeito do livro foi sobretudo indireto; tornou-se significativo apenas após um intervalo de tempo considerável. Embora, em geral, datemos a revolução marginal[ista] a partir do ano em que as obras de Menger e Jevons foram publicadas, o fato é que, durante os dez anos seguintes ou mais, procuramos em vão por sinais que tiveram alguma repercussão na literatura. Do livro de Menger, sabemos que durante aquele período inicial teve alguns leitores atentos, incluindo não só Eugen von Böhm-Bawerk e Friedrich von Wieser, mas também Alfred Marshall;[120] todavia, foi só quando os dois primeiros, em meados da década de 1880, publicaram obras baseadas nas ideias de Menger que essas começaram a ser mais amplamente discutidas. É só a partir dessa data posterior, no que diz respeito ao desenvolvimento geral da teoria econômica, que podemos falar de uma revolução marginal efetiva. E as obras geralmente lidas naquela época foram as de Böhm-Bawerk e Wieser, em vez das de Menger. Enquanto as primeiras foram logo traduzidas para o inglês, o livro de Menger teve de esperar oito anos até se tornar disponível em uma versão em inglês.

O atraso na repercussão da obra de Menger foi provavelmente também a razão pela qual ele próprio, em vez de continuar seu trabalho teórico, voltou-se para a defesa do método teórico em relação às ciências sociais em geral. Na época em que começou a escrever seu segundo livro, *Investigations into Method* (*Untersuchungen über die*

Methode der Sozialwissenschaften), que foi publicado em 1883, Menger realmente deve ter ficado sob a impressão de que seu primeiro livro não alcançara nenhuma repercussão; não porque fosse pensado errado, mas porque os economistas daquele tempo, ao menos no mundo de língua alemã, consideravam a teoria econômica em geral como irrelevante e desinteressante. Era natural, embora talvez lamentável, que, nessas circunstâncias, tenha parecido mais importante para Menger justificar a importância da análise teórica do que concluir a exposição sistemática da sua teoria. Porém, se, em consequência, a difusão e o desenvolvimento das suas teorias foram deixados quase totalmente para os membros mais jovens da escola austríaca, há poucas dúvidas de que, durante os cinquenta anos desde meados da década de 1880 até meados da década de 1930, elas tiveram, pelo menos fora da Grã-Bretanha, onde as ideias de Alfred Marshall dominavam, a maior influência sobre o desenvolvimento do que, algo inapropriadamente, é agora em geral chamado de economia neoclássica. A esse respeito, temos o testemunho de Knut Wicksell, que era provavelmente o juiz mais bem qualificado porque estava familiarizado igualmente com todas as diferentes tendências da teoria marginal, e que, em 1921, em um obituário de Carl Menger, escreveu que "desde *Principles*, de Ricardo, não houve nenhum outro livro que tenha exercido tão grande influência no desenvolvimento da ciência econômica como *Grundsätze*, de Menger".[121]

Se cinquenta anos depois essa afirmação dificilmente se repetirá, essa é, naturalmente, a consequência da grande mudança de interesse da micro para a macroeconomia, devido sobretudo, embora não exclusivamente, à obra de lorde Keynes. Alguma tendência nesse sentido já era discernível antes da publicação de *General Theory*,[122] e se devia a uma crescente insatisfação com aquelas limitações dos poderes preditivos da microteoria à qual já me referi. Em grande medida, havia uma demanda crescente por maior controle deliberado do processo econômico (o que exigia mais conhecimento dos efeitos específicos a serem esperados de medidas particulares), que levou à tentativa de utilizar as informações estatísticas obteníveis como base para tais previsões. Esse desejo era apoiado fortemente por certas convicções metodológicas, como a de que, para ser verdadeiramente científica, uma teoria precisa levar a previsões específicas, que devem se referir a grandezas mensuráveis, e que deve ser possível verificar relações entre as mudanças quantitativas nas conexões entre aqueles agregados que são estatisticamente mensuráveis. Já sugeri que me parece que uma teoria com objetivos muito mais modestos pode ainda ser testável no sentido de ser refutável pela observação; e agora acrescentarei que não parece de modo algum certo que objetivos mais ambiciosos possam ser concretizados. No entanto, não se pode negar que, se fosse possível estabelecer que algumas dessas relações são, de fato, constantes durante períodos de tempo razoavelmente longos, isso aumentaria o poder preditivo e, portanto, a utilidade da teoria econômica. Não tenho certeza de que, a despeito de todos os esforços dedicados a essa tarefa nos últimos vinte e cinco anos, esse objetivo já tenha sido alcançado. Minha impressão é de que será descoberto que, em geral, tais constâncias estão limitadas a situações que devem ser definidas em termos microeconômicos, e que, em consequência, teremos de nos valer de um diagnóstico da situação em termos microeconômicos a fim de decidirmos se de tais relações quantitativas entre agregados, como foram observadas no passado, ainda é possível esperar que prevaleçam. Prefiro esperar, portanto, que serão as necessidades da macroeconomia que, no futuro, darão um novo estímulo ao desenvolvimento adicional da teoria microeconômica.

Talvez eu deva acrescentar que a acentuada falta de interesse que muitos jovens economistas demonstraram pela teoria microeconômica no passado imediato é o resultado da forma específica assumida pela teoria macroeconômica durante aquele período. Foi desenvolvida principalmente por Keynes como uma teoria do emprego, que, pelo menos como primeira abordagem, evoluiu com base na suposição de que existiam reservas não utilizadas de todos os diferentes fatores de produção. A desconsideração deliberada do dado da escassez que isso envolveu levou ao tratamento dos preços relativos como historicamente determinados, não requerendo explicação teórica. Esse gênero de teoria pode ter sido pertinente para o tipo de desemprego geral que prevaleceu durante a Grande Depressão. Mas não ajuda muito para o tipo de desemprego que estamos enfrentando agora ou que tendemos a experimentar no futuro. O surgimento e o crescimento do desemprego em um período inflacionário[123] mostram muito claramente que o desemprego não é simplesmente uma função da demanda total, mas é determinado por aquela estrutura de preços e produção que só a teoria microeconômica pode nos ajudar a entender.

Parece-me que sinais já podem ser vislumbrados de um renascimento do interesse no tipo de teoria que alcançou seu primeiro ponto alto uma geração atrás — no fim do período durante o qual a influência de Menger foi principalmente sentida.

CAPÍTULO 3

Friedrich von Wieser (1851-1926)[1]

A morte inesperada de Friedrich von Wieser, em 23 de julho de 1926, veio na sequência de um ataque traiçoeiro de pneumonia durante sua estada em Brunnwinkel, em Salzkammergut. Menos de duas semanas antes, com uma exibição notável de vitalidade, em seu aniversário de setenta e cinco anos, ele deu a impressão de ter superado sua grave doença. Wieser adoecera durante suas férias de verão, no meio de atividades e projetos acadêmicos intensos, alguns meses depois da publicação da obra que ele considerou sua realização suprema.[2] Com sua morte, a economia teórica moderna perdeu um dos seus maiores mestres, e os economistas em todo o mundo viram-se privados de um dos mais eminentes colegas. Dentro dos limites de seu próprio país, porém, sua morte significa muito mais do que a perda de um dos maiores acadêmicos em sua disciplina. Mas nem a profundidade incomparável dos seus *insights* sobre desenvolvimento social, como finalmente revelado a um público maior por sua última grande obra, nem mesmo suas contribuições como homem de Estado e patriota conseguem explicar adequadamente quão grande inspiração este homem foi para aqueles que o conheceram pessoalmente. Foi sua singular grandeza humana e universalidade, que ficam claras em todas as suas obras, que suscitaram o respeito e a admiração ilimitados de todos aqueles que entraram em contato com essa personalidade magnética. Porém, para aqueles que nunca conheceram Wieser pessoalmente, sua grandeza pode se tornar compreensível apenas por meio do exame do trabalho de toda a sua vida, não meramente suas realizações profissionais. Eu ficaria aquém da difícil tarefa que assumi — ou seja, retratar meu reverenciado professor — e seria muito relapso se me limitasse a um relato da sua carreira acadêmica e às suas contribuições como economista. Embora isso não seja habitual na avaliação das realizações da vida de um acadêmico, no caso de Wieser é indispensável um relato mais completo de suas qualidades humanas.

Wieser descendia de uma longa linhagem de servidores públicos austríacos. Como muitos dos seus antepassados, seu pai, Leopold Wieser, serviu na administração militar, e recebeu um título por seu heroísmo na Guerra Italiana de 1859. Depois de obter o título de conselheiro privado imperial, chefe de divisão e vice-presidente do Tribunal de Contas Conjunto, ele conquistou o título de baronete (*Freiherr*). Friedrich von Wieser nasceu em Viena, em 10 de julho, quarto dos nove filhos nascidos do casamento de Leopold com Mathilde Schulheim von Zandiel. Ambos os pais — seu pai, de início, esperara se tornar um pintor — contribuíram para o temperamento fortemente artístico de Wieser. Crescendo em Viena, ele frequentou o bastante respeitado Schottengymnasium — cujo notável corpo docente incluía Ernst Hauswirth,[3] cujas aulas de história deixaram nele uma impressão duradoura — durante seus anos do ensino médio. Wieser começou seus estudos de direito na Universidade de Viena na idade precoce de dezessete anos e completou sua formação aos vinte e um.

A carreira acadêmica de Wieser abarca exatamente meio século. Começou na primavera de 1876 com uma palestra no seminário de Knies, onde ele apresentou algumas ideias científicas originais, e chegou ao fim em junho de 1926, quando ele concluía seu artigo "Money" para a quarta edição de *Handwörterbuch der Staatswissenschaften*.[4] Nesses cinquenta anos, ele abordou constantemente um objetivo que estabelecera desde o início. Embora esse objetivo básico não seja claramente explicitado em suas obras mais conhecidas, faltará uma peça-chave para o entendimento da sua abordagem específica se o ignorarmos. Seus anos formativos do ensino médio são fundamentais para uma compreensão plena das suas metas. Na época, Wieser era apaixonadamente interessado em história. Em um discurso comemorativo, na celebração do centenário do Schottengymnasium, Wieser recorda as impressões duradouras dos seus anos do ensino médio e relembra sua mudança de história para sociologia e, depois, para economia.[5] Nesse relato, que permaneceu praticamente desconhecido de um público mais amplo, mas que contém o testemunho autobiográfico mais significativo acerca do seu desenvolvimento intelectual, Wieser descreve como Hauswirth, seu professor mencionado acima, e depois as obras de Macaulay o incitaram a estudar história, uma matéria em que ele competiu com seu colega de classe Heinrich Friedjung,[6] o futuro historiador, para dominar a imensa massa de fatos históricos a eles apresentados. No exato momento em que Wieser deu início aos seus estudos universitários, a recém-promulgada Constituição austríaca de 1867, questão de grande preocupação em seu grupo social, despertou seu interesse pelos movimentos e acontecimentos políticos e sociais da sua época. Podem muito bem ter sido essas impressões que o impeliram a estudar direito em vez de história na universidade. Em sua época de estudante na universidade, ele prestou pouca atenção à disciplina que se tornaria o foco de sua obra, ficando indiferente às aulas de economia de Lorenz von Stein.[7] Porém, *The Study of Sociology*, de Herbert Spencer,[8] em conjunto com *Guerra e Paz*, de Tolstói, tiveram tal impacto sobre Wieser que ele abandonou definitivamente sua preocupação juvenil com história e passou a se envolver intensamente com os fenômenos sociais. Como ele relata sobre esse período: "Daí em diante, tornou-se meu sonho escrever história anonimamente. Porém, isso também não deu em nada. A relação social mais óbvia se manifesta na economia, que tem de ser esclarecida primeiro, antes que alguém possa até mesmo considerar compreender relações mais profundamente ocultas. Mas como alguém pode explicar a economia sem ter explicado valor? E assim comecei a lidar com isso, e logo me aventurei no mar quase sem fim dos fenômenos sociais com nada além da teoria do valor para me manter à tona".

O estudo da história deixou Wieser intelectualmente insatisfeito, porque seus métodos não levavam à descoberta das leis dos desenvolvimentos sociais que ele procurava. Seu objetivo era identificar o impacto das grandes forças impessoais na sociedade humana, às quais cada indivíduo está sujeito contra sua própria vontade, forças que, inevitavelmente, provocam acontecimentos que não eram desejados ou até previstos por ninguém. Wieser não viu nenhuma maneira de atacar esse problema até deparar com um livro que lhe mostrou a abordagem correta para pelo menos parte do problema. Apenas quando ele saiu da Universidade de Viena, em 1872, com seu colega estudante e depois cunhado Eugen von Böhn-Bawerk, Wieser tomou conhecimento de *Grundsätze der Volkswirtschaftslehre*, de Carl Menger, então um jovem e desconhecido *Privatdozent* na Universidade de Viena. Tanto Wieser como Böhn-Bawerk encontraram nessa obra a base para suas investigações subsequentes, que levaram adiante durante seu trabalho na Administração Financeira da Baixa Áustria e, em seguida, em 1875-1876 e 1876-1877, em Heidelberg, Leipzig e Jena, sob Knies, Roscher e Hildebrand, com a ajuda de bolsas de estudos. Ao que tudo indica, os dois jovens logo se concentraram nos problemas que seriam seu foco de interesse dali em diante, e em relação aos quais fariam suas contribuições mais importantes. Na primavera de 1876, os dois davam palestras no seminário de Knies, que já continham as ideias seminais das suas obras econômicas principais posteriores. Wieser apresentou "Das Verhältnis der Kosten zum Werte" (A relação de custos com valor) e Böhn-Bawerk expôs sua teoria do capital.[9]

A primeira obra de Wieser é interessante em dois aspectos. Não só mostra quão cedo Wieser começou a se preocupar com os problemas que foram seu foco principal pelo menos durante seu primeiro período de trabalho acadêmico, mas também estabelece acima de qualquer dúvida quem originou um dos princípios mais importantes da escola moderna: a teoria do valor subjetivo.[10] Embora Wieser seja geralmente reconhecido como o criador da teoria, ele quase nunca recebe o devido crédito por isso, provavelmente porque é difícil estabelecer a primazia de sua afirmação na literatura publicada. Devemos saltar à frente, para uma fase posterior da carreira de Wieser, para esclarecer esse ponto. Como se sabe, sua primeira obra publicada, *Ursprung und die Hauptgesetze des wirtschaftlichen Wertes*, surgiu apenas em 1884, três anos depois da primeira publicação de Böhn-Bawerk.[11] O principal tópico do livro aborda o mesmo fundamento da sua obra mais antiga. Sua investigação sobre a relação entre custos e valor à luz da teoria do valor subjetivo o leva a considerar custos como utilidade indireta (custos de oportunidade), com base na apresentação detalhada do cálculo das médias da utilidade na produção. Desde Pantaleoni, essa forma modernizada de lei dos custos ficou conhecida merecidamente como lei de Wieser.[12] Não obstante, é verdade que Böhn-Bawerk desenvolveu a lei dos custos com lucidez máxima três anos antes de Wieser, embora de modo improvisado e em uma parte obscura do seu livro.[13] Além disso, também é verdade que Böhn-Bawerk, em uma das suas obras posteriores, deu a versão mais completa da nova doutrina, incluindo a lei dos custos, a forma pela qual a doutrina foi popularizada. A exposição brilhante de Böhn-Bawerk[14] é, na realidade, uma recapitulação das doutrinas de Menger e Wieser, na medida em que trata da teoria do valor subjetivo, e não com a teoria dos preços. Como consequência, o complemento extremamente importante para a teoria do valor de Menger veio a ser atribuído de maneira predominante ou exclusiva a Böhn-Bawerk. O fato da questão é que Böhn-Bawerk estava ansioso para incorporar as ideias de Wieser, que ele lhe comunicara em seus dias de estudante na Alemanha, mas apenas na medida em que esclarecessem a exposição das suas próprias ideias. Como Wieser não publicara nada até aquele momento, Böhn-Bawerk não podia citá-lo como fonte.

Embora essa obra inicial de Wieser careça da precisão da expressão e da estrutura clara das suas obras posteriores, assemelha-se a elas em sua abordagem em relação ao problema do valor dos bens. Em conformidade com a solução proposta por Menger, a maioria dos seus epígonos tentou explicar problemas específicos de determinação do valor, tal como a determinação do valor dos bens de produção, simplesmente adotando a explicação de Menger para quantidades fixas de bens de consumo; ou seja, sua utilidade determina seu valor. Wieser achou que a simples aplicação dessa fórmula não era adequada. As investigações de Menger revelaram que o valor dos bens é determinado pela necessidade de escolher um uso específico entre os diversos usos possíveis para uma quantidade limitada de bens disponíveis; portanto, o comportamento humano, com respeito ao problema da utilização das quantidades disponíveis de bens, determina seu valor. Assim, Wieser assumiu o comportamento humano como ponto de partida da sua explicação do valor, explicando situações mais complexas, sobretudo na área da produção. Essas investigações acerca de comportamento economicamente motivado diante de certas situações levam direto às explicações de Wieser sobre a relação recíproca entre o valor dos produtos e o valor dos bens de produção.

Não é possível apresentar um relato detalhado da gênese das ideias de Wieser. Permitam-me citar um único trecho aqui, para demonstrar que sua famosa lei dos custos já está contida em sua obra inicial. Ao recapitular a relação entre o valor dos produtos e o valor dos bens de produção, Wieser afirma: "Portanto, em cada caso, o valor dos produtos é determinado por desejos que são dependentes dos produtos, e, em cada caso, esses desejos estão subordinados à oferta e demanda disponível. Em vez de comparar quantidade e demanda para cada tipo de bem (isto é, cada tipo de produto), temos de comparar a demanda total por produtos feita a partir de um produto de nível mais elevado e a oferta total desse produto. O valor da última unidade de qualquer tipo de bem ainda a ser produzido determina o valor do bem de produção, que, por sua vez, reflete-se em todos os outros tipos de bens (produtos). O desejo que é decisivo para o valor do produto pode, portanto, estar bastante desconectado do produto específico e relacionado a ele apenas através da intervenção do bem de produção, que está conectado com a totalidade dos produtos".[15]

Não é de se estranhar que Wieser tenha encontrado pouca simpatia pela sua obra entre seus colegas em Heidelberg e no seminário de um dos fundadores da escola histórica.[16] O mais difícil de entender é que até mesmo Carl Menger mostrou pouco interesse pela obra, que constituía uma extensão da sua teoria, quando Wieser a mostrou para ele depois do seu retorno do seu primeiro ano na Alemanha. Pelo menos, Menger ajudou a conseguir a extensão das bolsas de estudos de Wieser e Böhm-Bawerk por um segundo ano, baseando-se nas obras que lhe foram apresentadas. Wieser se negou a se sentir desencorajado pela falta de interesse de Menger, e continuou com afinco sua investigação durante os sete anos seguintes, que ele passou na Administração Financeira da Baixa Áustria, onde havia sido contratado. Com base em um esboço de parte do seu livro *Ursprung und Hauptgesetze des wirtschaftlichen Wertes*, que foi publicado naquele mesmo ano, Wieser pôde obter sua habilitação na Universidade de Viena, em 1884. Não obstante sua resposta inicialmente negativa, Menger fez uma resenha altamente elogiosa do livro e recomendou a imediata nomeação de Wieser para a Universidade de Praga, onde ele recebeu um cargo de professor não titular em Economia Política naquele mesmo ano.

O primeiro livro de Wieser, que ficou fora de catálogo por muitos anos e era difícil de ser adquirido, foi eclipsado por sua obra posterior e, portanto, não é bem conhecido. A teoria de Menger do valor subjetivo dos bens tinha tido uma gama muito limitada de aplicação em sua forma original. Não fora aplicada às leis que governam a estrutura de produção, nem sua extensão ao problema econômico mais importante — as leis de distribuição de renda — foi empreendida alguma vez. A responsabilidade pela inacessibilidade da teoria a um público mais amplo não foi da incapacidade de Menger em fornecer os elementos intrínsecos a tal aplicação, mas sim da incapacidade de elaborar a aplicação adequadamente e, apesar de sua formulação precisa, apresentar os aspectos individuais da teoria de maneira mais gráfica. Isso tudo mudou com a introdução do conceito de utilidade marginal, sua aplicação aos bens de produção, aos custos como utilidade indireta[17] e à imputação do valor,[18] todos os conceitos que apareceram primeiro no livro de Wieser e que agora pertencem ao cerne da teoria econômica. A formulação gráfica de Wieser a respeito desses constructos importantes da teoria do valor subjetivo foi a precondição para sua influência de longo alcance. Outras partes quase tão importantes do livro estão praticamente esquecidas hoje, em especial o trecho introdutório muito característico de Wieser sobre a relevância científica da terminologia, e sua conclusão, que investiga a diferença entre avaliação do valor dos bens por meio da utilidade marginal e utilidade total.

O próprio Wieser considerou essa obra excelente e completamente autossuficiente como nada mais do que uma publicação intermediária, que foi imposta sobre ele pelas demandas da sua carreira acadêmica. Assim, ele continuou a trabalhar nesses problemas durante seus cinco primeiros anos na Universidade de Praga. Wieser continuou sendo seu próprio crítico mais severo, nunca inteiramente satisfeito com a formulação de seus *insights* teóricos. Finalmente, a força das circunstâncias o obrigou a apresentar uma versão resumida das suas conclusões para um público mais amplo. Em 1889, a publicação do seu livro seguinte, *Der Natürliche Wert*,[19] entre os livros mais brilhantemente escritos e organizados sobre teoria econômica, foi produto secundário dos seus esforços para obter um cargo de professor titular na Universidade de Praga, com o qual ele foi, de fato, agraciado naquele mesmo ano. Nos treze anos anteriores à publicação dessa análise, Wieser trabalhara de forma incansável sobre problemas de valor econômico. Esse livro se tornou a expressão definitiva das suas visões para os vinte e cinco anos seguintes e tende a perdurar como uma das obras clássicas sobre o assunto. *Der Natürliche Wert* é um ponto alto da habilidade expositiva de Wieser, que ele quase nunca voltou a alcançar em seus textos sobre economia. A diferença entre essa obra e sua primeira obra a respeito da teoria do valor reside menos em uma expansão das suas ideias originais, ainda que isso seja considerável, do que nas inovações metodológicas, que Wieser, subsequentemente, estendeu à sua análise da teoria econômica em geral.

Wieser nunca dedicou muita atenção à metodologia como uma disciplina distinta, e quase nunca se preocupou com a literatura sobre o assunto. Ele sempre lamentou o fato de Carl Menger ter investido uma porção tão grande da sua energia a refinamentos metodológicos.[20] Wieser não acreditava que especulações metodológicas divorciadas do tratamento de problemas concretos poderiam fazer avançar a ciência. Ele estava convencido de que a análise teórica de um tópico específico propiciaria um método apropriado para uma tarefa específica. Isso não o impediu de fornecer um relato rigoroso do seu próprio procedimento. Wieser expressou longamente suas opiniões a esse respeito em sua obra *Theorie der gesellschaftlichen Wirtschaft*[21] e em sua resenha do primeiro livro de Schumpeter.[22] Seus comentários mencionados acima sobre a importância da terminologia científica e sua descrição de como ele utilizou hipóteses redutivas e idealizadas e níveis decrescentes de abstrações foram reconhecidos como exemplares e como nova tendência da metodologia da ciência social.

Wieser fez amplo uso do método das hipóteses redutivas e idealizadas em seu trabalho sobre valor natural e, assim, lançou as bases para sua abordagem referente a uma teoria completa da economia. Nesse contexto, ele emprega o termo "valor natural" para designar valor como se este se manifestasse em uma economia comunal; isto é, em uma economia sem troca. Com o funcionamento de toda a economia nas mãos de uma autoridade central única, o valor emergiria como consequência da relação social entre a quantidade de bens e sua utilidade. Essa suposição foi formulada de maneira clara e incontestável na última obra de Wieser, *Theorie der gesellschaftlichen Wirtschaft*, em que ele especifica a situação hipotética em que a análise começa como a de uma "economia simples". A utilidade dessa suposição já é evidente em *Der natürliche Wert*. Com sua ajuda, ele consegue neste livro inferir os fatos da avaliação subjetiva que são mais relevantes para os fenômenos das trocas sociais não apenas sob a situação simplificada de um Robinson Crusoé, mas também com respeito a todas as situações mais complicadas de uma economia de sociedade. E, dessa maneira, Wieser evita cair na perigosa armadilha de utilizar os fenômenos de uma economia de troca como base da sua explicação. Como o objeto de investigação, como Wieser formularia posteriormente em sua principal obra econômica, "não é para ser encarado como uma unidade familiar isolada e escassamente suprida, mas ... os fenômenos visíveis de uma economia que dispõe de todos os recursos de riqueza e tecnologia, são os problemas fundamentais de uma sociedade que somos desafiados a resolver pelo cálculo econômico".[23] Portanto, Wieser pode lidar plenamente com a relevância do cálculo de valor para a produção em uma tecnologia avançada e com as regras que regem a avaliação dos fatores individuais da produção. É nessa obra que ele primeiro examina as características dos fatores de produção do ponto de vista da teoria do valor e faz acréscimos extensivos à lei dos custos desenvolvida anteriormente. Wieser também aperfeiçoa sua teoria da imputação de uma maneira que assegura ao valor natural um lugar indiscutível nessa questão. Ele faz uma contribuição decisiva à teoria do valor elementar em *Der Natürliche Wert* com respeito aos seus suportes psicológicos — a que Wieser se refere aqui como lei de Gossen da satisfação dos desejos.[24] Em uma segunda parte, intitulada "Valor na economia do Estado", Wieser oferece algumas sugestões interessantes para aplicar a nova teoria do valor na administração das finanças do Estado, sugestões que foram bastante ignoradas até agora.

Der Natürliche Wert encerra mais ou menos a primeira fase da obra de Wieser de teoria econômica. Seguiram-se apenas dois artigos em publicações inglesa e norte-americana apresentando ao mundo anglo-saxão a teoria do valor austríaca e defendendo seus princípios.[25] Quinze anos do trabalho muito intenso dedicado aos problemas teóricos mais difíceis finalmente cobraram seu preço e geraram uma fadiga mental que incapacitou Wieser por muitos anos no campo da teoria. Embora as consequências do excesso de trabalho o forçassem a renunciar à busca dos seus interesses principais por um considerável espaço de tempo, isso não significou que um homem vigoroso como Wieser tivesse de desistir de toda atividade acadêmica e literária. Durante a década de 1890, ele passou a trabalhar em problemas de política econômica e finanças, uma mudança que, como ele muitas vezes mencionava, permitiu-lhe se recuperar dos esforços do pesado trabalho teórico dos anos anteriores. Ao mesmo tempo, envolveu-se em diversos aspectos da vida pública em Praga, onde, caracteristicamente, logo obteve um papel de destaque nos círculos alemães. Após seu casamento com Marianne Wolf, em 1886, sua casa se tornou centro da vida cultural da Boêmia. Sua vasta gama de interesses o colocou em contato próximo com inúmeros acadêmicos e personalidades da vida pública, mas, ao mesmo tempo, seu forte temperamento artístico também o conduziu aos círculos artísticos locais. Wieser pôs seus talentos organizacionais à disposição dos interesses culturais alemães na Boêmia e contribuiu muito para o sistema educacional alemão em Praga. Ele foi bastante ativo como presidente da Sociedade para o Avanço da Ciência, Arte e Literatura Alemã na Boêmia, e, entre suas contribuições, destacou-se a criação de diversas instituições para promover o bem-estar dos estudantes da Universidade Alemã de Praga. Apesar do fato de ele simpatizar muito com a posição dos alemães na Boêmia e defender seus interesses em diversas ocasiões como resultado do sentimento nacional e de um forte senso de justiça, e apesar de seu interesse vívido por todos os assuntos públicos, nunca escolheu participar da vida política. Wieser tinha opiniões fortemente liberais, mas sua postura em relação a todas as doutrinas políticas era demasiado crítica para permitir sua filiação a qualquer partido político. Ainda assim, diversos dos seus estudos que remontam a esses anos adquiriram grande importância para o conflito de nacionalidades na Boêmia, uma vez que ele ampliou seus estudos sobre problemas financeiros a investigações estatísticas sobre renda e tributação na Boêmia e suas nacionalidades. Esses estudos, que mostraram seus magistrais métodos estatísticos, foram recebidos com considerável atenção na época. Durante sua permanência em Praga, Wieser também retomou seus estudos sobre teoria social, cujas primeiras conclusões ele incorporou ao seu conhecido discurso na reitoria da Universidade de Praga intitulado "Uber die gesellschaftlichen Gewalten" (Sobre as autoridades sociais).[27]

No semestre de inverno de 1903, Wieser foi designado para ocupar a cátedra que fora de Carl Menger, que se aposentara, na Universidade de Viena. Na época de sua transferência para Viena, Wieser estava no meio das atividades mais variadas: investigações sociológicas, políticas e financeiras se achavam entre os problemas que o ocupavam simultaneamente. Ele também se interessara por teoria monetária. Na Universidade de Viena, a aula inaugural de Wieser,[28] que enfocou o valor do dinheiro e suas flutuações ao longo da história, chamou a atenção para uma de suas contribuições mais significativas para um segundo campo da teoria econômica, que estimulou uma série de estudos importantes. Ao aplicar as ideias básicas da teoria do valor subjetivo ao problema do valor monetário, Wieser conseguiu encontrar a chave para sua solução, que foi posteriormente expandida com sucesso pelos seus [seguidores] (Ludwig von Mises e F. X. Weiss).[29] Como resultado da convergência dessa abordagem com uma análoga assumida pouco depois nos países anglo-saxões, esta agora parece ter se tornado a visão convencional da matéria. No encontro de 1909 da Verein für Sozialpolitik (Associação pela Política Social), em Viena, a palestra bastante aplaudida de Wieser enfocou mais uma vez o problema da flutuação do valor monetário, incluindo a questão de sua documentação estatística.[30]

As obras sobre teoria monetária publicadas durante os primeiros seis anos de Wieser em Viena estão entre os frutos de seus esforços iniciais para conceber um sistema unificado de teoria econômica, que ele desenvolvera ao longo de seu magistério e continuava a refinar nesse período. É duvidoso, porém, que ele tivesse decidido transformar esse material em uma publicação se uma ocasião especialmente feliz não tivesse interferido. De fato, Wieser tinha alcançado o ponto em que, com base em seu domínio interno das questões econômicas, sentia-se pronto para aplicar esse conhecimento à investigação de leis sociais mais gerais e, por algum tempo, e dedicara principalmente a questões sociológicas. Em 1909, os resultados iniciais dessa investigação foram apresentados em suas palestras na Universidade de Salzburgo e publicadas sob a forma de um livro muito lido,

Recht und Macht.[31] Foi nessa conjuntura que Wieser foi convencido por Max Weber a escrever o volume teórico introdutório para uma nova obra básica sobre questões socioeconômicas.[32] Por vários anos, Wieser se concentrou mais uma vez na teoria econômica. Embora tivesse originalmente destinado dois anos a essa tarefa, Wieser levou muito mais tempo para concluir o trabalho sobre seu principal livro no campo da economia, e, mesmo assim, relutou em entregar o original para publicação porque o considerou incompleto. E ainda assim, *Theorie der gesellschaftlichen Wirtschaft*, de Wieser, apresenta não só a única abordagem consistente da teoria econômica produzida pela moderna escola subjetivista[33] como também constitui, acima de tudo, o que pode muito bem ser a melhor síntese alcançada pela teoria econômica em nosso tempo. De fato, poucas obras desde a época da escola clássica conseguiram lidar com todos os problemas relevantes dentro de um sistema abrangente e, ao mesmo tempo, oferecer tantos *insights* novos e profundos do mundo dos fenômenos econômicos. Não é possível examinar aqui em detalhes as análises teóricas contidas nessa obra, mas apenas traçar o desenvolvimento de Wieser até esse importante trabalho, cujo conteúdo é indubitavelmente familiar a todos os economistas. Alguns comentários são apresentados a seguir sobre a importância geral do livro e a extensão pela qual exemplifica a abordagem intelectual e metodológica de Wieser.

O artigo jornalístico de Joseph Schumpeter por ocasião do septuagésimo aniversário de Wieser[34] caracterizou a natureza especial da obra de Wieser em poucas frases, mas de uma maneira tão perspicaz que vou citá-lo aqui: "Qualquer colega de profissão que penetra no universo intelectual de Wieser toma consciência imediatamente de uma nova atmosfera. É como se a pessoa tivesse entrado em uma casa que não guarda nenhuma semelhança com outras casas que ela conhece, cuja organização e mobília são estranhos à nossa época e, a princípio, são desconcertantes; e, de fato, muitos colegas de Wieser ficaram confusos por anos com sua obra. Raramente um autor deveu tão pouco a outros autores como Wieser.[35] No fundo, sua única dívida é com Menger, e tudo o que ele deve a Menger é o impulso inicial. Seu material de construção compõe-se inteiramente da sua propriedade intelectual, mesmo quando ele diz algo que já foi dito antes. Sua mente não tem lugar para o pré-fabricado, cada parágrafo e cada frase são o produto de um *insight* valioso. Com calma soberana, ele põe de lado o que outros especialistas escreveram quando cria sua própria obra, e todos nós passamos a aceitar isso como sua obrigação. Ele não lê de maneira rápida nem extensiva, e raramente procura entender os pontos mais delicados dos sistemas intelectuais de outras pessoas. As polêmicas, tanto no campo profissional quanto no pessoal, lhe são estranhas". A postura acadêmica característica não poderia ter sido descrita de maneira mais adequada. Wieser nunca se preocupou com o conhecimento científico estabelecido, com a reconciliação de princípios existentes uns com os outros ou com a dedução de novas conclusões a partir do estoque existente de conhecimento por meio de mera manipulação lógica. Wieser era tudo menos o teórico prototípico. Poucos homens podiam rivalizar com sua capacidade de enxergar as coisas nitidamente e enfocar a realidade em toda a sua profusão no meio de discussões teóricas. Poucos homens compartilharam sua determinação de aplicar seus próprios constructos abstratos e de outras pessoas somente como instrumentos para a descrição mais exata da realidade observada. Wieser se mantinha imerso tão profundamente na observação que não tinha tempo para investigar ou criticar os sistemas intelectuais dos outros. Ele achava que os constructos de outras pessoas o distraíam de captar a realidade com seus próprios olhos, um fato que o fazia se esquivar mesmo de discussões orais, a menos que contribuíssem para uma expressão mais clara de suas próprias ideias.[36] Wieser nunca cedeu à tentação de usar a violência contra os fatos em nome da elegância lógica. Às vezes, ele até sacrificava a consistência e a perfeição intelectual, introduzindo ideias assimiladas de forma incompleta de outros em seu sistema, se assim pudesse reproduzir a realidade mais fielmente. Sua última grande obra econômica é um exemplo muito bom dessa tendência. Em termos de elegância e consistência intelectual, é indubitavelmente inferior à obra de Böhm-Bawerk de análise econômica,[37] mas a culpa reside no número incomparavelmente maior de fenômenos levados em conta por Wieser. A maior aproximação com o caráter multifacetado da realidade torna inevitável que muitas coisas sejam apenas sugeridas e não fiquem completamente esclarecidas, que diversos pontos pareçam ser irreconciliáveis. Para alguém que dá primazia a uma consistência lógica completa, o sistema autossuficiente de Böhm-Bawerk parecerá com certeza mais impressionante.

A obra de Wieser se oferece incomparavelmente mais como ponto de partida para maior elaboração, talvez por causa das próprias partes que foram criticadas por sua inconsistência.

Há diversos problemas em *Theorie der gesellschaftlichen Wirtschaft* que são tratados de maneira completamente original, problemas esses que Wieser deixou de lado em textos anteriores, e há partes de sua análise que estão decisivamente melhoradas. Em relação aos problemas apresentados na primeira parte, que lidam com a teoria de economias simples, um tópico sobre o qual ele se concentrara em sua obra anterior, a principal melhoria consiste em precedê-lo com uma seção extensa que não lida de modo algum com a teoria do valor. Nessa seção introdutória, Wieser abrange a estrutura de produção em detalhes e analisa o comportamento provocado por qualquer situação econômica de maneira tão minuciosa que, na seção subsequente, problemas de avaliação difíceis ficam claros. As constatações mais importantes dessa investigação sobre a estrutura de produção são a teoria do capital de Wieser e sua distinção entre "meios produtivos de custo" e "meios produtivos específicos",[38] que na teoria do valor servem como base para a distinção muito importante entre diversas utilidades marginais — distinção que Wieser nunca desenvolveu plenamente e que, assim, é entendida de forma insatisfatória.

A seção sobre economias de troca é precedida por uma curta exposição da teoria social de Wieser, que é inseparável do conteúdo dessa seção. No entanto, a contribuição mais importante e completamente original do livro é a teoria dos preços de Wieser, que ele aplica a todos os fenômenos da economia de mercado avançada de maneira muito mais completa do que fizera em qualquer obra anterior. Entre os conceitos mais significativos e frutíferos introduzidos neste caso, incluem-se os seguintes: estratificação dos preços, índices do mercado e instituições monopólicas. O poder magistral de observação de Wieser e a apresentação de relações permitiram-lhe trazer à luz tesouros que vão prover gerações de economistas com amplo material de trabalho. As seções sobre dinheiro e crédito, que estão intimamente ligadas com a teoria dos preços e transcendem em muito suas apresentações anteriores, são quase tão sugestivas para investigação futura e igualmente cheias de novos *insights*. Elas nos levam a esperar que a obra final de Wieser, seu artigo sobre dinheiro na quarta edição de

Handwörterbuch der Staatswissenschaften, será de nível igualmente elevado. À medida que, nas seções posteriores do livro, Wieser chega mais perto da descrição dos múltiplos fenômenos da economia atual, fica cada vez mais claro que instrumento perfeito para explicá-los ele criou nas primeiras partes do livro.

Após o término de sua grande obra sobre os princípios da economia social, Wieser concluiu sua investigação econômica — e não só por já ter feito o máximo nesse campo. O livro foi publicado algumas semanas antes do início da Primeira Guerra Mundial — o que, em parte, explica por que o livro foi tão lento em provocar impacto —, e os devastadores acontecimentos dos anos seguintes mudaram de maneira inevitável e irreversível os interesses de Wieser para o que se tornou seu objetivo derradeiro: entender as grandes forças por trás de todos os desenvolvimentos sociais. Ele era um homem que em uma fase inicial aprendera a considerar todos os acontecimentos de uma perspectiva histórica mundial, que, como austríaco, ficara profunda e continuamente preocupado nos anos anteriores com a evolução e a desintegração da monarquia, e cujo espírito afirmativo profundamente enraizado fora testado do modo mais severo.[40] Para Wieser, era natural que o envolvimento nas experiências do seu país ajudassem a amadurecer ideias que foram de grande preocupação para ele ao longo da vida. Até aquele momento, ele relutara em assumir um papel preponderante nos assuntos públicos, mas então sentiu a pressão constante dos dotados de visão entre os cegos, a ânsia de oferecer orientação aos seus contemporâneos no turbilhão de acontecimentos, mostrando-lhes as amplas conexões que tornavam esses episódios significativos. Nos primeiros anos da guerra, vários dos ensaios foram consequência dessa ânsia, e demonstram tanto seu *insight* sobre os difíceis problemas enfrentados por seu país como sua fé na missão da velha Áustria. Em 1917, sua nomeação para a Câmara Alta do parlamento austríaco lhe deu a oportunidade de fazer com que sua influência fosse sentida na vida pública.

Sua atividade literária e acadêmica foi interrompida durante os dois últimos anos da guerra como resultado de sua nomeação como ministro do Comércio, em agosto de 1917, cargo que ele ocupou durante os mandatos de Seidler e Lammasch como primeiros-ministros,[41] que foram os últimos governos sob a monarquia. Wieser foi responsável pelas negociações referentes à união aduaneira com a Alemanha, levando-as ao ponto de um acordo no essencial. Entre outras tarefas importantes suas incluíram-se os preparativos para a transição para uma economia de tempos de paz e para a desmobilização, acordos comerciais com a Bulgária e a Turquia, e o Tratado de Paz de Bucareste.

Imediatamente após ver-se liberado de suas funções oficiais devido ao colapso da velha Áustria, Wieser reiniciou sua investigação sociológica. Um dos seus trabalhos mais brilhantes, o livreto *Österreichs Ende (Austria's End)*,[42] foi escrito sob a impressão recente dos grandes acontecimentos históricos por ele compartilhados. Apesar de seu intenso envolvimento nessas experiências, Wieser conseguiu visualizar os acontecimentos com plena lucidez e devida perspectiva histórica. Até certo ponto, satisfez seu sonho de juventude de escrever história anonimamente. No verão de 1919, ele reassumiu sua cátedra na Universidade de Viena, onde ficou encarregado da sequência de palestras principais em economia até 1922. Wieser também deu um seminário sobre teoria monetária no semestre de verão de 1920.

Mesmo em seus seminários, Wieser tendia a evitar discussões reais, e preferia desenvolver sua própria teoria em conjunto com textos do seminário e os comentários suscitados por eles, em vez de se envolver em críticas às ideias de outras pessoas. No entanto, todos os presentes se lembram dos seminários como exemplos brilhantes do ensino acadêmico mais fecundo. Suas palestras eram impecáveis na apresentação. Para os estudantes que as acompanhavam, as palestras deixaram uma lembrança indelével da presença imponente de um personagem alto e distinto, cuja exposição dos problemas econômicos mais difíceis era tão simples, tão impecável e tão clara, que era um prazer seguir a organização magistral de suas palestras. Fora de suas palestras e seus seminários, Wieser tinha pouco contato com os estudantes, porque sua reserva nobre tendia a mantê-los a distância. Contudo, uma pergunta que mostrasse interesse genuíno poderia levar a um relacionamento duradouro. Por causa disso, os contatos de Wieser se limitavam a um círculo muito pequeno de economistas. Como ele também se abstinha de influenciar qualquer trabalho em andamento, tinha muito poucos estudantes trabalhando diretamente sob sua supervisão. No entanto, mesmo sem manter um acompanhamento próximo do progresso acadêmico de cada estudante, ele era um bom avaliador de pessoas, capaz de identificar teóricos talentosos. Uma vez despertado o interesse de Wieser por um jovem teórico, ele provava ser um amigo e guia incansável em assuntos práticos.

Wieser se aposentou em 1922, após concluir seu ano como professor honorário. Hans Mayer, cuja postura estava muito em sintonia com a de Wieser, foi nomeado para sua cátedra.[43] Wieser manteve um alto nível de atividade literária, como coeditor da quarta edição de *Handwörterbuch der Staatswissenschaften* e como diretor da seção austríaca da Carnegie Foundation, que vinha trabalhando sobre a história econômica e social da Primeira Guerra Mundial. Apesar desses inúmeros interesses, ele reservou a maior parte de suas energias para o livro que seria o auge do trabalho da sua vida, o resultado da sua investigação sociológica ao longo da existência. O livro foi publicado com o título de *Gesetz der Macht*[44] alguns meses antes de sua morte. Quase todos os numerosos artigos que Wieser publicou em seus últimos anos foram na realidade estudos preliminares para esse livro, em cujo término ele investiu todo o seu vigor. Todas as palestras proferidas entre 1922 e 1925, após sua aposentadoria oficial, enfocaram problemas relacionados ao livro em desenvolvimento. Como a principal obra sociológica de Wieser foi analisada integralmente por um especialista altamente qualificado na matéria precedente desta publicação,[45] seu conteúdo não precisa ser descrito aqui. A julgar por sua recepção inicial, parece que o filho favorito do grande homem será considerado não menos generosamente por seus contemporâneos, e pode muito bem ser considerado sua maior realização por pessoas que não são economistas por formação. A qualidade de sua exposição assegura um lugar muito acima ao de um tratado especializado. É uma evidência convincente que uma obra inspirada por uma ideia elevada se transforma inevitavelmente em uma obra de mérito artístico verdadeiro. Dado seu domínio indiscutível do conhecimento científico, Wieser ficou singularmente livre de informações técnicas rebuscadas mesmo em seus textos anteriores, podendo assim demonstrar a afinidade entre o mundo acadêmico e a criação artística. Pouco restringido por elas anteriormente, em sua última obra Wieser libertou-se por completo dos grilhões da compartimentalização disciplinar e metodológica rígida, e revelou sua personalidade incomum em toda a sua grandeza. Ficará óbvio para o leitor desse livro por que os amigos e alunos de Wieser foram instigados a compará-lo a Goethe. Os interesses variados abrangendo todos os campos da cultura e da arte, a sabedoria mundana e o tato mundano de ministro da velha Áustria em combinação com a indiferença pelas trivialidades cotidianas e uma solidariedade humana abrangente são tanto elementos dessa semelhança quanto a ausência de estreiteza de visão nacionalista. Wieser era de todo o coração um alemão, e talvez ainda mais de todo o coração um austríaco do melhor tipo, que encontrou nele sua expressão mais perfeita.

CAPÍTULO 4

Ludwig von Mises (1881-1973)[1]

"LUDWIG VON MISES: UMA VISÃO GERAL"[2]

As bases do grande sistema de pensamento social que agora conhecemos como a obra de Ludwig von Mises foram estabelecidas meio século atrás, quando ele era um administrador atarefado, para quem o estudo e o magistério só podiam ser profissões de horas vagas. Enquanto viveu em sua Viena natal, isto é, até os cinquenta e poucos anos, dedicou a maior parte do seu tempo ao seu trabalho como consultor financeiro da organização semioficial mais importante das empresas austríacas, a Câmara de Comércio de Viena, e só pôde lecionar um pouco na Universidade [de Viena] nas horas vagas. Mesmo isso foi interrompido pelo longo serviço como oficial de artilharia durante a Primeira Guerra Mundial. No entanto, pouco antes e pouco depois disso, Mises publicou as duas obras que contêm o esboço da maior parte das ideias que ele desenvolveu posteriormente em seu abrangente sistema.

Em 1912, seu livro *Theory of Money*[3] foi publicado, e se tornou a obra mais profunda e gratificante disponível sobre o assunto por muitos anos. Não ter tido o efeito imediato que merecia — o que poderia ter salvo o mundo de muitos dos problemas monetários do período do pós-guerra — deveu-se principalmente ao fato de que Mises achou necessário ir fundo nos problemas da teoria do valor geral. Isso desencorajou muitos que poderiam ter se beneficiado da elucidação de Mises das questões de valor prático mais imediato. Depois da guerra, em 1922, surgiu sua grande obra *Socialism*,[4] que estabeleceu sua fama. A tese central de Mises não era, como às vezes se expõe enganosamente, que o socialismo é impossível, mas sim que ele não consegue alcançar um aproveitamento eficiente dos recursos.[5] Isso só pode ser alcançado na base de um cálculo em termos de valor ou preço, que, por sua vez, só pode ser apurado se existir um mercado competitivo. Foi essa tese que atraiu a maior atenção e levou a discussões que se estenderam ao longo dos anos, em que Mises, com certeza, foi vitorioso, pelo menos no sentido de que os defensores do socialismo foram levados a mudanças extensas em suas doutrinas.

O livro sobre o socialismo foi particularmente importante porque marcou Mises como o principal intérprete e defensor do sistema de livre iniciativa. Embora tivesse se instruído quando jovem no socialismo "fabiano" moderado, então predominante entre a elite intelectual vienense, ele logo reagiu contra isso, isolando-se assim da maioria dos seus contemporâneos. Mises provavelmente deveu essa conversão a Eugen von Böhm-Bawerk, professor da universidade que tinha a maior influência sobre ele. Böhm-Bawerk, antes de sua morte prematura, começara a trabalhar nas linhas que Mises veio a desenvolver. Na época em que publicou *Socialism*, Mises ficara tão fortemente convencido de que as aspirações socialistas se baseavam em uma confusão intelectual e falhavam em compreender a tarefa que o sistema econômico tinha de desempenhar, que seus esforços posteriores de desenvolver uma teoria social e sua defesa de uma ordem política libertária tornaram-se muitas vezes inextricavelmente entrelaçados. Sua tendência, sobretudo em seus anos mais jovens, de defender sua posição com obstinação e intransigência lhe rendeu muitos inimigos. Em grande medida, essa foi a razão pela qual Mises nunca obteve um cargo universitário regular em Viena e por que muitos acadêmicos trataram até suas obras estritamente teóricas como ideologicamente suspeitas por muito tempo.[6] Ele continuou a ministrar cursos ocasionais na universidade, mas por muitos anos foi através de um círculo de discussão informal, seu *Privatseminar*, como ficou conhecido em Viena, que variava amplamente sobre problemas de teoria social e filosofia, que ele estendeu sua influência pessoal. Entre os membros mais conhecidos desse círculo incluíam-se não só os economistas Gottfried

Haberler e Fritz Machlup,[7] mas também sociólogos como Alfred Schutz e filósofos como Felix Kaufmann.[8]

Nesses anos, durante a década de 1920 e início da década de 1930, Mises foi extremamente produtivo, e, em uma longa série de monografias sobre problemas econômicos, sociológicos e filosóficos, construiu a Filosofia abrangente da sociedade que ele primeiro expôs em uma obra em alemão[9] e, em seguida, resumiu na obra grandiosa pela qual ele é sobretudo conhecido pelos leitores norte-americanos, *Human Action*,[10] que foi escrita em Nova York. Mises deixara Viena por uma cátedra em Genebra pouco antes de Hitler ocupar a Áustria, e, em 1940, tão tarde quanto ainda era possível, mudou-se de Genebra para os Estados Unidos. Ali, ele foi feliz. Recém-casado, aos cuidados de uma companheira agradável, pela primeira vez em sua vida Mises pôde se dedicar inteiramente a escrever e lecionar. No entanto, nem mesmo um breve esboço de sua vida pode ser concluído sem a menção de três personagens, da erudição histórica surpreendente e do seu profundo pessimismo sobre o futuro da nossa civilização — um pessimismo que o levou frequentemente a previsões que não se tornaram realidade tão cedo quanto ele esperava, mas que em geral se confirmaram no fim. Acredito que o mundo seria um lugar melhor se Ludwig von Mises tivesse sido mais ouvido.

"EM HOMENAGEM AO PROFESSOR MISES"[11]

Não houve na minha vida outra ocasião, e não espero que tornará a haver, em que tenha me sentido tão honrado e grato de poder expressar em nome de todos aqui reunidos, e de centenas de outras pessoas, a profunda admiração e gratidão que nutro por um grande estudioso e um grande homem. Essa é uma honra que, sem dúvida, devo ao fato de que, entre aqueles disponíveis, sou provavelmente o mais velho dos seus alunos, e que, em consequência, posso revelar a vocês algumas recordações pessoais sobre certas fases do trabalho daquele que homenageamos hoje. Antes de me dirigir diretamente ao professor Mises, confio que ele permitirá que eu fale dele para vocês. Contudo, embora minhas recordações abranjam quase quarenta dos cinquenta anos que se passaram desde o acontecimento cujo aniversário celebramos, não posso falar a partir do meu próprio conhecimento sobre a parte inicial desse período. Quando me sentei aos pés do professor Mises, logo após a Primeira Guerra Mundial, ele já era uma figura bem conhecida, com a primeira de suas grandes obras firmemente estabelecida como o livro proeminente sobre a teoria do dinheiro.[12] Essa obra tinha sido publicada em 1912, mas de modo algum foi sua primeira. De fato, seu primeiro livro sobre economia[13] fora publicado dez anos antes, quatro anos antes de o professor Mises obter seu doutorado. Como ele fez isso, nunca entendi direito. Acredito que tenha sido escrito antes de ele entrar em contato com o único homem da geração anterior que pode alegar ter exercido influência importante sobre seu pensamento científico: Eugen von Böhm-Bawerk. Foi no seminário de Böhm-Bawerk que um grupo brilhante começou a surgir e se tornaria a terceira geração da escola austríaca fundada por Carl Menger. Entre eles, logo deve ter ficado evidente que Mises era o de espírito mais independente.

Antes de eu deixar o período de estudante de Mises, o que levou ao título de doutor conferido cinquenta anos atrás, interromperei este relato para dar um anúncio. Não somos de modo algum os únicos que pensamos em fazer deste aniversário a ocasião para homenagear o professor Mises. Receio que não seja novidade para ele, por mais que eu gostasse de ser o primeiro portador dessa notícia: a Universidade de Viena também desejou celebrar a ocasião. Como fiquei sabendo alguns dias atrás, a Faculdade de Direito dessa universidade resolveu há pouco renovar formalmente o título de doutor concedido há tanto tempo. Se o novo diploma ainda não chegou ao professor Mises, deve chegar a qualquer momento. Enquanto isso, posso ler para vocês a nota que o reitor me enviou pelo correio aéreo: "Em sua sessão de 3 de dezembro de 1955, a Faculdade de Direito da Universidade de Viena decidiu renovar o diploma de doutor conferido em 20 de fevereiro de 1906 a Ludwig von Mises, 'o qual mereceu a maior distinção por suas contribuições para a teoria econômica da escola austríaca, aumentou muito a reputação da ciência austríaca no exterior, e também realizou o trabalho mais benéfico como diretor da Câmara de Comércio de Viena, e a quem se deve a iniciativa de fundação do Instituto Austríaco de Economia'".[14]

Porém, devo voltar à sua primeira contribuição notável para a ciência econômica.[15] Para mim, aquela primeira década do século XX, quando a obra foi escrita, pode parecer um longínquo período de paz; e mesmo na Europa Central, a maioria das pessoas se iludia a respeito da estabilidade da sua civilização. Mas foi como pareceu para um observador arguto, dotado da presciência do professor Mises. Até acredito que o primeiro livro tenha sido escrito com a sensação constante de desgraça iminente e sob todas as dificuldades e perturbações às quais um jovem oficial da reserva está exposto em uma época de alarmes constantes de guerra. Menciono isso porque creio que seja verdade que todas as obras do professor Mises tenham sido escritas em constante dúvida se a civilização que as tornou possíveis duraria tempo suficiente para permitir sua publicação. Contudo, apesar desse senso de urgência em que foram escritas, possuem uma perfeição clássica, uma abrangência bem desenvolvida em escopo e forma, que pode sugerir uma redação sem pressa.

A *Theory of Money* é muito mais do que meramente uma teoria do dinheiro. Embora seu principal objetivo fosse preencher o que era então a lacuna mais evidente no corpo da teoria econômica aceita, também fez sua contribuição para os problemas básicos de valor e preço. Se seu efeito tivesse sido mais rápido, poderia ter impedido grande sofrimento e destruição. Mas, naquele momento, o estado do entendimento monetário era tão baixo que teria sido demais esperar que uma obra tão sofisticada tivesse um efeito rápido. A obra foi logo apreciada por algumas das melhores mentes da época, mas sua apreciação geral chegou tarde demais para salvar seu país e a maior parte da Europa da experiência de uma inflação devastadora. Não consigo resistir à tentação de mencionar brevemente uma crítica curiosa que o livro recebeu. Entre os críticos, havia um homem um pouco mais jovem chamado John Maynard Keynes, que não conseguiu reprimir uma expressão de admiração algo invejosa pela erudição e abrangência filosófica da obra, mas que, infelizmente, porque, como ele explicou mais tarde, só conseguiu entender em alemão o que já sabia, não aprendeu nada com ela.[16] O mundo poderia ter sido muito poupado se o alemão de lorde Keynes fosse um pouco melhor.

Não muito depois da publicação do livro e da nomeação para um cargo na universidade, o trabalho científico do professor Mises foi definitivamente interrompido pelo início da Primeira Guerra Mundial e sua convocação para o serviço ativo. Após alguns anos na artilharia, acredito que no final comandando uma bateria, ele se viu no final da guerra na seção de economia do Ministério da Guerra, onde ele, é claro, estava novamente pensando de forma ativa em problemas econômicos mais amplos. De qualquer maneira, quase assim que a guerra acabou, o professor Mises já tinha concluído um novo livro, pouco conhecido e uma obra agora rara intitulada *Nation, Staat und Wirtschaft*.[17] Valorizo muito o meu exemplar porque contém muitos embriões de desenvolvimentos posteriores.

Suponho que a ideia de sua segunda obra grandiosa já devia estar se formando em sua mente desde que o seu capítulo crucial apareceu menos de dois anos depois como um conhecido artigo sobre o problema do cálculo econômico em uma comunidade socialista.[18] O professor Mises tinha então retornado ao seu cargo como assessor jurídico e consultor financeiro da Câmara de Comércio de Viena. As Câmaras de Comércio, devo explicar, são instituições oficiais cuja tarefa principal é assessorar o governo sobre legislação. Ao mesmo tempo, o professor Mises estava conciliando esse cargo com uma das chefias do departamento especial relacionado ao cumprimento de certas cláusulas do tratado de paz. Foi nessa função que eu vim a conhecê-lo melhor. Naturalmente, eu tinha sido membro de sua turma na universidade.[19] Mas visto que, como devo me justificar, eu estava fazendo às pressas um curso de direito abreviado de pós-guerra e não despendi todo o meu tempo livre em economia, não aproveitei tanto essa oportunidade quanto poderia. Todavia, aconteceu então que meu primeiro emprego foi como subordinado do professor Mises nesse departamento governamental temporário, onde vim a conhecê-lo principalmente como um executivo muito eficiente, o tipo de homem que — como foi dito a respeito de John Stuart Mill, porque faz o dia normal de trabalho em duas horas — sempre tem a escrivaninha limpa e tempo para falar sobre qualquer coisa. Vim a conhecê-lo como um dos homens mais bem-educados e mais bem informados com quem já havia me relacionado e, o que era mais importante naquele momento de grande inflação, como o único homem que realmente entendia o que estava acontecendo. Houve uma vez então em que pensei que ele logo seria convocado para assumir o comando das finanças do país. O professor Mises era obviamente o único homem capaz de deter a inflação, e muitos danos poderiam ter sido evitados se ele tivesse sido posto no comando. Não era para ser.

Porém, naquele momento, eu não tinha a menor ideia, apesar dos contatos diários, de que o professor Mises também estava escrevendo o livro que causaria a impressão mais profunda sobre a minha geração. *Die Gemeinwirtschaft*, mais tarde traduzido para o inglês como *Socialism*, foi publicado em 1922. Por mais que tivéssemos admirado as realizações de Mises na teoria econômica, essa obra era algo de escopo e significado muito mais amplos. Tratava-se de uma obra sobre economia política na tradição dos grandes filósofos morais, Montesquieu ou Adam Smith, contendo conhecimento aguçado e erudição profunda. Tenho poucas dúvidas de que manterá a posição que alcançou na história das ideias políticas. Mas não resta dúvida alguma a respeito do efeito sobre nós, que estávamos na idade mais impressionável. Para nenhum de nós, rapazes que lemos o livro quando foi publicado, o mundo voltou a ser mesmo. Se Röpke[20] estivesse aqui, ou Robbins,[21] ou Ohlin[22] (para mencionar apenas aqueles exatamente da mesma idade que eu), contaria a mesma história. Não que tenhamos engolido tudo de uma só vez, já que o remédio era muito forte, e a pílula, muito amarga. Contudo, despertar contradições, forçar os outros a pensar por si mesmos as ideias que conduziram Mises, é a principal função do inovador. E, embora possamos ter tentado resistir, mesmo que num esforço máximo para tirar as considerações inquietantes do nosso sistema, não tivemos sucesso. A lógica do argumento era inexorável.

Não foi fácil. O ensinamento do professor Mises pareceu direcionado contra tudo em que tínhamos sido levados a acreditar. Era uma época em que todos os argumentos intelectuais em voga pareciam apontar para o socialismo e na qual quase todos os "homens bons" entre os intelectuais eram socialistas. Embora a influência *imediata* do livro possa não ter sido tão grande quanto se poderia ter desejado, é, de certo modo, surpreendente que tivesse tão grande influência quanto teve. Porque para o jovem idealista da época significou a frustração de todas as esperanças; e desde que ficou claro que o mundo tendia a seguir o rumo cuja natureza destrutiva a obra apontava, nos deixou muito pouco, apenas desespero total. E para aqueles que conheciam pessoalmente o professor Mises, logo ficou claro que sua própria visão sobre o futuro da Europa e do mundo era de profundo pessimismo. Logo tomaríamos conhecimento de o quão justificado era o pessimismo.

Os jovens não simpatizam facilmente com um argumento que torna inevitável uma visão pessimista do futuro. Mas quando a força da lógica do professor Mises não foi suficiente, outro fator logo a reforçou: a tendência exasperante do professor Mises de provar que tinha razão. Talvez as consequências terríveis da estupidez que ele criticou nem sempre se manifestassem assim que ele previu. Mas elas inevitavelmente vinham, mais cedo ou mais tarde.

Quero aqui inserir um comentário. Não posso deixar de sorrir quando ouço o professor Mises ser descrito como conservador. De fato, neste país e neste momento, suas ideias podem agradar pessoas de mentes conservadoras. Mas quando ele começou a defendê-las, não havia nenhum grupo conservador que ele podia apoiar. Não poderia ter havido nada mais revolucionário, mais radical do que seu apelo à confiança na liberdade. Para mim, o professor Mises é e continua sendo, acima de tudo, um grande radical, um radical inteligente e racional, mas, não obstante, um radical no caminho certo.[23]

Já falei longamente sobre *Socialism* porque para a nossa geração essa deve permanecer a obra mais memorável e decisiva da carreira do professor Mises. É claro que continuamos a aprender e nos beneficiar da série de livros e artigos em que, durante os quinze anos seguintes, ele elaborou e reforçou suas posições. Não posso mencioná-las aqui individualmente, embora todas merecessem discussões detalhadas. Devo me voltar para a sua terceira obra grandiosa, que foi publicada na Suíça, em uma edição em alemão, em 1940,[24] e, nove anos depois, em uma edição em inglês reescrita sob o título de *Human Action*. Ela abrange um campo mais vasto do que economia política, e ainda é cedo demais para avaliar sua importância. Não conheceremos todos os seus efeitos até que os homens atingidos na mesma fase decisiva de sua evolução intelectual tenham, por sua vez, atingido seu estágio produtivo. Para mim não há dúvida de que, a longo prazo, *Human Action* se mostrará tão importante quanto *Socialism*.

Ainda antes da publicação da primeira versão dessa obra, grandes mudanças ocorreram na vida do professor Mises, que devo agora mencionar brevemente. Felizmente, ele era professor visitante em Genebra[25] quando Hitler entrou na Áustria. Sabemos que os acontecimentos importantes que se seguiram logo depois o entregaram a este país e a esta cidade, que desde então foi sua casa. Mas, na época, ocorreu outro acontecimento a respeito do qual devemos igualmente nos regozijar. Nós, seus antigos alunos da época de Viena, costumávamos considerá-lo como o solteiro mais brilhante, mas um tanto severo, que organizara sua vida na rotina mais eficiente, mas que, na intensidade dos seus esforços intelectuais, estava se desgastando excessivamente. Se hoje podemos felicitar o professor Mises, que não só parece para mim tão jovem quanto era há vinte anos como afável e gentil até com adversários, como não esperávamos que o lutador feroz de outrora fosse, devemos isso à graciosa senhora que, naquela conjuntura crítica, uniu sua vida à dele e agora embeleza sua casa e nossa mesa esta noite.[26]

Não preciso lhes falar em detalhes sobre as atividades do professor Mises desde que ele passou a residir entre vocês. Muitos dos que aqui estão, durante esses últimos quinze anos, tiveram mais oportunidade de conhecê-lo e se beneficiar de seus conselhos do que a maioria dos seus antigos alunos. Em vez de falar mais sobre o professor Mises para vocês, vou agora me dirigir a ele, para expressar em poucas palavras as razões pelas quais nós o admiramos e o reverenciamos.

Professor Mises, seria uma impertinência abordar ainda mais seu saber e sua erudição, sua sabedoria e seu discernimento, que lhe deram seu renome mundial. Mas o senhor mostrou outras qualidades que nem todos os grandes pensadores possuem. O senhor mostrou uma coragem destemida mesmo quando esteve sozinho. Mostrou uma consistência e uma persistência incansáveis em seu pensamento, mesmo quando ele levou à impopularidade e ao isolamento. Durante muito tempo, o senhor não teve o reconhecimento da organização oficial da ciência que lhe era devido. O senhor viu seus alunos colherem algumas das recompensas que lhe eram devidas, mas que a inveja e o preconceito retiveram por muito tempo. Todavia, o senhor teve mais sorte do que a maioria dos outros patrocinadores de causas impopulares. O senhor sabia antes de hoje que as ideias pelas quais lutava sozinho havia tanto tempo ou com pouco apoio seriam vitoriosas. O senhor viu um grupo de alunos e admiradores cada vez maior se reunir ao seu redor e, enquanto o senhor continua a avançar, esforça-se para investigar e elaborar suas ideias. A tocha que o senhor acendeu se tornou a guia de um novo movimento pela liberdade, que está ganhando força todos os dias. O sinal de admiração e gratidão que hoje temos o privilégio de apresentar ao senhor em nome de todos os seus discípulos é apenas uma expressão modesta do que sentimos. Eu gostaria de poder reivindicar um pouco do crédito de ter organizado esta cerimônia, mas, de fato, foi inteiramente a geração mais jovem dos seus alunos que tomou a iniciativa de realmente fazer o que muitos de nós, os mais velhos, há muito desejávamos que fosse feito. É à editora[27] deste volume e à Foundation for Economic Education[28] que o crédito pertence por ter propiciado esta oportunidade para a expressão dos nossos desejos.

SOCIALISM[29]

A primeira edição de *Socialism*, em 1922, teve um impacto profundo. De maneira gradual, mas fundamental, ela alterou a perspectiva de muitos dos jovens idealistas que regressavam aos estudos universitários depois da [Primeira] Guerra Mundial. Eu sei, pois era um deles.

Sentimos que a civilização na qual tínhamos crescido havia desmoronado. Estávamos determinados a construir um mundo melhor, e foi esse desejo de reconstruir a sociedade que levou muitos de nós ao estudo de economia. O socialismo prometeu satisfazer as nossas esperanças por um mundo mais racional e mais justo. E então esse livro apareceu. As nossas esperanças foram frustradas. *Socialism* nos disse que estávamos procurando melhorias na direção errada.

Vários contemporâneos meus, que depois se tornaram bem conhecidos, mas que então eram desconhecidos entre si, passaram pela mesma experiência: Wilhelm Röpke, na Alemanha, e Lionel Robbins, na Inglaterra, são apenas dois exemplos. Inicialmente, nenhum de nós tinha sido aluno de Mises. Eu vim a conhecê-lo ao trabalhar em um departamento governamental austríaco temporário que estava encarregado da implantação de certas cláusulas do Tratado de Versalhes. Ele era o meu superior, o diretor do departamento.

Mises era então mais famoso como alguém que lutava contra a inflação. Ele tinha atraído a atenção do governo e, a partir de seu outro cargo como consultor financeiro da Câmara de Comércio de Viena, manteve-se bastante atarefado exortando o governo a tomar o caminho pelo qual um colapso total da moeda ainda poderia ser evitado. (Nos primeiros oito meses que atuei sob seu comando, meu salário nominal subiu duzentas vezes em relação ao valor inicial.)

Como estudantes durante o início da década de 1920, muitos de nós tínhamos conhecimento de Mises como o professor universitário algo recluso, que, cerca de uma década antes, havia publicado um livro[30] reputado por sua aplicação bem-sucedida da teoria austríaca da análise da utilidade marginal em relação ao dinheiro — livro esse que Max Weber descreveu como a obra mais aceitável sobre o assunto.[31] Talvez devêssemos ter sabido que em 1919 Mises também publicara um estudo meticuloso e previdente sobre aspectos mais amplos da filosofia social, relativos à nação, ao Estado e à economia,[32] que, porém, nunca se tornou muito popular, e eu só o descobri quando fui subordinado de Mises no departamento governamental em Viena. De qualquer maneira, foi uma grande surpresa para mim quando *Socialism* foi publicado. Pelo que eu sabia, teria sido difícil para Mises encontrar muito tempo livre para atividades acadêmicas durante os dez anos anteriores (e extremamente movimentados). No entanto, este foi um tratado importante sobre filosofia social, que dava todas as evidências de pensamento independente e refletia, por meio da crítica de Mises, uma familiaridade com a maior parte da literatura sobre o assunto.

Nos primeiros vinte anos do século XX, até Mises ingressar no serviço militar, ele estudou os problemas sociais e econômicos. Mises foi, como foi minha geração quase vinte anos depois, levado a esses tópicos pela preocupação em voga com a *Sozialpolitik*, similar em perspectiva ao socialismo "fabiano" da Inglaterra.[33] Seu primeiro livro,[34] publicado quando ele ainda era um jovem estudante de direito da Universidade de Viena, estava dentro do espírito da predominante escola histórica alemã de economistas que se dedicavam principalmente aos problemas da "política social". Mais tarde, ele até ingressou em uma dessas organizações,[35] que inspirou um semanário satírico alemão a definir economistas como pessoas que andam por aí medindo habitações de trabalhadores e dizendo que eram muito pequenas. Contudo, ao longo desse processo, ao ter aulas de economia política como parte do curso de direito, Mises descobriu a teoria econômica sob a forma de *Grundsätze der Volkswirtschaftslehre*, de Carl Menger, então prestes a se aposentar como professor da universidade. Como Mises afirma em seu fragmento de uma autobiografia,[36] esse livro fez dele um economista. Como passei pela mesma experiência, sei o que ele quer dizer.

Os interesses iniciais de Mises foram sobretudo históricos, e até o fim ele manteve uma largueza de conhecimento histórico rara entre teóricos. Mas, finalmente, sua insatisfação com a maneira pela qual os historiadores, e particularmente os historiadores econômicos, interpretavam seus materiais o levou à teoria econômica. Sua principal inspiração veio de Eugen von Böhm-Bawerk, que retornara à cátedra na Universidade de Viena depois de atuar como ministro das Finanças austríaco. Na década antes da guerra, o seminário de Böhm-Bawerk se tornou o grande centro para discussão da teoria econômica. Entre seus participantes, incluíam-se Mises, Joseph Schumpeter[37] e o destacado teórico do marxismo austríaco, Otto Bauer,[38] cuja defesa do marxismo dominou a discussão por muito tempo. As ideias de Böhm-Bawerk sobre socialismo durante esse período parecem ter se desenvolvido muito além do que é mostrado pelos poucos ensaios que ele publicou antes de sua morte precoce.[39] Não resta dúvida de que as bases das ideias características de Mises sobre socialismo foram estabelecidas então, embora assim que ele publicou sua primeira obra importante, *The Theory of Money and Credit*, a oportunidade de um prosseguimento sistemático adicional desse interesse tenha desaparecido com o ingresso de Mises no serviço militar durante o período da [Primeira] Guerra Mundial.

A maior parte do serviço de Mises foi como oficial da artilharia na frente russa, mas, nos últimos meses da guerra, ele serviu na seção econômica do Ministério da Guerra. Deve-se supor que ele tenha começado a escrever *Socialism* só depois de sua liberação do serviço militar. É provável que ele tenha escrito a maior parte da obra entre 1919 e 1921 — a seção fundamental sobre o cálculo econômico sob o socialismo foi, de fato, instigada por um livro de Otto Neurath publicado em 1919, o qual Mises cita.[40] O fato de, nas condições vigentes, Mises ter encontrado tempo para se concentrar e desenvolver uma obra teórica e filosófica abrangente permaneceu um espanto para quem, pelo menos durante os últimos meses desse período, via-o quase diariamente em seu trabalho oficial.

Como sugeri anteriormente, *Socialism* causou espanto na nossa geração, e só de maneira lenta e penosa ficamos convencidos de sua tese central. Mises continuou, é claro, pensando sobre a mesma variedade de problemas, e muitas das suas ideias adicionais foram desenvolvidas no "seminário privado", que começou aproximadamente na época em que *Socialism* foi publicado. Eu ingressei no seminário dois anos depois, no meu retorno de um ano de estudo de pós-graduação nos Estados Unidos.[41] Apesar de ter tido poucos seguidores incondicionais no início, Mises conquistou o interesse e a admiração de uma geração mais jovem e atraiu aqueles que estavam preocupados com problemas da linha divisória entre teoria social e filosofia. A recepção do livro pelo grupo profissional foi indiferente ou hostil. Lembro-me de apenas uma resenha que mostrou algum reconhecimento da importância de *Socialism* e que foi de um político liberal sobrevivente do século anterior. Geralmente, a tática de seus adversários era retratar Mises como um extremista cujas ideias ninguém mais compartilhava.

As ideias de Mises amadureceram durante as duas décadas seguintes, culminando na primeira versão em alemão (1940) do que ficou famoso como *Human Action*.[42] Mas para aqueles de nós que experimentamos seu primeiro impacto, *Socialism* sempre será sua contribuição decisiva. Ele desafiou a perspectiva de uma geração e modificou, ainda que lentamente, o pensamento de muitos. Os membros do grupo vienense de Mises não eram discípulos. A maioria deles chegou até Mises como estudantes que haviam concluído sua formação básica em economia e apenas aos poucos se converteram para suas ideias não convencionais. Talvez fossem influenciados tanto pelo hábito desconcertante de Mises de prever corretamente as consequências danosas da política econômica corrente como pelo poder de convicção dos seus argumentos. Mises não esperava que eles aceitassem todas as suas opiniões, e as discussões ganhavam muito pelo fato de que os participantes costumavam ser gradualmente dissuadidos de suas diferentes visões. Apenas tempos depois, após ele ter desenvolvido um sistema completo de pensamento social, a "escola de Mises" se desenvolveu. A própria abertura do seu sistema enriqueceu suas ideias e permitiu que alguns dos seus seguidores as desenvolvessem em direções um tanto diferentes.[43]

Os argumentos de Mises não eram facilmente apreendidos. Por vezes, o contato pessoal e as discussões eram necessários para compreendê-los plenamente. Embora escritos em uma prosa clara e enganosamente simples, eles pressupunham tacitamente uma compreensão dos processos econômicos, que não era compartilhada por todos os seus leitores. Vemos isso de forma mais clara em seu argumento crucial sobre a impossibilidade de um cálculo econômico sob o socialismo. Quando alguém lê os oponentes de Mises,[44] fica com a impressão de que eles não perceberam realmente por que esse cálculo era necessário. Eles tratam o problema do cálculo econômico como se fosse meramente uma técnica para responsabilizar os gerentes das fábricas socialistas pelos recursos confiados a eles, e totalmente sem relação com o problema do que deviam produzir e como. Qualquer conjunto de números mágicos parecia suficiente para tais oponentes para o controle da honestidade daqueles sobreviventes ainda indispensáveis de uma época capitalista. Eles nunca pareceram compreender que não era uma questão de mexer com algum conjunto de números, mas de estabelecer os únicos indicadores que aqueles gerentes podiam ter para decidir o papel de suas atividades na estrutura completa das atividades mutuamente ajustadas. Como resultado, Mises se conscientizou cada vez mais de que aquilo que o separava dos seus críticos era sua abordagem intelectual completamente diferente em relação aos problemas sociais e econômicos, em vez de meras diferenças de interpretação de fatos específicos. Para convencê-los, ele teria de incutir neles a necessidade de uma metodologia totalmente diferente. Claro que isso se tornou sua preocupação principal.

Em 1936, a publicação da tradução em inglês foi em grande medida resultado dos esforços do professor Lionel G. Robbins (mais tarde lorde Robbins). Ele encontrou um tradutor qualificadíssimo em um ex-colega da London School of Economics, Jacques Kahane,[45] que se mantivera membro ativo de um círculo de economistas acadêmicos dessa geração, embora não tivesse permanecido na profissão. Após muitos anos de prestação de serviço em uma das grandes empresas de comercialização de grãos em Londres, Kahane terminou sua carreira no escritório da Organização das Nações Unidas para a Alimentação e a Agricultura, em Roma, e no Banco Mundial, em Washington. A transcrição da tradução de Kahane foi a minha última leitura do texto completo de *Socialism*, antes de voltar a lê-lo na preparação para escrever este ensaio.

Essa experiência necessariamente faz refletir sobre a importância de alguns dos argumentos de Mises depois de um período tão longo. Nesse momento,[46] grande parte da obra parece inevitavelmente muito menos original ou revolucionária do que pareceu em seus anos iniciais. Sob vários aspectos, tornou-se um desses "clássicos" que muitas vezes o leitor aceita acriticamente e com o qual espera aprender, mas no qual há pouca novidade. Devo admitir, porém, que fiquei surpreso não apenas com o quanto da obra ainda é bastante relevante para as controvérsias atuais, mas com quantos dos seus argumentos, que inicialmente eu aceitara pela metade ou considerara exagerados e parciais, provaram ser consideravelmente verdadeiros desde então. Ainda não concordo com todos eles, nem acredito que Mises concordaria. Com certeza, ele não esperava que seus seguidores recebessem suas conclusões de forma não crítica e que não progredissem além delas. Em geral, contudo, creio que discordo muito menos do que eu esperava.

Uma das minhas divergências tem a ver com a afirmação de Mises sobre filosofia básica, a respeito da qual sempre me senti um pouco desconfortável. Todavia, somente agora consigo articular o motivo pelo qual me sinto incomodado. Mises afirma nesse trecho que o liberalismo "encara toda cooperação social como uma emanação da utilidade racionalmente reconhecida, em que todo o poder se baseia na opinião pública, e não pode empreender nenhuma linha de ação que impeça a decisão livre dos homens que pensam".[47] É só a primeira parte dessa afirmação que eu agora acredito que está errada. O racionalismo extremo desse trecho, ao qual, como filho de seu tempo, Mises não podia escapar, e que ele talvez nunca tenha abandonado completamente, agora me parece factualmente equivocado. Com certeza, não era o *insight* racional dos seus benefícios gerais que levava à expansão da economia de mercado. Parece-me que o propósito do ensinamento de Mises é mostrar que *não* adotamos a liberdade porque compreendemos que benefícios traria: que *não* projetamos, e certamente não fomos bastante inteligentes para projetar, a ordem que agora aprendemos parcialmente a compreender muito depois que tivemos inúmeras oportunidades para perceber como trabalhava. O homem a *escolheu* apenas no sentido de que aprendeu a preferir algo que já funcionava, e por meio de maior compreensão foi capaz de melhorar as condições do seu funcionamento.[48]

Mises merece muito crédito por ter se emancipado amplamente daquele ponto de partida racionalista-construtivista, mas a tarefa ainda precisa ser concluída. Na medida do possível, Mises nos ajudou a compreender algo que nós não projetamos.

Há outro ponto sobre o qual o leitor atual deve ser advertido. É que meio século atrás, Mises ainda podia falar de liberalismo no sentido que é mais ou menos o oposto do que o termo significa hoje nos Estados Unidos e cada vez mais em outros lugares. Mises se considerava como um liberal no sentido clássico do século XIX do termo. Porém, agora, quase quarenta anos já se passaram desde que Joseph Schumpeter foi forçado a dizer que, nos Estados Unidos, os inimigos da liberdade "como um elogio supremo, se não intencional ... consideraram sensato se apropriar desse rótulo".[49]

No epílogo,[50] escrito vinte e cinco anos depois da obra original nos Estados Unidos, Mises revela sua consciência a esse respeito e comenta sobre o uso enganoso do termo "liberalismo". Trinta anos adicionais só confirmaram esses comentários, como confirmaram a última parte do texto original, "Destructionism". Este me chocou por seu pessimismo exagerado quando eu o li pela primeira vez. No entanto, ao relê-lo, fiquei mais assombrado por sua presciência do que por seu pessimismo. De fato, a maioria dos leitores atuais vai considerar que *Socialism* tem aplicação mais imediata aos acontecimentos contemporâneos do que tinha quando apareceu em sua versão em inglês há pouco mais de quarenta anos.

INTERVENTIONISM[51]

Após as duas grandes obras pelas quais Ludwig von Mises consolidou sua posição como pensador importante no campo da teoria econômica, *The Teory of Money and Credit* e *Socialism*, ele se envolveu predominantemente, durante alguns anos, com os problemas das formas intermediárias entre uma economia de mercado pura e uma ordem socialista que, ao que parecia, estava no processo de ser formada. Em seu ofício principal como consultor financeiro (e assessor científico principal) da Câmara de Comércio de Viena, além do fato de que Mises podia dedicar apenas um pouco de tempo à sua atividade docente como *Privatdozent* na Universidade de Viena, ele tinha constantemente que se confrontar com o intervencionismo ensinado pela escola histórica-sociológica da ciência econômica alemã, e precisava, ao se ocupar com sua literatura, adotar uma atitude cada vez mais crítica em relação à ciência econômica acadêmica da região de língua alemã.[52] Entre seus colegas de profissão alemães, Mises realmente só se tornou amigo de Max Weber,[53] com quem, durante seu semestre de verão de 1918, em Viena, estabeleceu uma estreita ligação; além disso, estimou apenas muito poucos, como Heinrich Dietzel,[54] Passow,[55] Pohle,[56] Andreas Voigt,[57] Adolf Weber,[58] e Leopold von Wiese,[59] por causa da oposição corajosa desses cavalheiros aos pontos de vista dominantes, sem no entanto conseguir aprender muito com eles (embora valorizasse muito os representantes da geração anterior que, naquela época, estavam longe de ser reconhecidos, como Thünen, Hermann e Mangoldt[60]). Como a maioria dos economistas das gerações recentes, o próprio Mises fora levado aos seus estudos pelas aspirações da *Sozialpolitik* e dos fabianos — como atestam as ideias que ainda vieram à expressão em suas obras iniciais —, mas tinha então experimentado uma conversão radical ao liberalismo clássico, principalmente no seminário de Böhm-Bawerk (do qual ele participou junto com Schumpeter e outros membros importantes da terceira geração da Escola Austríaca), um liberalismo clássico ao qual, dali em diante, sua obra sobre política econômica foi dedicada. Ocasionalmente, isso já está expresso em sua obra *Theory of Money and Credit*; isso então se desenvolveu mais em 1919, em sua valiosa obra *Nation, State and Economy*,[61] livro que, todavia, devido às circunstâncias da época, foi quase completamente ignorado. Em 1922, a posição de Mises tem seu primeiro grande avanço com sua obra *Socialism*. (O livro *Liberalism*,[62] curto e de certa forma escrito às pressas, teve menos sucesso.)

Sua obra *Critique of Interventionism* resultou em uma controvérsia com seus colegas de profissão alemães, e a aspereza com que Mises se voltou contra figuras importantes como Werner Sombart,[63] Gustav Schmoller, Lujo Brentano[64] e Heinrich Herkner[65], e que provocou grande afronta na época, pode ser considerada hoje como um grande serviço de sua parte. Sei que Mises havia planejado incluir no volume seu ensaio "Verstaatlichung des Kredits", que também apareceu em 1929 no volume 1 da *Zeitschrift für Nationalökonomie*. Isso acabou não acontecendo porque o editor dessa publicação perdera o manuscrito, e só o encontrou quando já era muito tarde — como era habitual naquela época, e com a caligrafia legível de Mises, era bem possível que fosse um manuscrito de fato, e, portanto, a única cópia.[66]

Mises figura não só como um crítico aguçadíssimo, mas também como um pessimista que, infelizmente, costumava ter razão. Eu me recordo, e outros contemporâneos também se lembrarão, da ocasião em que, em setembro de 1932, durante um encontro do comitê da Verein für Sozialpolitik, em Bad Kissingen, eu e diversos colegas de profissão tomávamos chá em um jardim, quando, de repente, Mises perguntou se tínhamos consciência de que estávamos sentados juntos pela última vez. De início, o comentário suscitou apenas surpresa, e depois provocou risadas, quando Mises explicou que, em doze meses, Hitler estaria no poder. Isso pareceu aos outros membros do grupo bastante improvável, mas, acima de tudo, perguntaram por que a Verein für Sozialpolitik não voltaria a se reunir depois que Hitler tivesse chegado ao poder. Claro que não se reuniu de novo até depois do final da Segunda Guerra Mundial![67]

Mises permaneceu em Viena até a tomada do poder por Hitler na Alemanha, e passou durante aqueles anos a se ocupar cada vez mais com as bases filosóficas e metodológicas das ciências sociais. No entanto, ele conseguiu se dedicar completamente ao trabalho científico pela primeira vez só depois de 1934, quando, aos cinquenta e três anos, ingressou no Instituto Universitário de Altos Estudos Internacionais, em Genebra. Em 1933, Mises ainda conseguiu publicar na Alemanha um livro de ensaios intitulado *Grundprobleme der Nationalökonomie*;[68] ensaios importantes sobre os "Procedimentos, tarefas e conteúdos da teoria econômica e social". Na sequência, em 1940, publicou seu último grande livro em alemão, *Nationalökonomie: Theorie des Handelns und Wirtschaftens* (posteriormente publicado em uma edição revisada em inglês como *Human Action*), que foi publicado em Genebra, mas que, naquela época, na Alemanha, permaneceu, de forma inevitável, praticamente desconhecido.

Em 1940, Mises, junto com sua mulher, conseguiu chegar aos Estados Unidos através do sul da França, Espanha e Portugal. Ali, em Nova York, por mais de trinta anos, ele se dedicou ao ensino e à pesquisa, obtendo resultados proveitosíssimos. Além de uma edição em inglês completamente revisada de *Nationalökonomie*, que foi publicada com o título de *Human Action* em 1949, seu livro *Theory and History: An Interpretation of Social and Economic Evolution*[69] merece ser mencionado.

EPISTEMOLOGICAL PROBLEMS OF ECONOMICS[70]

Embora seja obra de um autor vivo e ativo, esta publicação deve ser considerada a edição tardia de uma versão em inglês de um clássico. O livro marca uma etapa decisiva no desenvolvimento de um sistema de ideias que, desde então, tornou-se bem conhecido no mundo de língua inglesa através de sua exposição em um tratado abrangente. Se *Human Action*, do professor Mises, publicado em inglês em 1949 e precedido por uma versão em alemão de 1940, deve ser considerado o enunciado definitivo de suas ideias, as características distintivas das suas noções da natureza da ciência social encontraram sua expressão mais renovada na presente série de ensaios, que remontam ao período entre 1928 e 1933, e editados juntos pela primeira vez em alemão neste último ano — o que também marcou o fim da oportunidade de publicação na Alemanha. Esses enunciados mostram mais claramente do que na exposição posterior o motivo imediato que levou a uma forma específica em que as ideias do autor foram formuladas. No entanto, se seus argumentos são dirigidos especialmente contra as concepções então defendidas sobretudo pelos autores alemães, o leitor não deve ser induzido ao erro, acreditando que o argumento se aplica somente a eles. De fato, o tipo de empirismo acrítico contra o qual esse livro é principalmente direcionado é hoje provavelmente encontrado com mais frequência e de uma forma mais simplista entre os cientistas sociais norte-americanos do que em qualquer outro lugar.

Quando esses ensaios foram publicados pela primeira vez, marcaram a transição do autor — então conhecido principalmente por sua teoria do dinheiro e do crédito e por sua análise crítica do socialismo — de um economista no sentido estrito do termo para um teórico e filósofo geral da sociedade. Embora Mises ainda não tivesse introduzido o termo "praxeologia" (que desde então ele usou em lugar de "sociologia") para a teoria geral da ação humana, todos os elementos principais do seu sistema posterior já estavam presentes. Com exceção de um último ensaio curto sobre um problema especial da teoria econômica,[71] a ciência econômica serve nesse livro sobretudo como uma ilustração dos problemas suscitados por qualquer ciência teórica da sociedade. Seus esforços críticos são direcionados contra a ideia de que a teoria pode, por assim dizer, ser destilada da experiência histórica, e sua principal alegação, agora mais familiar do que quando ele a desenvolveu, é que, logicamente, os enunciados das teorias são independentes de qualquer experiência específica. Presumivelmente, Mises não negaria que a aplicabilidade da teoria a circunstâncias específicas depende da presença ou ausência de fatos que podem ser verificados apenas pela experiência. Se a ênfase de Mises sobre o caráter *a priori* da teoria às vezes dá a impressão de uma posição mais radical do que ele de fato mantém, deve ser lembrado que, em certo sentido, as descrições abstratas de um tipo de padrão, como são propiciadas pela lógica e pela matemática, são sempre dedutivas e analíticas; somente a asserção de que esse ou aquele padrão será encontrado em certas circunstâncias pode ser testada empiricamente. Portanto, em exame, a diferença entre os pontos de vista que o professor Mises manteve por muito tempo e a moderna interpretação "hipotético-dedutiva" da ciência teórica (por exemplo, como indicada por Karl Popper em 1935[72]) é relativamente pequena, embora ambos estejam separados por um grande abismo com base no empirismo simplista que há muito tempo é predominante.[73]

Não resta dúvida de que, em relação à teoria social, o professor Mises vai além em um ponto. Mas o fato de precisarmos saber mais sobre as pessoas com quem nos comunicamos antes de poder fazê-lo do que precisamos saber sobre quaisquer outros objetos com os quais podemos nos comunicar também parece bastante óbvio, e certamente afetará a natureza dos dados que podemos usar para explicação nos dois campos. Sem dúvida, nossa capacidade de "compreender" a ação humana adiciona informações que podemos utilizar para explicá-la, dados de um tipo de que carecemos quando lidamos com objetos inanimados; e, no terceiro ensaio do livro, o professor Mises contribui muito para distinguir o tipo de compreensão que pode fornecer a base de uma teoria a partir da "compreensão" empática, às vezes apresentada como a base da explicação.

PARTE I   A ESCOLA AUSTRÍACA DE ECONOMIA

A tradução, tornada menos difícil do que costuma acontecer com obras dessa área por causa do alemão límpido do professor Mises, ainda merece elogios por sua fidelidade e fluência. Já que para o resenhista o aspecto da tradução foi o motivo para a releitura da obra depois de quase trinta anos, ele pode acrescentar que ela resistiu ao teste do tempo bastante bem.

NATIONALÖKONOMIE[74]

É sempre um assunto de grande interesse, embora às vezes uma fonte de decepção, quando, após muitos anos, um estudioso que enriqueceu diversas partes especiais de uma ciência obtém um estudo abrangente de todo o campo. Tal realização deve chamar ainda mais atenção quando um homem cujos interesses variaram tão amplamente e cujas ideias foram a causa de tanta controvérsia, como foi o caso do professor Mises, apresenta uma exposição sistemática de suas conclusões. Mais ainda se, como o título da presente obra apenas indica parcialmente, varia dos problemas filosóficos mais gerais suscitados por todo o estudo científico da ação humana aos principais problemas da política econômica dos nossos dias.

O leitor que conhece as obras anteriores do professor Mises sobre dinheiro, socialismo e métodos das ciências sociais encontrará muito do que já é familiar, ou mesmo doutrina aceita, sobretudo na parte central da obra, que lida com os problemas da teoria econômica no sentido mais estrito. No entanto, mesmo aqui, há seções importantes que tratam de problemas, como particularmente a teoria dos juros, que Mises nunca discutiu explicitamente antes em sua obra publicada. Seria inadequado em uma breve resenha de um tratado que abrange um campo tão vasto entrar em detalhes sobre um ponto específico. Apenas isso pode ser dito, que, em uma primeira leitura, o desenvolvimento de Mises a respeito do elemento psicológico na teoria de Böhm-Bawerk, embora bastante esclarecedor sob certos aspectos, parece para o resenhista em geral menos convincente do que a maioria das partes da obra.

Na maioria dos outros problemas teóricos, a exposição é, em grande medida, uma reafirmação, muitas vezes mais precisa e mais cuidadosamente redigida, dos pontos de vista expostos nas obras anteriores. Muito do que parece agora bem menos revolucionário do que pareceu vinte ou trinta anos atrás — de fato, nada é mais instrutivo do que dar uma olhada nas resenhas que as obras anteriores do autor receberam (nesta publicação e também em outros lugares[75]) ou prova melhor o quanto dos seus pontos de vista, que na ocasião foram atacados calorosamente ou até ridicularizados, tornaram-se desde então propriedade comum. Em sua nova configuração sistemática, seus pontos de vista assumem, sob vários aspectos, novo significado e, com certeza, ganham em imponência por meio de sua completa consistência. Também não faltam os sinais de uma evolução gradual, mas contínua e sucessiva, das ideias do autor. Mas deve ser admitido que ele parece ter sido pouco afetado pela evolução geral do nosso assunto durante o período em que sua obra se estende. O que cresce ali parece ser decididamente autônomo, e até dá a impressão de que o autor, tendo sido tantas vezes atacado pelo que posteriormente provou ser um ponto de vista correto, desenvolveu certo desprezo pela ciência econômica contemporânea, o que o impediu de tirar muito proveito disso. O que parece ser particularmente verdade no tocante às evoluções mais recentes da teoria da competição — um campo em que um tratamento mais favorável de outros pontos de vista poderia ter facilitado a compreensão da posição do autor.

É difícil dar em uma resenha uma ideia adequada das contribuições positivas dessa parte teórica, porque elas consistem em grande medida na aplicação consistente de uma filosofia única e da perspectiva geral transmitida por isso. No entanto, como exemplo das felizes generalizações às quais isso costuma levar, podemos citar o tratamento interessante da lei dos custos comparativos, não em sua aplicação especial à teoria do comércio internacional, mas em sua forma mais geral, como a base da formação das sociedades. A *Ricardo'sche Vergesellschaftungsgesetz*, como o professor Mises batiza isso em sua forma mais geral (uma frase que, receio, é quase intraduzível), recebe, portanto, um lugar bem merecido à frente de toda a discussão de uma sociedade de troca, cuja própria existência nela se baseia.[76]

Para a maioria dos leitores, porém, o principal interesse do livro não residirá no que — de acordo como o arranjo do assunto — chamamos de sua parte central,[77] mas nas seções no início e no fim, onde o professor Mises lida tanto com os problemas metodológicos e filosóficos mais gerais de qualquer ciência da sociedade como com as aplicações aos problemas da política em nosso tempo. A esta última também se aplica, de certa forma, o que foi dito acerca da parte central. Muito será familiar aos leitores das obras anteriores do professor Mises, e o ganho envolve, em grande parte, o tratamento sistemático e condensado do que antes estivera disponível apenas em alguns livros e ensaios distintos. No entanto, existiram talvez oportunidades ainda maiores para o autor preencher as lacunas, e o resultado é um sistema unificado realmente imponente de uma filosofia social liberal. Também é aqui, mais do que em qualquer outro lugar, que o impressionante conhecimento de história do autor, assim como do mundo contemporâneo, ajuda muito a ilustrar seu argumento. E embora a única *Weltanschauung* [visão de mundo] com a qual as ideias do autor guardam semelhança seja aquela do liberalismo do século XIX, o leitor não deve ser induzido ao erro e levado a acreditar que se trata apenas de uma reafirmação das visões de *laissez-faire* daquele período. Por mais semelhantes que as conclusões possam ser em muitos pontos, a filosofia sobre a qual tudo se baseia evoluiu tanto quanto a da maioria das outras pessoas, ainda que em uma direção muito diferente.

Contudo, os desenvolvimentos mais originais e, ao mesmo tempo, provavelmente os mais controversos dos pontos de vista do professor Mises serão encontrados nas partes de abertura do livro, em que ele traça as linhas gerais de uma teoria geral da ação humana, da qual a teoria econômica é uma parte especial. Em diversas de suas obras anteriores, ele já tinha defendido de maneira consistente o que descreveu como o caráter *a priori* do raciocínio econômico, e criticara a importação de métodos exóticos e inapropriados das ciências naturais. No novo volume, ele agora procede para justificar o caráter autônomo do método das ciências sociais, construindo sistematicamente uma teoria geral da ação humana ou, como ela agora chama isso (recuperando um termo francês antigo), a ciência da "praxeologia". Embora eu tema que, mesmo em sua nova forma, seu argumento não atenuará os preconceitos que qualquer tentativa desse tipo hoje suscita, é com certeza o argumento mais impressivo e consistente em favor dessa visão já apresentado e, se receber a atenção que merece, deverá constituir o ponto de partida de discussões muito fecundas. Ainda que o resenhista coloque muitas coisas de maneira diferente, ele deve confessar, sob o risco de ser condenado junto com o professor Mises por manter pontos de vista conflitantes com toda a tendência do desenvolvimento científico moderno, que, no ponto principal, a voz solitária do professor Mises parece para ele consideravelmente mais próxima da verdade do que os pontos de vista geralmente aceitos.

Uma discussão real de quaisquer dos diversos pontos interessantes suscitados por essa obra exigiria um longo artigo em vez de uma breve resenha. No entanto, não podemos deixar de dizer que, pelo menos para o resenhista, parece haver uma largueza de visão e uma amplitude intelectual acerca de todo o livro muito mais parecidas com as de um filósofo do século XVIII do que com as de um especialista moderno. E mesmo assim, ou talvez por causa disso, sentimos o tempo todo a realidade muito mais próxima, e somos constantemente levados da discussão de tecnicalidades para a consideração dos grandes problemas do nosso tempo. O professor Mises não aceita nenhum dos dogmas dominantes sem um escrutínio atento, e talvez às vezes até desconsidere refinamentos com demasiada ligeireza que para ele parecem não afetar as questões muito mais amplas da sua filosofia social. Para muitos que discordarão de quase tudo, na certa esse será um livro profundamente irritante, mas não um que possam se dar ao luxo de ignorar, por mais que talvez achem que partes dele não estão *au courant* dos últimos refinamentos da análise matemática em que costumam mergulhar.

NOTES AND RECOLLECTIONS[78]

Embora sem sombra de dúvida um dos economistas mais importantes da sua geração, Ludwig von Mises em certo sentido permaneceu um forasteiro no mundo acadêmico até o fim de sua carreira acadêmica extraordinariamente longa — com certeza dentro do mundo de língua alemã, mas também durante a última terça parte da sua vida, quando, nos Estados Unidos, lecionou para um círculo maior de estudantes. Antes disso, sua influência de peso imediata se tornara basicamente restrita ao seu *Privatseminar* vienense, cujos membros, na maior parte, só se sentiram atraídos por ele depois de terem concluído seus estudos originais.

Se a publicação dessas memórias encontradas entre seus papéis não tivesse atrasado indevidamente, eu teria saudado a oportunidade de analisar as razões para essa curiosa negligência de um dos pensadores mais originais do nosso tempo no campo da economia e da filosofia social. Mas, em parte, a autobiografia fragmentária que ele deixou dá a resposta. As razões pelas quais Mises nunca conseguiu uma cátedra em uma universidade de língua alemã durante a década de 1920 ou antes de 1933, enquanto um grande número de pessoas muitas vezes indiscutivelmente sem importância conseguiu, foram certamente pessoais. Sua nomeação teria sido benéfica para toda e qualquer universidade. Todavia, o sentimento instintivo dos professores de que ele não se encaixaria bem no círculo deles não estava totalmente errado. Ainda que seu conhecimento sobre o assunto superasse o da maioria dos ocupantes de cátedras docentes, Mises nunca foi um verdadeiro especialista. No âmbito das ciências sociais, quando procuro por figuras semelhantes na história do pensamento, não as encontro entre os docentes, nem mesmo em Adam Smith; em vez disso, Mises deve ser comparado a pensadores como Voltaire, Montesquieu, Tocqueville e John Stuart Mill. Essa é uma impressão que, de modo algum, foi alcançada só em retrospecto. Porém, quando há mais de cinquenta anos tentei explicar a posição de Mises com praticamente as mesmas palavras para Wesley Clair Mitchell, em Nova York, só encontrei — talvez de forma compreensível — um ceticismo polidamente irônico.

Para a sua obra, é fundamental uma interpretação global do desenvolvimento social, e em contraste com alguns poucos contemporâneos comparáveis, como Max Weber, com quem ele se ligou por um raro respeito mútuo, nisso Mises levava a vantagem de um conhecimento genuíno da teoria econômica.

As memórias a seguir[79] dizem muito mais sobre sua evolução, posição e ideias do que sei ou posso dizer. Só posso tentar aqui suplementar ou confirmar informações relacionadas aos dez anos do seu tempo em Viena durante os quais fiquei intimamente associado a Mises. Cheguei até ele caracteristicamente não como estudante, mas como inexperiente doutor em direito e servidor público, a ele subordinado, em uma daquelas instituições especiais temporárias que foram criadas para cumprir as disposições do tratado de paz de St. Germain. A carta de apresentação dada pelo meu professor universitário Friedrich von Wieser,[80] que me descrevia como um jovem economista muito promissor, foi recebida por Mises com um sorriso e o comentário de que ele nunca tinha me visto em suas palestras. No entanto, quando ele confirmou meu interesse e achou satisfatório meu conhecimento, ajudou-me em todos os aspectos e contribuiu muito para possibilitar minha viagem mais longa aos Estados Unidos (antes da época da bolsa de estudo Rockefeller), à qual eu devo muito.[81] Mas apesar de vê-lo durante os primeiros anos diariamente em uma função oficial, eu não fazia ideia de que ele estava elaborando seu grande livro *Socialism*, que, após sua publicação, em 1922, influenciou-me decisivamente.

Só depois que voltei dos Estados Unidos, no verão de 1924, fui admitido naquele círculo que já existia havia algum tempo e através do qual o trabalho acadêmico de Mises, em Viena, exercia sua influência. Esse "seminário de Mises", como chamávamos as discussões noturnas quinzenais em seu escritório, é descrito em suas memórias em detalhes, ainda que Mises não mencione as continuações regulares quase não menos importantes das discussões da parte oficial até tarde da noite em um café vienense. Como ele corretamente descreve, não eram reuniões instrutivas, mas debates presididos por um amigo mais velho, cujas opiniões não eram de modo algum compartilhadas por todos os membros. Em rigor, apenas Fritz Machlup era originalmente aluno de Mises. Quanto aos outros, dos membros regulares apenas Richard Strigl,[82] Gottfried Haberler, Oskar Morgenstern, Helene Lieser[83] e Martha Stefanie Braun[84] eram especialistas em economia. Ewald Schams[85] e Leo Schönfeld, que pertenciam à mesma geração intermediária altamente dotada, mas precocemente falecida, de Richard Strigl, não eram, pelo que sei, participantes regulares do seminário de Mises. Contudo, sociólogos como Alfred Schutz, filósofos como Felix Kaufmann e historiadores como Friedrich Engel-Jánosi[86] eram igualmente ativos nas discussões, que costumavam abordar problemas de métodos das ciências sociais, mas raramente como problemas específicos de teoria econômica (exceto aqueles de teoria do valor subjetivo). Porém, questões de política econômica costumavam ser discutidas, e sempre do ponto de vista da influência de diferentes filosofias sociais sobre ela.[87]

Tudo isso parecia ser uma rara distração mental de um homem, que, durante o dia, mantinha-se totalmente ocupado com problemas políticos e econômicos urgentes, e que estava mais bem informado sobre política diária, história moderna e evoluções ideológicas gerais do que a maioria. No que ele vinha trabalhando, mesmo eu, que o via oficialmente quase todos os dias naqueles anos, não sabia; ele nunca falou a respeito. Podíamos ainda menos imaginar quando ele realmente escrevia suas obras. Eu sabia apenas de sua secretária que, de tempos em tempos, Mises tinha um texto escrito em sua caligrafia distintamente clara. Mas muitas de suas obras só existiam em tais textos escritos à mão até a publicação, e um artigo importante foi considerado perdido por anos, até finalmente ressurgir entre os papéis de um editor. Ninguém soube coisa alguma de seus métodos de trabalho privado até seu casamento. Mises não falava sobre sua atividade literária até ter concluído uma obra. Embora ele tivesse ciência de que eu me dispunha a ajudá-lo de vez em quando, Mises só me pediu que o fizesse uma vez, quando disse que queria consultar uma obra sobre canonistas na biblioteca, para pesquisar uma citação nessa obra. Mises jamais teve, pelo menos em Viena, um assistente acadêmico.

Os problemas com os quais ele se preocupava eram principalmente os que consideravam falsa a opinião vigente. O leitor do livro a seguir[88] pode ter a impressão de que Mises tinha preconceito contra as ciências sociais alemãs propriamente ditas. Afirmo que não era esse o caso, apesar de, ao longo do tempo, Mises ter desenvolvido certa irritação compreensível. Porém, ele valorizava os grandes teóricos alemães mais antigos, como Thünen, Hermann, Mangoldt ou Gossen bem mais do que a maioria dos seus colegas, e também os conhecia melhor. Além disso, entre seu contemporâneos, valorizava algumas figuras igualmente isoladas, como Dietzel, Pohle, Adolf Weber e Passow, assim como o sociólogo Leopold von Wiese e, sobretudo, Max Weber, com quem uma estreita relação acadêmica se formara durante a curta atividade docente de Weber em Viena, na primavera de 1918, o que poderia ter significado muito se Weber não tivesse morrido tão cedo. No entanto, em geral, não resta dúvida de que ele não tinha nada além de desprezo pela maioria dos professores que, ocupando as cátedras das universidades alemãs, fingiam ensinar economia teórica. Mises não exagera em sua descrição do ensino de economia como adotado pela escola histórica. Até que ponto o nível do pensamento teórico na Alemanha havia afundado é indicado pelo fato de que precisou das simplificações e da rispidez — nesse caso, certamente meritória — do sueco Gustav Cassel a fim de encontrar novamente um público para a teoria na Alemanha. Não obstante sua polidez requintada em sociedade e seu geralmente grande autocontrole (vez ou outra, ele também podia explodir), Mises não era um tipo que conseguia esconder seu desprezo.

Isso o levou a um crescente isolamento entre os economistas profissionais em geral, e também entre aqueles círculos vienenses com os quais ele tinha contatos acadêmicos e profissionais. Mises se distanciou dos seus grupos e dos seus colegas quando se afastou das ideias avançadas de política social. Vinte e cinco anos depois, eu ainda podia experimentar a sensação e a raiva que seu rompimento aparentemente repentino com os ideias dominantes da juventude acadêmica dos primeiros anos do século causara quando seu colega F. X. Weiss (editor dos textos mais curtos de Böhm-Bawerk) me contou sobre o acontecimento com uma indignação indisfarçável, obviamente para me impedir de uma traição semelhante aos valores "sociais" e de uma simpatia muito grande por um liberalismo que "sobreviveu".

Se Carl Menger não tivesse envelhecido relativamente cedo e Böhm-Bawerk não tivesse morrido tão jovem, Mises provavelmente teria encontrado apoio entre eles. Contudo, o único sobrevivente da Escola Austríaca mais velha, meu venerado professor Friedrich von Wieser, era ele mesmo mais um fabiano; orgulhoso, como ele acreditava, de ter fornecido uma justificativa científica para a tributação progressiva da renda com seu desenvolvimento da teoria de utilidade marginal.

O retorno de Mises ao liberalismo clássico não foi apenas uma reação à tendência dominante. Ele carecia completamente da adaptabilidade do seu brilhante colega de seminário Joseph Schumpeter,[89] que sempre conciliava rapidamente modas intelectuais correntes, e também da alegria de Schumpeter de *épater les bourgeois*. De fato, pareceu-me que esses dois representantes mais importantes da terceira geração dos principais economistas austríacos (não podemos considerar Schumpeter como membro da Escola Austríaca no sentido mais estrito), apesar de todo respeito intelectual mútuo, davam nos nervos um do outro.

No mundo atual, Mises e seus alunos são considerados os representantes da Escola Austríaca, e justificadamente, embora Mises represente apenas um dos ramos nos quais as teorias de Menger já tinham sido divididas por seus alunos, os grandes amigos Eugen Böhm-Bawerk e Friedrich von Wieser. Só admito isso com alguma hesitação, porque esperara muito da tradição de Wieser que Hans Mayer, sucessor de Wieser, tentou fazer avançar. Essas expectativas ainda não foram satisfeitas, embora essa tradição ainda possa se provar mais fecunda do que foi até agora. A Escola Austríaca ativa atual, quase exclusivamente nos Estados Unidos, é mesmo constituída pelos seguidores de Mises, baseados na tradição de Böhm-Bawerk, embora o homem no qual Mises depositara grandes esperanças e que o sucedera em sua cátedra[90] nunca realmente tenha cumprido sua promessa.[91]

Como Mises nunca ocupou uma cátedra regular em seu campo no mundo de língua alemã e teve de dedicar a maior parte do seu tempo a atividades não acadêmicas até depois dos cinquenta anos, ele permaneceu um forasteiro na academia. Outras razões contribuíram para isolá-lo em seu cargo na vida pública e como representante de um grande projeto social-filosófico. Um intelectual judeu que defendia ideias socialistas tinha seu lugar respeitado na Viena dos primeiros trinta anos do século XX, um lugar que era concedido a ele como algo natural. Da mesma forma, o banqueiro ou o homem de negócios judeu que (deploravelmente!) defendia o capitalismo tinha seus direitos naturais. Mas um judeu intelectual que justificava o capitalismo parecia para a maioria algum tipo de monstruosidade, algo antinatural, que não podia ser categorizado e com o qual não se sabia como lidar. O conhecimento indiscutível de Mises sobre o assunto era impressionante, e não se podia evitar consultá-lo em situações econômicas críticas, mas raramente seu conselho era compreendido e seguido. Mises costumava ser considerado como uma espécie de excêntrico, cujas ideias "antiquadas" eram impraticáveis "hoje". Sua própria filosofia social, que ele mesmo formulou ao longo de anos de muito trabalho, só foi entendida por muito poucos, e talvez não tenha podido ser compreendida por observadores distantes até 1940, quando, em sua obra *Nationalökonomie*, Mises apresentou seu sistema de ideias em totalidade pela primeira vez, mas não conseguia mais chegar aos leitores da Alemanha e da Áustria.[92] Além do pequeno círculo de jovens teóricos que se reuniam em seu escritório e alguns amigos altamente dotados do mundo empresarial, que estavam igualmente preocupados com o futuro e que são mencionados em [suas memórias], ele só encontrou entendimento genuíno entre ocasionais visitantes estrangeiros, como Albert Hahn, banqueiro de Frankfurt, cuja obra de teoria monetária ele considerava, no entanto, como um excesso da juventude.

Porém, Mises não costumava facilitar as coisas para eles. Os argumentos com os quais ele apoiava seus pontos de vista impopulares nem sempre eram completamente conclusivos, embora alguma reflexão pudesse ter mostrado que ele tinha razão. Mas quando Mises se convencia de suas conclusões e as apresentava em linguagem clara e simples — um dom que ele possuía em alto grau —, acreditava que isso também teria de convencer os outros, e apenas o preconceito e a teimosia impediam o entendimento. Por muito tempo, Mises não teve a oportunidade de discutir problemas com pares intelectuais, que compartilhavam suas convicções morais básicas, para ver como até mesmo pequenas diferenças nas suposições implícitas de alguém podem levar a resultados distintos. Isso se manifestava em certa impaciência, que facilmente suscitava a suspeita de uma má vontade em entender, enquanto o caso era de uma incompreensão honesta dos seus argumentos.

Devo admitir que muitas vezes eu mesmo de início não considerava seus argumentos completamente convincentes, e apenas aos poucos descobria que ele geralmente tinha razão e que, após alguma reflexão, uma justificativa podia ser encontrada que ele não havia explicitado. E hoje, considerando o tipo de batalha que Mises teve de liderar, também entendo que ele foi levado a certos exageros, como aquele do caráter *a priori* da teoria econômica, em que não consegui segui-lo.

Para os amigos de Mises dos seus anos posteriores, após seu casamento e o sucesso de sua atividade norte-americana que o suavizaram, os acessos de raiva em [suas] memórias, escritos na época de sua maior amargura e desesperança, podem ser um choque.[95] Contudo, o Mises que fala nas páginas a seguir é sem dúvida o Mises que conhecemos em Viena da década de 1920, claro que sem a reserva diplomática que ele exibia invariavelmente na expressão oral, mas a expressão honesta e aberta do que ele sentia e pensava. Até certo ponto, isso pode explicar sua negligência, ainda que não a desculpe. Claro que nós, que o conhecíamos melhor, ficávamos às vezes indignados com o fato de ele não conseguir uma cátedra, mas não realmente surpresos. Ele tinha muito a criticar acerca dos representantes da profissão na qual estava procurando ingresso para parecer aceitável a eles. E Mises lutou contra uma onda intelectual que agora está baixando, sobretudo por causa de seus esforços, mas que era muito poderosa então para um único indivíduo resistir com sucesso.

Que tiveram um dos grandes pensadores do nosso tempo no meio deles, os vienenses nunca entenderam.[94]

CAPÍTULO 5

Joseph Schumpeter (1883-1950)

METHODOLOGICAL INDIVIDUALISM[1]

Em 1908, ao publicar, aos vinte e cinco anos, *Wesen und Hauptinhalt der theoretischen Nationalökonomie*, Joseph Schumpeter atraiu muita atenção pelo brilhantismo de sua exposição. Além disso, embora formado na Universidade de Viena e membro importante do famoso seminário de Eugen von Böhm-Bawerk, ele também absorveu os ensinamentos de Léon Walras, que havia recebido pouca atenção por parte dos austríacos, e adotou a abordagem positivista para a ciência exposta pelo físico austríaco Ernst Mach.[2] Ao longo do tempo, Schumpeter se afastou ainda mais dos princípios característicos da Escola Austríaca, de modo que, posteriormente, tornou-se cada vez mais duvidoso se ele ainda podia ser considerado como membro desse grupo.

Schumpeter era um grande "mestre do seu domínio", em contraste com os "charadistas" ou "bagunceiros" que seguem ideias próprias e distintas;[3] ele também mostrava uma acentuada receptividade às opiniões dominantes em seu ambiente e à moda prevalecente de sua geração. Em nenhum outro lugar isso se mostra com maior clareza do que no capítulo ainda inteiramente mengeriano do seu primeiro livro, agora traduzido para o inglês pela primeira vez e considerado uma exposição clássica de uma visão que ele mais tarde abandonou. Muitos dos seus alunos se surpreenderão ao saber que o entusiasta da macroeconomia e cofundador do movimento econométrico uma vez ofereceu uma das exposições mais explícitas do "individualismo metodológico" da Escola Austríaca. Schumpeter até parece ter nomeado o princípio e condenado o uso de agregados estatísticos como não pertencentes à teoria econômica.

O fato de o seu primeiro livro nunca ter sido traduzido se deve, acredito, à relutância compreensível de Schumpeter de ver uma obra em circulação que, em parte, expunha pontos de vista em que ele já não acreditava. Sua relutância em manter seu primeiro e brilhante livro à venda, que dirá traduzi-lo, pode provavelmente ser explicada por sua consciência de que suas opiniões próprias e distintas surgiram apenas em seu segundo livro, *Theorie der wirtschaftlichen Entwicklung*,[4] que apareceu quatro anos depois do primeiro. Embora o autor pudesse posteriormente não estar mais preparado para defender as ideias da sua primeira obra, elas, com certeza, são essenciais para a compreensão do desenvolvimento da teoria econômica. De fato, Schumpeter deu uma contribuição para a tradição da Escola Austríaca que é original o bastante para ser colocada à disposição do grande público.

HISTORY OF ECONOMIC ANALYSIS[5]

Embora não faltem histórias de economia, existem poucas que são boas, e a maioria não passa de esboços. Portanto, é uma verdadeira tragédia que não tenha sido possível para o falecido professor Schumpeter concluir uma realização para a qual ele tinha quase qualificações únicas. Quarenta anos antes, depois de ele já ter estabelecido reputação como teórico original, Schumpeter publicou um esboço brilhante do desenvolvimento da teoria econômica,[6] que muitos consideraram como o melhor disponível, mas com o qual ele mesmo ficou tão pouco satisfeito que não permitiria a edição de uma tradução em inglês da versão original em alemão. Cerca de nove ou dez anos antes de seu falecimento, em 1950, Schumpeter começou uma revisão dessa obra inicial, que, pouco a pouco, transformou-se em uma realização monumental de erudição sem igual em seu campo, e na qual ele ainda estava envolvido na época da sua morte. Schumpeter tinha então abordado quase todo o campo que tencionara tratar, e há poucas lacunas importantes na versão agora publicada. No entanto, muito ainda se achava sob a forma de primeiros esboços, e provavelmente tudo teria sido objeto de uma revisão muito cuidadosa. É evidente que o conjunto se baseia em um exame sistemático de uma gama de literatura original, que é de fato impressionante em sua extensão; e revela um conhecimento enciclopédico muito além das fronteiras da economia, o que não é menos impressionante. Se, como sem dúvida o autor pretendia, ao longo da revisão as fontes secundárias tivessem sido tão plenamente trabalhadas como as fontes primárias já tinham sido, teríamos obtido um compêndio da história da economia como ninguém esperaria de um único homem, mas apenas de uma comissão de especialistas. Por assim dizer, a viúva do economista, ela mesma uma economista eminente por mérito próprio,[7] comprometeu-se a manter o original pronto para publicação, decidida a preservá-lo o mais próximo possível do que o marido deixara. Todavia, a senhora Schumpeter também morreu antes da conclusão da tarefa, e diversos amigos e alunos do autor parecem ter preparado o volume para impressão.

Inevitavelmente, há muitos detalhes sobre os quais outros estudiosos discordarão do autor, mas quando alguém lê, todas essas dúvidas ocasionais empalidecem em relação à natureza impressiva do quadro geral que emerge. De qualquer maneira, em uma resenha curta não seria apropriado dizer mais sobre quaisquer pequenas falhas que se podem encontrar e a maioria das quais o próprio autor teria corrigido se fosse vivo. Procuraremos não mais do que indicar o que Schumpeter visava e alcançou em tão grande medida.

O livro é concebido como uma história da ciência econômica no sentido estrito, e não em relação ao campo mais amplo da economia política.[8] Mas como, mais do que talvez no caso de qualquer outra ciência, o desenvolvimento da economia não é inteligível sem as correntes políticas, sociológicas e intelectuais que determinaram a direção dos interesses em épocas diferentes, recebemos o tempo todo esboços magistrais desse pano de fundo, o que torna o livro muito mais do que uma história de apenas um ramo de conhecimento. E embora Schumpeter fosse um homem de opiniões fortes, muito individuais e às vezes impopulares, a maneira pela qual ele consegue em geral manter longe seus preconceitos pessoais é totalmente admirável. De fato, seu esforço para fazer justiça a qualquer esforço genuíno ao qual, no passado, não foi dado suficiente crédito, e para encontrar justificativas até para os argumentos menos plausíveis nas circunstâncias da época, vai surpreendentemente longe. Para aqueles que conhecem suas visões teóricas gerais não será surpresa descobrir que Quesnay, Cournot e Walras ("no que tange à teoria pura ... os maiores de todos os economistas") são seus heróis, e que ele classifica Adam Smith, Ricardo e até Marshall em um nível decididamente inferior ao habitual.[9] A maior parte disso é justa, e tudo pode ser defendido com bons argumentos. O grande mérito é o devido reconhecimento do importante papel desempenhado por homens como Cantillon,[10] Senior[11] e Böhm-Bawerk, e, comparado a isso, o ocasional tratamento desdenhoso de algumas figuras secundárias, ainda assim não sem importância, como Robert Torrens,[12] é uma questão menor. Mesmo a significativa atenção dada a Karl Marx pode ser justificada, se não por qualquer contribuição relevante que ele tenha dado à teoria econômica, pela influência que ele exerceu e por seus esforços iniciais de realizar reflexões sociológicas na análise econômica — que é, evidentemente, o aspecto da obra de Marx que atraiu Schumpeter. Na verdade, o fato de o próprio Schumpeter estar às vezes quase tão interessado em sociologia quanto em economia pura contribuiu bastante para o caráter dessa última obra, da qual algumas partes são ensaios fascinantes de sociologia da ciência. Elas são estimulantes mesmo quando não se pode concordar inteiramente. É provável que os leitores dessa publicação fiquem irritados pela maneira desnecessária, se não desdenhosa, pela qual Schumpeter costuma se referir ao liberalismo, ao individualismo e ao *laissez faire* do século XIX. Contudo, eles devem se lembrar de que isso vem de um autor que sabe muito bem que a evolução capitalista "tende a se esgotar porque o Estado moderno pode esmagar ou paralisar suas forças motrizes", mas que também parece ter tido um desejo irreprimível de *épater les bourgeois*.

Com suas mais de 1.200 páginas, não é provável que seja um livro popular, ainda que seja tão bem escrito que deva dar prazer não só aos especialistas. Isso não quer dizer que seja um livro fácil, ou adequado para a atmosfera de jardim de infância em que ocorre tanta educação universitária. Nem é, sob todos os aspectos, um livro "seguro": o leitor ortodoxo deve estar preparado para choques constantes em relação a qualquer descrição, e o de pensamento literal deixará escapar muito do que é dito só nas entrelinhas. Porém, para o leitor maduro e atento, seja um teórico econômico ou alguém apenas interessado em geral no desenvolvimento das ideias dos assuntos humanos, deve ser uma fonte inestimável de ensinamento. E ninguém deve se beneficiar mais da obra do que os economistas da geração mais jovem: como em outros assuntos, a crescente tecnicalidade da teoria acarretará o risco de uma especialização estreita, que é particularmente prejudicial nesse campo. Não conheço melhor antídoto do que esse livro para a crença que parece dominar alguns dos homens mais jovens de que nada do que aconteceu antes de 1936[13] pode ter importância para eles, assim como não conheço nenhuma outra obra mais adequada para mostrar o que eles devem saber se não querem ser meramente economistas, mas pessoas cultas e competentes para utilizar seu conhecimento técnico em um mundo complexo. E eles também encontrarão na parte final do livro um exame — infelizmente, incompleto — do estado contemporâneo da economia, que, pelo menos para um leitor, parece muito mais estimulante e satisfatório do que vários esforços coletivos que foram, nos últimos anos, dirigidos para o mesmo fim.

CAPÍTULO 6

Ewald Schams (1899-1955) e Richard von Strigl (1891-1942)

"EWALD SCHAMS"[1]

Ewald Schams foi um dos três membros da geração intermediária de economistas austríacos, da qual apenas Richard Strigl foi acadêmico de profissão, mas todos exerceram uma influência significativa dentro do círculo vienense durante as décadas de 1920 e 1930. Enquanto o terceiro desses homens, Leo Schönfeld (posteriormente, Leo Illy), quase não tinha nenhum contato pessoal com os outros membros do círculo, Ewald Schams foi um participante ativo e bastante respeitado nas discussões, em que intervinha com todo o peso que sua evidente familiaridade com todos os problemas da teoria econômica o habilitava. Os três homens estavam a meio caminho em idade entre a terceira geração da Escola Austríaca — ou seja, Mises, Schumpeter, Hans Mayer, F. X. Weiss e diversos outros (vindos depois de Carl Menger, como fundador da Escola Austríaca, e Eugen von Böhm-Bawerk e Friedrich von Wieser e seus contemporâneos como a segunda geração) — e a geração que estávamos inclinados a designar como a quarta, em que eu era um pouco mais velho que meus colegas Gottfried Haberler, Fritz Machlup, Oskar Morgenstern e Paul Rosenstein-Rodan. Schams se diferenciava dos seus contemporâneos principalmente pelo fato de ter recebido sua educação na Universidade de Graz com Schumpeter, e era, assim, na realidade, o único discípulo austríaco de Schumpeter; portanto, Schams fora introduzido desde o início às ideias das escolas de

Lausanne e austríaca. Como servidor público de profissão, ele não tinha contato com a vida acadêmica, e só aparecia para palestras e discussões organizadas em nosso círculo. Era um homem de grande disciplina e poucas palavras, cujo porte ereto e militar e a elegância o diferenciavam dos membros mais jovens e mais animados, assim como seus outros interesses e *background*, sobre os quais sabíamos muito pouco. Schams, uma figura notável, era muito respeitado na Sociedade Econômica[2] e, se bem me lembro, no seminário do professor Mises, e também por seu conhecimento incomum não só de teoria econômica como também de filosofia e história.

Pelo que sei, Schams nunca realizou um trabalho acadêmico importante. Seus ensaios são pequenas joias primorosamente polidas que foram o resultado de uma expressão muitíssimo conscienciosa, interessada de início principalmente em textos contemporâneos.[3] Quando mais tarde uma bolsa de estudos Rockefeller lhe deu a oportunidade de trabalhar durante um período maior em Paris e talvez também na Itália, Schams tornou-se um colecionador de livros apaixonado e bastante seletivo, que ficou cada vez mais interessado na história da teoria econômica. Acontece que no começo de sua estada em Paris eu tive condição de apresentá-lo a especialistas em livros antigos e raros, campo com o qual eu me familiarizara. Foi só depois da morte de Schams que descobri como ele utilizara essa oportunidade de maneira eficaz, quando comprei sua pequena e refinada coleção de livros de economia franceses do século XVIII de sua viúva — coleção esta que agora foi adquirida pela Escola de Jurisprudência e Ciência Política da Universidade de Salzburgo como parte de minha própria biblioteca.

O interesse crescente de Schams por história da teoria econômica foi resultado principalmente do seu interesse por metodologia econômica.[4] Sua força nessa área estava menos em questões filosóficas e mais em sua familiaridade com as diferentes escolas teóricas, sobretudo de autores de língua alemã e francesa. Claro que ele estava familiarizado com textos em inglês, mas, em geral, dedicou-se às manifestações da Europa continental. Após a emigração da maioria dos seus colegas,[5] ele parece ter ficado bastante isolado. Há um grande hiato entre seus artigos do final de década de 1920 e início da década de 1930 e seu principal ensaio de 1950, que provavelmente foi escrito muito antes. Não temos como saber por quantos anos ele se preocupou ativamente com teoria econômica. Sua viúva me informa que nenhum original adicional apareceu em seu espólio literário. Aqueles de nós que deixamos Viena não voltamos a encontrá-lo depois da guerra. Porém, um novo olhar nos antigos textos de Schams me convenceu de que ainda há muita coisa que podemos aprender com ele.

"RICHARD VON STRIGL"[6]

Em Viena, divulgou-se o falecimento do professor Richard von Strigl, o último membro do grupo de economistas austríacos mais jovens que permaneceram no lar original da escola. Ainda com cinquenta e poucos anos no momento de sua morte, ele era provavelmente o mais jovem dos homens que ainda tinham feito parte do famoso seminário de Eugen von Böhm-Bawerk; e para seus assistentes próximos que chegaram à universidade após a última guerra[7] ele representou o elo mais estreito com aquela influente tradição. Embora durante muitos anos um professor eminentemente bem-sucedido, seu trabalho acadêmico, assim como o de muitos dos seus colegas, era realizado no tempo livre de sua principal atividade como funcionário do Conselho de Seguro-Desemprego de Viena, no qual ascendeu a um alto cargo. Muitos dos jovens economistas que se formaram em Viena nos anos imediatamente anteriores à presente guerra devem mais a ele do que a qualquer outro professor; e foi porque ele dedicou mais tempo à Hochschule für Welthandel do que à universidade que durante aqueles anos a primeira tendeu a se tornar o centro mais importante para o ensino de Economia.

Entre suas obras, seu primeiro livro, *Die ökonomischen Kategorien und die Organisation der Wirtschaft*,[8] publicado em 1923, é um estudo metodológico sutil que exerceu considerável influência e, simultaneamente, deu ao seu autor grande renome. Na sequência, veio um livro menos conhecido, mas, no seu gênero, igualmente valioso, intitulado *Angewandte Lohntheorie*,[9] que abriu novos caminhos em uma direção diferente. Uma série de artigos teóricos, publicados ao longo de vários anos, resultou na edição de *Kapital und Produktion*,[10] notável sobretudo pela simplicidade e clareza de exposição de um assunto notoriamente difícil. Na sequência, veio

Einführung in die Grundlagen der Nationalökonomie,[11] que, embora Strigl se negasse a empregar algumas das ferramentas teóricas introduzidas mais recentemente, foi provavelmente a melhor introdução moderna à teoria econômica disponível em alemão. Pelo que sabemos, foi seu último livro.

Para aqueles que viram Strigl pela última vez antes da guerra e não ouviram falar dele desde então, a notícia de sua morte é um choque. É uma grande perda para seus amigos e colegas, que o apreciavam tanto por seus dons intelectuais como por seu caráter; e que esperavam que sua melhor obra ainda viesse quando ele finalmente ficasse livre de suas funções oficiais. Mas são seus alunos que sentirão mais a perda. Um deles, o dr. J. Steindl, agora do Oxford Institute of Statistics, escreve: "Criado na tradição do pensamento liberal, que permeava seu ensino, ele era, no meio da influência reacionária da vida acadêmica austríaca, uma atração para aqueles que foram repelidos pelo desenfreado nacionalismo místico e histérico daqueles anos. Mesmo aqueles a quem seu ensino nem sempre conseguia convencer não podiam deixar de reconhecer a imensa superioridade da tradição que ele representava em relação às ideologias que agora atormentam a 'Grande Alemanha'. Sua personalidade contribuiu para isso: humano e ilustrado, bom pedagogo e grande amigo dos seus alunos, Strigl tinha a marca de um grande professor, capaz de transmitir valores permanentes que se estendem além dos erros do seu tempo. Eram poucos os alunos ou economistas estrangeiros que visitavam Viena e permaneciam em seu círculo daqueles dias que não gostavam dele. Desde a invasão da Áustria, ele permaneceu calado. Não ouvimos falar de nenhuma outra publicação sua. Isso não é uma surpresa para aqueles que o conheciam, e provavelmente não se deve apenas a uma doença que o acometeu em 1939. O espetáculo da conversão de um dia para o outro de tantos a um novo credo não foi agradável para ele, que tão notoriamente carecera dos talentos de um carreirista em toda a sua vida profissional".

De fato, Strigl teve pouco reconhecimento público em relação aos serviços prestados. A admissão como *Privatdozent* na Universidade de Viena em 1923, aproximadamente, foi logo seguida pela concessão do título de professor. Em 1936, a Universidade de Utrecht conferiu-lhe um título de doutor *honoris causa*, que ele prezou muitíssimo. Porém, homem essencialmente modesto e discreto, Strigl permaneceu quase desconhecido além dos círculos com quem tinha contato profissional. Mas com sua morte desaparece a figura sobre a qual a esperança pela preservação da tradição de Viena como centro do ensino da Economia e de um renascimento da Escola Austríaca repousara amplamente.

ADENDO
TEORIA DOS SALÁRIOS DE STRIGL[12]

O livro de Strigl é o tipo de estudo que gostaríamos de encontrar com mais frequência. Nesse caso, um estudioso bem versado em todos os aspectos mais sutis da teoria procura demonstrar o valor de proposições econômicas simples e fundamentais. Dispensando argumentos polêmicos, ele utiliza constatações teóricas para explicar um assunto empírico multifacetado, que conhece bem a partir de extensa experiência profissional. Em um livro anterior,[13] Strigl se concentrara nos fundamentos da teoria econômica. Aqui, ele se baseia em sua função como secretário da Comissão do Distrito Industrial de Viena, que lhe permitiu atuar como observador neutro em negociações salariais para quase todos os ramos da economia, para validar e expandir *insights* teóricos na determinação de salários. Essa função permitiu-lhe mudar sua perspectiva mais facilmente da teoria abstrata para os fenômenos da vida real em toda a sua variedade, algo que os teóricos geralmente acham difícil de fazer. Portanto, ele está em uma boa posição para se contrapor eficazmente às objeções que os homens práticos estão inclinados a levantar contra tais análises teóricas. Assim, essa obra sobre a teoria dos salários deve propiciar muito conhecimento útil para homens envolvidos em fins práticos, tanto empregadores como dirigentes sindicais. O autor prestou um grande serviço estendendo a análise teórica dos determinantes dos salários aos fenômenos individuais que pode explicar melhor. Como resultado, mesmo pessoas que não são muito capacitadas em Economia podem se beneficiar da aplicação das proposições apresentadas aqui para fenômenos concretos.

O mérito especial do livro de Strigl não consiste na popularização da teoria, mas sim na extensão das suposições subjacentes à teoria geral dos salários aos fenômenos até agora excluídos dos princípios fundamentais por causa do caráter demasiado geral das suposições. A distinção de Strigl entre uma situação de monopólio estritamente definida e aquela de sindicatos laborais e sindicatos patronais em negociações salariais é de particular interesse. Os negociadores de tais sindicatos estão em uma situação totalmente diferente dos monopolistas, já que não são representantes de uma entidade econômica homogênea e o impacto das mudanças nos preços e nos montantes vendidos afetam muitas pessoas. Isso está destinado a ser de importância decisiva para a posição dos representantes laborais, que nunca podem prever os salários adicionais que vão para alguns trabalhadores como compensação pelas perdas de emprego que afetam outros trabalhadores. Após essa crítica da aplicação da teoria dos preços de monopólios para determinação de salários em negociações coletivas, Strigl continua com um exame detalhado dos fatores decisivos que determinam a oferta e demanda para ambas as partes em relação ao contrato. Aqui, ele claramente identifica o significado econômico das circunstâncias em geral caracterizadas como "relações de poder". Não podemos discutir aqui todos os possíveis efeitos produzidos por um desvio dos salários contratuais dos salários "naturais" examinado por Strigl. Ele faz uma tentativa interessante de provar que a produção pode lidar com um aumento salarial artificial sem danos permanentes, e que o desemprego duradouro não precisa resultar de aumentos salariais se o sistema produtivo consegue se ajustar ao novo nível salarial. Aqui ele falha em demonstrar sua ideia, porque termina com a conclusão de que isso é possível somente quando um aumento de bens de capital de um setor específico eleva a produtividade marginal do trabalho, numa fase posterior, ao nível dos salários artificialmente altos alcançados previamente.

Em grande medida, a fecundidade do estudo de Strigl se baseia na abordagem dos fenômenos de atrito ignorados pelas proposições teóricas básicas e pelos desvios resultantes das regularidades esperadas das suposições puramente teóricas, exatamente o que qualquer teoria aplicada deveria fazer. Um exemplo particularmente interessante de um fenômeno devido à resistência de atrito é o cálculo de um lucro empresarial tradicional como um custo de fatores "fictício", cuja existência pode ser ameaçada por demandas salariais crescentes dos trabalhadores, sem dar origem necessariamente a quaisquer mudanças na economia como uma consequência. Aqui, mesmo sob condições estáticas, o nível salarial pode ser o resultado de relações de poder, uma situação que, sem dúvida, ocorre ocasionalmente na vida econômica corrente...

Deixe-nos apenas mencionar as seções particularmente excelentes sobre desemprego e custos sociais, que são exemplares na aplicação de *insights* teóricos aos fenômenos correntes e um modelo para o estudo de políticas sociais. A teoria econômica não tem maneira mais segura de obter novos apoiadores do que quando permite aplicações bem-sucedidas a questões práticas, como exemplificado no que tem de melhor nessa obra.

CAPÍTULO 7

Ernst Mach (1838-1916) e as Ciências Sociais em Viena[1]

Minha tarefa se limita a testemunhar brevemente sobre a difusão da influência de Ernst Mach em Viena mesmo antes da formação do "Círculo de Viena" ao redor de Moritz Schlick[2] em 1922. Acontece que, nos três anos entre 1918 e 1921, eu estudava na universidade em minha Viena natal e, durante esse período, as ideias de Mach eram o foco principal das discussões filosóficas. Em geral, Viena já era extremamente favorável a uma filosofia orientada pelas Ciências Naturais; além de Heinrich Gomperz,[3] Adolf Stöhr[4] — cujo pensamento seguia a mesma linha — estava lecionando em Viena, assim como Robert Reininger,[5] que pelo menos simpatizava com essa interpretação da filosofia. Já não me lembro bem de que maneira acabei me encontrando como Mach logo após o meu retorno das linhas de batalha, em novembro de 1918; infelizmente, minha lista de leitura começa só na primavera de 1919 e logo aparece nela a observação: "Agora também *Erkenntnis und Irrtum*",[6] o que indica que eu já tinha me familiarizado com outras obras filosóficas de Mach durante quatro meses de estudo. Sei que fiquei bastante absorto na leitura de suas obras *Populär-wissenschaftliche Vorlesungen, Die Mechanik in ihrer Entwicklung* e, sobretudo, *Analyse der Empfindungen*.[7] O resultado disso foi que, durante os três anos em que fiquei oficialmente matriculado como aluno de Direito, dividi meu tempo quase igualmente entre Economia e Psicologia, enquanto meus estudos de Direito eram simplesmente uma atividade paralela.

É difícil dizer qual foi a causa direta de nossa preocupação com a filosofia de Mach. O provável é que as coisas tenham sido parecidas mesmo nos anos imediatamente anteriores à guerra. A esse respeito, é característico que Schumpeter fosse tão obviamente influenciado pelas ideias de Mach quando escreveu sua primeira obra, em 1908,[8] que Friedrich von Wieser dedicou quase toda a sua resenha do livro[9] à questão da aplicabilidade do pensamento de Mach às Ciências Sociais. E também sei que um contemporâneo, o filósofo Ludwig Wittgenstein,[10] primo distante meu, lidou com Mach durante aqueles mesmos anos.

Pouco depois da Primeira Guerra Mundial, quando ingressei na universidade, havia uma razão especial para o interesse das Ciências Sociais em Mach. Lenin atacara a filosofia de Mach, e Friedrich Adler, então uma das figuras políticas mais proeminentes da Áustria, escrevera, pelo que me lembro, um livro em defesa de Mach enquanto estava na prisão por assassinar o ministro Stürgkh.[11] Como resultado, uma discussão animada sobre esses problemas se desenrolou na esquerda, entre os comunistas reais e os socialistas esquerdistas. No entanto, isso também se transferiu para nós, os não socialistas, e o tópico se tornou particularmente relevante quando Othmar Spann, economista de orientação metafísica, foi designado como sucessor de Wieser em Viena.[12] Naquele momento, procurávamos argumentos antimetafísicos, que encontramos em Mach, embora não fosse tão fácil para nós aceitar o positivismo inteiro dele. Outro obstáculo era que Mach estava sendo usado muito explicitamente para apoiar uma abordagem socialista que não era aceitável para nós, particularmente por Otto Neurath, um dos fundadores do posterior Círculo de Viena.[13] Neurath esperava converter o positivismo de Mach — mediante uma aproximação muito difícil — em um fisicalismo ou, como ele chamava isso de vez em quando, um cientismo. Por outro lado, Mach era praticamente a única fonte de argumentos contra uma atitude metafísica e nebulosa, e assim nos esforçamos todos aqueles anos para aceitar o positivismo, que obviamente continha muito do que era verdade, e escolher aquelas partes que eram, até certo ponto, aplicáveis às Ciências Sociais e Humanas, e que, com certeza, continham um grande cerne de verdade.

Do ponto de vista pessoal, senti-me estimulado pela obra de Mach a estudar a psicologia e a fisiologia dos sentidos — até escrevi um estudo naquela época sobre essas questões, que finalmente, trinta anos depois, resultou em um livro.¹⁴ O que realmente me estimulou a escrever esse estudo foi meu ceticismo sobre o conceito de Mach de fenomenalismo, em que sensações simples e puras são os elementos de todas as nossas percepções sensoriais. Uma revelação me veio semelhante a uma que Mach descreve de sua própria experiência, quando ele de súbito reconheceu que o conceito de "coisa em si" da filosofia de Kant não servia a nenhum propósito, podendo ser omitido. Tive a revelação de que o conceito de Mach de "sensações simples e puras" em sua psicologia sensorial era realmente sem sentido. Como Mach qualificara muitas das conexões entre sensações como "relações", fui finalmente forçado a concluir que toda a estrutura do mundo sensorial derivava das "relações" e que podíamos assim descartar completamente o conceito de sensações simples e puras, que desempenha um papel tão grande em Mach. Mas esse é apenas um exemplo do importante papel que Mach desempenhou em nosso pensamento durante aqueles anos.

Pode-se dizer que para um jovem interessado em questões filosóficas, que ingressou na Universidade de Viena logo depois da guerra, isto é, em 1918-1919, e para quem a filosofia ortodoxa não era atraente, Mach oferecia a única alternativa viável. Tentamos estudar Avenarius,¹⁵ mas logo desistimos da tentativa, não sei por quê; em todo caso, achamos Avenarius francamente incompreensível. A partir de Mach, o mais provável era que o caminho levasse a Helmholtz,¹⁶ a Poincaré¹⁷ e a pensadores dessa linha, e aqueles que o seguiram sistematicamente, como meu amigo Karl Popper, foram levados, é claro, a todos os cientistas e filósofos naturais contemporâneos.

Isso mais ou menos esgota o que eu pretendia dizer. Só quis sugerir que Ernst Mach desempenhou um papel especialmente grande não só no âmbito mais restrito das Ciências Naturais, mas especificamente nas disciplinas em que o caráter metodológico ou científico das teorias delas era ainda muito mais frágil do que nas Ciências Naturais e onde havia uma compulsão ainda maior para esclarecer o que era de fato a ciência. Isso tem pouca ligação com o fato de que Mach se tornou, até certo ponto, um símbolo político; devo dizer que circunstâncias meramente acidentais levaram à situação de que, em uma data posterior, quando eu estava prestes a deixar Viena, a "Sociedade Ernst Mach" que já tinha sido fundada em 1929, adquiriu certa coloração política. É certo que consistia em sua grande maioria de socialistas, mas isso não implica que era politicamente ativa, embora isso servisse como pretexto para sua supressão sob o governo de Dollfuss.[18]

CONCLUSÃO

Recordando meu primo Ludwig Wittgenstein (1889-1951)[1]

Entre os trilhos e o prédio da estação ferroviária de Bad Ischl havia um amplo espaço onde, há sessenta anos, na temporada, um baile costumava acontecer antes da partida do trem noturno para Viena.

Acredito que foi no último dia de agosto de 1918 que ali, entre um grupo barulhento de jovens oficiais que voltavam para a frente de batalha depois de visitarem suas famílias durante uma licença no distrito de Salzkammergut, dois subtenentes da artilharia se deram conta vagamente de que talvez se conhecessem. Não sei se foi uma semelhança com outros parentes nossos ou uma impressão de já termos realmente nos encontrado antes[2] o que levou cada um de nós a perguntar ao outro: "Você não é um Wittgenstein?" (ou, talvez, "Você não é um Hayek?"). De qualquer modo, isso nos levou a viajar juntos durante a noite para Viena, e ainda que na maior parte do tempo naturalmente tentássemos dormir, conseguimos conversar um pouco.

Algumas partes dessa conversa causaram em mim uma forte impressão. Ele não só estava muito irritado com a animação do grupo barulhento e meio bêbado dos colegas oficiais com quem dividíamos o vagão do trem, sem esconder nem um pouco seu desprezo pela humanidade em geral, mas também partia do pressuposto de que qualquer relação sua, independentemente de quão distante fosse a ligação, devia ter os mesmos padrões que ele. Wittgenstein não estava tão errado! Na época, eu era muito jovem e inexperiente, tinha apenas dezenove anos, e era produto do que agora é chamado de educação puritana: do tipo em que o banho gelado que meu pai tomava todas as manhãs era o padrão mais admirado de disciplina (embora raramente imitado) para o corpo e a mente. E Ludwig Wittgenstein era apenas dez anos mais velho.

O que mais me impressionou nessa conversa foi uma paixão radical pela veracidade em tudo (que vim a conhecer como costume característico entre os jovens intelectuais vienenses da geração imediatamente anterior à minha apenas nos anos de universidade subsequentes). Essa veracidade se tornou quase uma moda naquele grupo fronteiriço entre as partes puramente judias e as puramente gentias da elite intelectual em que vim tanto a circular. Significava muito mais do que a verdade no discurso. Era preciso "viver" a verdade e não tolerar nenhum fingimento em si mesmo ou nos outros. Às vezes, isso gerava rudeza absoluta e, com certeza, desagrado. Toda convenção era dissecada e toda forma convencional era exposta como fraude. Wittgenstein apenas levou isso adiante, aplicando a si mesmo. Às vezes, eu sentia que ele tinha um prazer perverso em descobrir a falsidade em seus próprios sentimentos e que ele estava constantemente tentando se livrar de todas as fraudes.

Mesmo naquela época, não resta dúvida de que ele era muito tenso. Entre os parentes mais distantes, Wittgenstein era considerado (ainda que fosse pouco conhecido por eles) o membro mais louco de uma família bastante extraordinária, cujos membros eram muito dotados, e tanto preparados quanto em condições de viver por aquilo de que mais gostavam. Antes de 1914, eu escutara muito falar (embora sendo muito jovem para estar presente) dos famosos saraus musicais no "Palais Wittgenstein", que deixou de ser um centro social depois de 1914. Por muitos anos, o sobrenome Wittgenstein significou para mim sobretudo a amável senhora de idade que, quando eu tinha seis anos, me levara para o meu primeiro passeio de carro, em um veículo elétrico conversível, ao redor da Ringstrasse.

Além de uma lembrança de antes disso de ser conduzido ao apartamento luxuoso de uma velhinha e ser levado a entender que ela era irmã do meu bisavô materno — e, agora eu sei, avó materna de Ludwig Wittgenstein —, eu não tinha conhecimento direto da família Wittgenstein no auge de sua posição social em Viena — que a tragédia dos três filhos mais velhos, que haviam se suicidado, atenuou ainda mais do que a morte do grande industrial em seu comando. Receio que minha recordação mais antiga dos Wittgenstein esteja ligada ao relato de uma tia-avó solteirona da Estíria, na certa inspirada pela inveja mais do que pela malícia, de que seu avô "vendeu sua filha para um rico banqueiro judeu". ... Essa é a amável senhora de idade da qual ainda me lembro. Simplesmente.

Não voltei a encontrar Ludwig Wittgenstein durante dez anos, mas ouvia falar dele de vez em quando por meio de sua irmã mais velha, que era prima de segundo grau, contemporânea exata e amiga íntima da minha mãe. As visitas regulares tinham tornado "tia Minning" uma figura familiar para mim (na realidade, ela soletrava seu nome, que é uma abreviação de Hermine, com um único "n", mas isso soaria estranho para os ouvidos ingleses), e ela permaneceu uma visita frequente. É evidente que os problemas do seu irmão caçula a ocupavam muito, e embora ela desaprovasse toda conversa sobre o "Sonderling" (o excêntrico) e o defendesse com veemência quando relatos ocasionais e, sem dúvida, muitas vezes bastante distorcidos de suas ações circulavam, nós logo ficávamos sabendo delas. A opinião pública não tomou conhecimento dele, mas seu irmão, Paul Wittgenstein, pianista de um braço só, tornou-se uma figura bem conhecida.[3]

Mas eu, por meio desses vínculos, tornei-me provavelmente um dos primeiros leitores do *Tractatus*, que foi publicado em 1922.[4] Como a maioria das pessoas interessadas em filosofia da nossa geração, uma vez que eu era, como Wittgenstein, muito influenciado por Ernst Mach, o livro me causou uma ótima impressão.

A próxima vez que encontrei Ludwig Wittgenstein foi na primavera de 1928, quando o economista Dennis Robertson, que me acompanhava em uma caminhada pelo Fellows' Garden, do Trinity College, em Cambridge, de repente decidiu mudar de direção porque, no alto de uma pequena elevação, percebeu a forma do filósofo estendida em uma espreguiçadeira. Ao que parece, ele ficou bastante espantado e não quis incomodá-lo. Eu, é lógico, me aproximei do filósofo, fui recebido com surpreendente cordialidade e iniciamos uma conversa agradável, mas desinteressante (em alemão) sobre casa e família. Logo, Robertson nos deixou. Em pouco tempo, o interesse de Wittgenstein diminuiu, e sinais evidentes de ele não saber o que fazer comigo me levaram a despedir-me depois de um tempo.

Deve ter sido quase doze anos depois que ocorreu o primeiro da única série real de encontros que tive com ele. Em 1939, quando fui para Cambridge com a London School of Economics, logo fiquei sabendo que Wittgenstein estava fora, trabalhando em algum hospital militar. Porém, um ano ou dois depois, eu o encontrei inesperadamente. John Maynard Keynes tinha providenciado para mim um apartamento no edifício Gibbs, do King's College, e, depois de um tempo, Richard Braithwaite me pediu para participar das reuniões do Moral Science Club (acho que era esse o nome), que aconteciam em seu apartamento logo abaixo daquele que eu ocupava.

Foi no final de uma dessas reuniões — que dizia respeito à discussão de um texto que não tinha particularmente me interessado e de um assunto do qual não tenho lembrança — que Wittgenstein manifestou-se de um modo muito repentino e dramático. Subitamente, Wittgenstein se levantou, empunhando um atiçador de brasa, indignado no mais alto grau, e começou a demonstrar com o instrumento como a questão era realmente simples e óbvia. Sem dúvida, ver aquele homem desenfreado no meio do recinto balançando um atiçador foi bem alarmante, e fez com que os participantes se sentissem inclinados a escapar para um canto seguro. Para ser sincero, minha impressão naquele momento foi de que Wittgenstein tinha enlouquecido![5]

Foi algum tempo depois, talvez um ano ou dois, que criei coragem para ir vê-lo, depois de ter ficado sabendo que ele estava de novo em Cambridge. Wittgenstein então vivia (como sempre, eu acho) em um apartamento em um andar alto em um prédio fora do College. A sala vazia com o fogão de ferro, para a qual ele teve de trazer uma cadeira para mim do seu quarto, foi muitas vezes descrita. Conversamos agradavelmente sobre diversos assuntos fora da filosofia e da política (sabíamos que discordávamos politicamente), e ele pareceu gostar do simples fato de que evitamos por completo "falar de trabalho", não muito diferente de uma ou duas outras figuras curiosas que conheci em Cambridge. Mas, embora essas visitas fossem bastante prazerosas e Wittgenstein tenha parecido encorajar que se repetissem, elas também eram um tanto desinteressantes, e fui apenas mais duas ou três vezes.

Depois do fim da guerra, quando eu já tinha voltado para Londres, um novo tipo de contato por cartas começou quando a possibilidade surgiu, primeiro para enviar pacotes de comida e, depois, para visitar nossos parentes em Viena. Isto envolveu todos os tipos de contatos complicados com organizações burocráticas, sobre as quais, Wittgenstein supôs com razão, eu tinha descoberto detalhes antes dele. Nisso, Wittgenstein mostrou uma curiosa combinação de impraticabilidade e atenção meticulosa aos detalhes, o que deve ter tornado todos os contatos com as tarefas comuns da vida muito perturbadores para ele. No entanto, ele conseguiu chegar a Viena logo depois de mim (eu conseguira pela primeira vez em 1946), e acredito que tenha ido para lá mais uma ou duas vezes.

Acho que foi durante o retorno de Wittgenstein de sua última visita a Viena que tivemos nosso último encontro. Wittgenstein tinha ido ver sua irmã Minning, que estava morrendo, e ele mesmo já se encontrava (embora eu não soubesse) gravemente doente.[6] Eu tinha interrompido a habitual viagem de trem de Viena, via Suíça e França, na Basileia, e embarcara ali no vagão-dormitório à meia-noite do dia seguinte. Como o outro ocupante da minha cabine parecia já estar dormindo, me despi na penumbra. Quando eu me preparava para subir no beliche, uma cabeça com os cabelos desgrenhados surgiu de repente da cama inferior e gritou para mim: "Você é o professor Hayek!". Antes que eu tivesse me recuperado o suficiente para perceber que era Wittgenstein e registrar minha concordância, ele tinha se virado para a parede de novo.

Na manhã seguinte, quando acordei, ele havia desaparecido, talvez ido para o vagão-restaurante. Quando voltei, encontrei-o profundamente absorvido na leitura de um livro policial e, pelo jeito, pouco disposto a conversar. Isso durou apenas até ele terminar a leitura. Então, Wittgenstein me envolveu numa conversa muito animada, começando com suas impressões sobre os russos em Viena, uma experiência que o abalou demais e destruiu certas ilusões acalentadas por muito tempo. Aos poucos, passamos a conversar sobre questões mais gerais de filosofia moral, mas exatamente quando estava ficando de fato estimulante, chegamos ao porto (em Bolonha-sobre-o-Mar, acho). Wittgenstein pareceu muito ansioso para continuar a nossa discussão e, de fato, ele disse que devíamos fazer isso a bordo do navio.

Contudo, não consegui encontrá-lo. Se ele se arrependeu de ter ficado tão profundamente envolvido ou se tinha descoberto que, afinal de contas, eu era apenas outro filisteu, não sei. De qualquer forma, nunca mais voltei a vê-lo.

PARTE II

O renascimento do liberalismo

PRÓLOGO

A redescoberta da liberdade: lembranças pessoais[1]

Foi com grande prazer que recebi seu convite para discutir minhas lembranças sobre a redescoberta da liberdade na Alemanha. Em geral, não sou propenso a me entregar a reminiscências, por me sentir ainda jovem demais e, por outro lado, muito ocupado para tal trabalho. Então, fiquei um tanto confuso ao pensar em uma maneira de mantê-los entretidos por meia hora. No entanto, eu tinha um ponto de partida, tendo passado algum tempo trabalhando em conjunto com uma geração anterior de participantes da Verein Deutscher Maschinenbau-Anstalten (VDMA — Associação Alemã de Fabricantes de Máquinas).

Hoje, em minha palestra, procurarei me limitar aos avanços alemães, embora pareça curioso, de certo modo, ter um estrangeiro como eu discutindo a evolução da liberdade na Alemanha. É bem verdade que o triste curso dos acontecimentos deu às minhas memórias um certo valor da escassez. Um terrível destino se abateu sobre os esforços alemães de defender o ideal da liberdade em geral e, no campo da economia, em particular, com o resultado de que hoje sou quase o único sobrevivente de uma geração que procurou depois da Primeira Guerra Mundial dedicar todas as suas energias à preservação de uma sociedade civilizada, uma geração que estabeleceu como missão construir uma sociedade melhor de forma sistemática e aprender a compreender, e até certo ponto defender, uma tradição que havia civilizado o mundo. Em primeiro lugar, sob o impulso de Ludwig von Mises, um grupo muito pequeno de nós se dedicou a essa missão nos anos do pós-guerra. Naquela época, o meio das ciências sociais não era nada simpático à nossa perspectiva, estando completamente sob a influência dos ideais intervencionistas que tinham criado raízes na Alemanha desde a década de 1870. O resultado disso foi que, depois do fim da Primeira Guerra Mundial, praticamente não havia mais teóricos econômicos na Alemanha.[2]

Estou longe de exagerar e simplesmente mencionarei um caso como exemplo. Depois que voltei do serviço militar, conheci as garotas de sorte da Universidade de Viena que tiveram o privilégio de acompanhar as aulas de Max Weber no verão de 1918, enquanto nós ainda lutávamos na frente de batalha. Weber foi professor de Economia durante um semestre em Viena, e tinha mencionado em uma de suas aulas que não se sentia muito qualificado, porque a primeira aula que ele tivera sobre teoria econômica fora a sua própria aula. Naquela época, na Alemanha, era quase impossível tornar-se um teórico em ciências sociais. Ninguém que, como eu, tivesse tido sua primeira experiência acadêmica com inflação na Áustria e depois na Alemanha — e houvesse ficado simultaneamente exposto aos comentários cáusticos de seu mentor Ludwig von Mises, que a todo instante mostrava o absurdo que estava sendo dito pelos economistas alemães, com a afirmação de Havenstein de que não era inflação, mas sim uma escassez de dinheiro que tinha de ser aliviada,[3] ou o muito proeminente autor de um compêndio muito usado sobre instituições monetárias, Helfferich,[4] fazendo as declarações mais ridículas sobre política monetária — poderia deixar de concluir que a economia como ciência estava extinta na Alemanha.

Mises, que não era nada gentil a esse respeito, sempre distinguiu três ou quatro exceções. Adolf Weber, ele dizia, era uma pessoa bastante sensata, assim como Passow, que pelo menos defendia o capitalismo. Dietzel mostrava algum *insight*, e Pohle também era uma pessoa digna de respeito, mesmo que não achasse tempo para publicar algo e não fizesse mais do que simplesmente divulgar a obra de Gustav Cassel na Alemanha. Mas além dessas exceções, Mises achava que não houvesse economistas na Alemanha. E ele não estava completamente enganado.

Durante a década de 1920, finalmente emergiu uma abordagem teórica, mas que desconsiderava a liberdade. A relevância da teoria econômica foi descoberta, principalmente por Bernhard Harms, então o ambicioso diretor do Instituto de Kiel.[5] Ele próprio não era muito versado em teoria econômica, mas, a conselho de outras pessoas, cercou-se de um grupo de teóricos socialistas que supostamente eram os melhores teóricos disponíveis. Infelizmente para a teoria alemã, Becker,[6] o influente conselheiro do ministro da Educação prussiano, optou por Emil Lederer[7] em vez de Joseph Schumpeter para a cátedra de Economia na Universidade de Berlim, que estava vaga. Decepcionado, Schumpeter foi para os Estados Unidos, e Lederer — que também participara do seminário de Böhm-Bawerk, mas fora de longe seu membro mais fraco — foi designado para a cátedra em Berlim.[8]

Além desse grupo — cujos membros eram todos não apenas socialistas como também, creio, todos sem exceção judeus, e foram, claro, forçados a deixar a Alemanha em 1933 —, havia, de fato, apenas dois grupos de teóricos: os integrantes de um deles, ativos como acadêmicos, e do outro, em cargos não acadêmicos.

Este segundo consistia de um grupo de homens que, curiosamente, se reuniram no âmbito da VDMA e que se autodenominavam "ricardianos", para distingui-los da escola dominante de teóricos econômicos. Entre eles, incluíam-se Alexander Rüstow,[9] Hans Gestrich[10] e Otto Veit.[11] Outro membro desse círculo era Lautenbach,[12] teórico muito talentoso que morreu muito jovem e que não era empregado da VDMA, mas estava no serviço governamental. Entre outros membros do círculo destacavam-se Hans Ilau,[13] Friedrich Lutz[14] e Theodor Eschenburg,[15] que vim a conhecer mais tarde.

De fato, esse grupo de homens da VDMA era o único círculo de teóricos influente e ativo na Alemanha, que se esforçou muito, mas em vão, para alcançar uma economia livre. Esse círculo continuou a existir mesmo durante o período nazista, mas, em sua maioria, seus membros morreram jovens.

Lembro-me muito bem da única vez que vim a Berlim durante aquele período. Eu costumava evitar visitar a Alemanha, e cruzava apenas o canto sudoeste desse país em minhas frequentes viagens entre Londres e Viena, onde regularmente visitava Walter Eucken,[16] sobre quem falarei posteriormente. Aconteceu de eu dar uma palestra em Varsóvia na época, e minha viagem de volta de Varsóvia para Londres me trouxe a Berlim, onde fiz uma escala. Foi quando entrei em contato com esse círculo de "ricardianos" e tive uma prolongada discussão vespertina na casa de um dos seus membros; acho que na de Gestrich. Recordo muito bem que nessa ocasião, quando passamos de tópicos puramente teóricos para assuntos mais críticos, alguém — imagino que o anfitrião — levantou-se de repente e colocou um abafador de bule sobre o telefone para ter certeza de que ninguém, de jeito nenhum, ouviria nossa conversa além dos membros do círculo. Esse grupo, que era intimamente ligado à VDMA, foi um dos poucos que sobreviveram ao período nazista sem abandonar a tradição liberal.

Mas vamos à minha principal conexão com o tópico de hoje. Em uma data muito anterior, não sei bem quando, talvez em um encontro da Associação pela Política Social (Verein für Sozialpolitik[17]) que foi realizado em Viena em 1926, eu conheci Wilhelm Röpke.[18] Durante alguns anos, nós mantivemos relações muito próximas, e foi por meio de Röpke que passei a conhecer o grupo "ricardiano". Nos encontros da Verein für Sozialpolitik que aconteceram nos anos subsequentes (Zurique em 1928, e Königsberg em 1930), ele era o único ponto luminoso para mim, uma vez que esses encontros eram dominados por servidores públicos, como Sombart e seus discípulos. Todos eram cavalheiros muito corretos, mas estavam tão fora de sintonia com a teoria econômica quanto não tinham compreensão da liberdade pessoal.

Foi por meio de Röpke que entrei em contato com Walter Eucken, em Friburgo. Naquela época, ele não era muito conhecido, mas já tinha grande influência entre seus colegas mais próximos. Ele deve ter sido o pensador mais importante no âmbito da filosofia social produzida pela Alemanha nos últimos cem anos. Naquela altura, Eucken tinha publicado apenas estudos curtos. Por estranho que pareça, sua principal obra[19] chegou a mim em Londres durante a guerra. Sempre me perguntei se esse livro, que fora expedido pelo correio de Zurique por Röpke, foi entregue a mim por causa da negligência dos funcionários britânicos ou porque achavam que afinal estavam me vigiando e me dando tempo para me comprometer mais a sério. Em todo caso, esse livro, que fora publicado em 1940, chegou a mim durante a guerra. A obra me fez perceber pela primeira vez como Eucken era uma figura imponente e como era grande o grau pelo qual ele e seu círculo encarnavam a grande tradição liberal alemã, que tinha, infelizmente, se extinguido.

Ao mencionar antes que a morte cobrou seu preço prematuramente entre os representantes alemães do ideal de liberdade nos últimos cinquenta anos, eu pensava sobretudo no círculo de Eucken, o outro dos dois grupos de teóricos que mencionei. Não posso enumerá-los todos, mas quero pelo menos mencionar Miksch[20] e Lampe,[21] os dois colaboradores mais promissores de Eucken, e seu melhor amigo e colaborador no campo da filosofia legal, Franz Böhm,[22] para fazê-los perceber que grandes perdas a Alemanha sofreu.

Podemos supor que um desenvolvimento liberal nativo talvez tenha surgido na Alemanha. Ele se manifestou em pequena escala sob a forma do anuário *Ordo* e do círculo *Ordo*, embora fosse, devemos dizer, um liberalismo contido. Mas o círculo *Ordo* jamais se tornou um movimento importante. Ele careceu do líder inspirado que Eucken teria sido.

Walter Eucken foi um amigo valioso para mim. No final da década de 1930, antes da eclosão da guerra, quando comprei o meu primeiro carro e fazia as viagens de Londres para a Áustria com ele, costumava fazer uma parada em Friburgo apenas para visitar Eucken e ficar em contato com meu amigo. Embora Eucken tivesse pouco tempo para participar dos nossos esforços de defesa do liberalismo, nossos contatos tiveram uma consequência importante mais tarde. Meu livro *The Road to Serfdom* foi traduzido para o alemão pela sra. Röpke logo depois de sua publicação.[24] A edição alemã foi publicada na Suíça, mas, como não me dei conta imediatamente, durante três anos a importação do livro para a Alemanha ficou proibida, de modo que era obtenível ali apenas em transcrição datilografada. Estava em vigor um acordo que obrigava as potências ocupantes a excluir livros que tinham uma posição hostil a qualquer uma delas. Embora esse livro, que foi escrito na época em que os russos eram nossos aliados, fosse dirigido menos contra o comunismo do que contra o fascismo, os russos sentiram instintivamente que se dirigia contra eles. Portanto, insistiram que as autoridades de ocupação proibissem a importação do livro para a Alemanha. Já que estamos nesse assunto, deixe-me contar o fim da história. Quando finalmente visitei a

Alemanha em 1946, em uma ocasião em que a importação do livro ainda era proibida, tive uma experiência muito tocante. Embora não fosse permitida a entrada do livro no país e apenas um ou dois exemplares tivessem sido contrabandeados da Suíça, o livro se tornara bem conhecido não só em uma versão resumida publicada pela revista *Reader's Digest*,[25] mas também em uma cópia completa.

Por acaso, na época, deparei com uma cópia datilografada, que comecei a ler em uma viagem de trem. De repente, percebi que continha trechos que não me eram familiares. Foi quando me dei conta de que meu livro tinha sofrido as mesmas vicissitudes de diversos textos medievais, quando cópias eram feitas de cópias de cópias; cópias que tinham passado a existir porque no exemplar original alguém fizera um comentário na margem que fora reproduzido na segunda cópia, de modo que as contribuições de uma mão desconhecida já haviam sido incorporadas no texto que finalmente chegou a mim. Mas isso me leva para muito longe do meu verdadeiro tópico.

O que eu tinha em mente era falar sobre o papel de Walter Eucken bem no início de um movimento internacional que seria pretensioso denominar a serviço da liberdade, mas um movimento a serviço da compreensão das precondições da liberdade. Pois é um problema real que muitas pessoas tenham a ilusão de que a liberdade possa ser imposta de cima para baixo, em vez de pela criação das precondições pelas quais cada um recebe a possibilidade de moldar seu próprio destino.

Após a publicação de *The Road to Serfdom*, fui convidado a dar muitas palestras. Em minhas viagens na Europa e também nos Estados Unidos, quase em todos os lugares aonde ia eu conhecia alguém que me dizia que concordava plenamente comigo, mas que, ao mesmo tempo, sentia-se totalmente isolado em suas opiniões e não tinha ninguém com quem pudesse conversar a respeito delas. Isso me deu a ideia de reunir essas pessoas, cada uma das quais vivendo em grande solidão, em um único lugar. E por um golpe de sorte, consegui arranjar o dinheiro para realizá-la.

A história é muito interessante para ignorar. Um cavalheiro suíço tinha levantado algum dinheiro para Röpke publicar uma revista.[26] Mas como qualquer um que possa conjeturar quem era a pessoa envolvida facilmente imaginaria, esse homem pretendia manter o controle sobre a publicação. Quando Röpke se recusou a concordar com isso, os dois homens se separaram. Minha primeira tarefa consistiu em conseguir uma reconciliação entre Röpke e esse arrecadador de recursos muito competente, e chegar a um acordo com Röpke para utilizar o dinheiro arrecadado originalmente para sua revista para organizar uma reunião de fundação para os liberais da Suíça. Sua anuência foi obtida e, como resultado, foi possível ter a primeira reunião da Sociedade Mont Pèlerin, em Mont Pèlerin, perto de Vevey, em 1947. Essa reunião contou com a presença de trinta e sete pessoas das sessenta ou mais que eu havia convidado. Aqueles eram todos os seres humanos solitários que eu conhecera em minhas viagens e que tinham se queixado de não ter encontrado ninguém com quem pudessem discutir seus problemas.[27]

Eu sugerira dois alemães como participantes. Claro que um deles era Walter Eucken. O segundo que tive em mente foi o historiador Franz Schnabel.[28] A intenção era — e permanece meu objetivo ainda hoje, embora não tivesse sido inteiramente cumprido — ter um grupo composto não só de economistas puros, mas também de filósofos sociais, juristas e, sobretudo, historiadores. Infelizmente, não foi possível trazer Franz Schnabel à Suíça, mas Eucken veio. Como a maioria dos alemães de sua geração, ele sofreu por causa da barreira linguística, mas seu inglês era pelo menos bom o suficiente para participar das discussões. Ele só falava alemão, e foi uma das minhas maiores satisfações atuar como intérprete de Eucken durante sua sessão e ser elogiado por ele por expressar suas ideias de maneira muito mais bela em inglês do que no alemão original.

A razão pela qual menciono tudo isso é porque Eucken foi muito aclamado nessa conferência. E acredito que o sucesso dele em 1947 — como o único alemão participante de uma conferência acadêmica internacional — contribuiu um pouco, se posso usar esse termo, para a reabilitação dos acadêmicos alemães na cena internacional. Até aquele momento, meus amigos norte-americanos, em particular, tinham perguntado: "Como você se atreve a convidar alemães?". Hoje essa pergunta é difícil de imaginar. Eu me atrevera a fazê-lo, e tive a sorte de encontrar a própria pessoa que foi a estrela da conferência.

De algum modo, a fundação e a primeira conferência da Sociedade Mont Pèlerin, que, acho que tenho o direito de dizer, foi ideia minha, embora recebesse bastante apoio em sua organização, sobretudo de Röpke e também de Mises, constituiu o renascimento de um movimento liberal na Europa.[29] Os norte-americanos me deram a honra de considerar a publicação de *The Road to Serfdom* [1944] como a data decisiva, mas é minha convicção que a iniciativa realmente séria entre os intelectuais de promover a reabilitação da ideia da liberdade pessoal, sobretudo no âmbito econômico, remonta à fundação da Sociedade Mont Pèlerin, em 1947.

Quase ao mesmo tempo da fundação da Sociedade Mont Pèlerin — talvez um ou dois anos depois —, um segundo desenvolvimento no mesmo sentido aconteceu. Um jovem piloto inglês, que retornara da guerra e ganhou muito dinheiro em poucos anos como empreendedor, procurou-me e me perguntou o que ele podia fazer para impedir o preocupante crescimento do socialismo. Tive considerável dificuldade para persuadi-lo de que a propaganda em massa era inútil e que a tarefa consistia em convencer os intelectuais. Para conseguir isso, precisávamos desenvolver uma interpretação econômica facilmente compreensível das precondições da liberdade, o que exigiria a criação de instituições voltadas para aquele segmento da classe média que eu então chamava, em parte maldosamente e em parte jocosamente, os "negociantes de segunda mão de ideias" — um grupo de importância decisiva porque determina o que as massas pensam. Convenci esse homem, Anthony Fisher, da necessidade de criar tal instituição, o que levou à fundação do Institute of Economic Affairs, em Londres. De início, seu progresso foi muito lento, mas hoje não é só muito influente como também serve como modelo para todo um conjunto de instituições comparáveis espalhadas ao redor de toda a metade ocidental do globo, das quais se originam ideias muito sólidas.[30]

Inúmeras informações detalhadas podem ser apresentadas sobre os recentes desenvolvimentos, mas não me debruçarei sobre elas aqui. Porém, gostaria de voltar a um ponto, que é especialmente importante para a Alemanha em particular. Em 1949, na Alemanha, houve uma reação inicial bastante satisfatória logo depois da estabilização da moeda. A Alemanha teve a imensa sorte de possuir — sinto-me tentado a dizer — um homem de talento nato no lugar decisivo. Conheci muitos economistas com sofisticação teórica e *insight* muito maiores, mas jamais conheci outro alguém com um instinto tão seguro para a coisa certa a fazer como

Ludwig Erhard.[31] Ludwig Erhard, que também se tornou membro da Sociedade Mont Pèlerin em uma fase inicial, merece muito maior crédito pelo restabelecimento da sociedade livre na Alemanha do que o crédito que lhe é dado dentro ou fora da Alemanha. Há pouco tomei conhecimento de muitos detalhes sobre isso, porque dois dos meus amigos de Friburgo no Instituto Eucken compilaram uma história ampla dos acontecimentos por volta de 1949. E a avaliação intuitiva que fiz na época será confirmada por essa publicação. Deve-se admitir, porém, que Erhard nunca poderia ter realizado o que realizou sob restrições burocráticas ou democráticas. Foi um momento de sorte, quando a pessoa certa, no lugar certo, estava livre para fazer o que achava certo, embora nunca pudesse ter convencido mais ninguém de que era a coisa certa. Ele mesmo me contou, muito alegre, como, no mesmo domingo em que o famoso decreto sobre a liberação de todos os preços, junto com a introdução do novo marco alemão, estava para ser divulgado, o general Clay, principal comandante militar norte-americano, ligou para ele e lhe disse ao telefone: "Professor Erhard, meus assessores me dizem que o senhor está cometendo um grande erro", ao que, de acordo com seu próprio relato, Erhard respondeu: "Os meus assessores também me dizem isso". A liberação dos preços foi inacreditavelmente bem-sucedida. No tempo que se seguiu, houve, de fato, um esforço mais determinado e consciente para manter um livre mercado na Alemanha do que em qualquer outro país.

Permitam-me repetir algo aqui que eu disse há quatro anos para surpresa da maioria dos ouvintes e para grande satisfação dos interessados, quando tive o prazer de conceder o prêmio Erhard ao professor Schiller.[32] Pelo que sei, Karl Schiller é o homem que, ao lado de Erhard, merece o maior crédito pela manutenção e consolidação da economia de mercado alemã. É bem verdade que até mesmo o Partido Social-Democrata durante algum tempo contribuiu para a manutenção da economia de mercado.

Embora de certo modo eu esteja muito mais confiante na possibilidade da restauração mundial de uma economia de mercado, não estou mais tão confiante no desenvolvimento na Alemanha. Por algum tempo, fiquei com a impressão de que a Alemanha talvez, quase grotescamente, se tornasse o principal modelo mundial do liberalismo clássico. Receio que essa possibilidade esteja agora muito menor. Enquanto jovens ao redor do mundo estão, em grande medida, redescobrindo o liberalismo — me perdoem se emprego esta palavra que se tornou tão desacreditada nos Estados Unidos em seu significado do século XIX: ou seja, como Jefferson entendia esse termo —, e estou muito satisfeito com a evolução dos jovens na Inglaterra, na França e na Itália, minha confiança na contribuição da Alemanha a esse movimento retrocedeu. Até onde consigo julgar, as pessoas na Alemanha não estão mais tão convencidas de que devem tudo ao retorno a uma economia de livre mercado. Antigos sentimentos contrários ao livre comércio, à competição e ao internacionalismo estão de novo vindo à tona. Não tenho mais certeza de o liberalismo alemão estar suficientemente arraigado, como acreditei por um tempo. É importante demais, para o mundo também, que a Alemanha mantenha seu curso liberal. Espero que vocês tenham isso em mente. Todos devem compartilhar dessa preocupação. Em particular, vocês não devem admitir que, em tempos de crise, devam ser abertas exceções aos princípios. A depressão atual nos dirá se o mundo manterá um curso liberal ou não. Vocês todos podem contribuir decisivamente para uma resposta positiva.

ADENDO
TRIBUTO A RÖPKE[33]

Após ter seguido caminhos paralelos por mais de trinta anos, e por quase quarenta anos ter lutado pelos mesmos ideais e enfrentando as mesmas tarefas e problemas de acordo com sua capacidade e disposição pessoal, não acho fácil retratar em sua singularidade a figura do companheiro combatente e parceiro de idade. Absorvemos inconscientemente aquilo que se encaixa em nosso próprio pensamento em uma determinada fase, quando um amigo e companheiro combatente descobre a solução e a resposta certa para os problemas que tentamos resolver por nós mesmos! Quantas vezes aconteceu de Wilhelm Röpke expressar vividamente o que ainda era teoria cinzenta para o resto de nós ou quando ainda não tínhamos descoberto como converter um princípio geral em uma resposta pertinente para o problema do momento!

Os mais jovens que ele registrarão algum dia o quanto aprenderam com Röpke, quão grande foi seu impacto sobre o pensamento de uma nova geração e a quais dons ele devia sua liderança intelectual. Para um contemporâneo, ele representa, acima de tudo, um destino comum e uma tarefa comum — uma evolução ao longo da qual nossa visão comum do mundo aos poucos tomou forma, sem realmente podermos dizer em retrospecto aquilo com que cada um de nós contribuiu para ela.

A geração que começou a estudar economia e sociedade no final da Primeira Guerra Mundial estava à procura, em primeiro lugar, de conhecimento econômico genuíno. Como era de se esperar de pessoas procurando por uma base sólida, encarávamos os problemas técnicos da teoria econômica como nossa preocupação primordial e o avanço dessa disciplina como nossa tarefa principal. Na verdade, era uma época em que era fundamental conseguir o reconhecimento do pensamento teórico e, especialmente, participar da construção de uma melhor estrutura técnica. Naquele momento, na Alemanha, a teoria econômica era praticamente uma nova descoberta, e o entusiasmo por uma disciplina recém-descoberta podia explicar a crença dos jovens acadêmicos de que nada podia contribuir mais para a cura dos males da humanidade do que dar às pessoas uma melhor compreensão da Economia. Esse conhecimento é indispensável para qualquer discussão confiável sobre os problemas de longo alcance da organização social.

O nome de Röpke chamou minha atenção em Viena pela primeira vez como o de um dos poucos jovens economistas alemães interessados seriamente em questões teóricas. Quando nos conhecemos pouco depois, a base para um contato mais próximo foi, sobretudo, seu domínio de questões abstratas de teoria monetária, nas quais estávamos interessados em Viena. No entanto, Röpke percebeu, desde cedo, talvez mais cedo do que a maioria dos seus contemporâneos, que um economista que não é nada além de um economista não pode ser um bom economista. Este é o local adequado para mencionar a influência sobre todos nós de um homem da geração imediatamente precedente, que era um jovem professor quando éramos estudantes, e cuja obra decisiva tinha acabado de ser publicada quando concluímos os nossos estudos. Em *Gemeinwirtschaft*,[34] que surgiu em 1922, Ludwig von Mises demonstrou como o pensamento econômico pode servir como base para uma filosofia social abrangente e dar respostas para os problemas prementes da época. Independentemente do seu sucesso em nos convencer de imediato, a decisiva influência de sua obra determinou em grande medida o desenvolvimento comum de nossa geração, mesmo para aqueles de nós que se voltaram para os problemas genéricos somente em uma fase posterior.

Na década de 1920, que pequeno grupo de pessoas estava pronto para ter fé na liberdade como questão de princípio; como era pequena a quantidade daqueles que entendiam que a objetividade científica podia se conciliar com uma devoção sincera a um ideal e que todo o conhecimento em questões sociais podia ser fecundo, unicamente ligado à coragem das convicções! O envolvimento apaixonado de Röpke com o que estava acontecendo ao seu redor o tornou um exemplo luminoso em tempos de perigo, e não muito depois ele foi um dos primeiros que assumiram o fardo do exílio por convicção.[35] Independentemente das perdas daqueles da nossa geração destinados a ser jogados ao mundo por causa desse destino, eles não necessariamente se sentiram desenraizados. Se agora existe mais uma vez algo como um ideal comum de liberdade no mundo ocidental — ou se esse ideal está em processo de desenvolvimento —, essa errância forçada constituiu uma das precondições mais importantes para seu renascimento.

Seria presunçoso discutir as qualidades de um contemporâneo no auge de seu vigor criativo, quando suas capacidades recebem reconhecimento pleno do mundo ao seu redor. O papel de Röpke no desenvolvimento intelectual do nosso tempo deve ser julgado pela posteridade. Mas me permitam pelo menos enfatizar um dom específico pelo qual nós, seus colegas, o admiramos especialmente, talvez porque seja muito raro entre acadêmicos: sua coragem, sua coragem moral. O que tenho em mente aqui não é tanto sua exposição consciente ao perigo, embora Röpke também não se esquive disso. Mas me refiro particularmente à coragem de se opor a preconceitos populares, que são compartilhados por pessoas bem-intencionadas, progressistas, patrióticas ou idealistas em um dado momento. Há poucas tarefas mais desagradáveis do que assumir uma posição contra movimentos que são conduzidos por uma onda de entusiasmo e aparecer como um alarmista apontando perigos quando os entusiastas enxergam apenas boas perspectivas. Imagino que para um filósofo social com ideias próprias não haja qualidade mais valiosa do que a coragem moral de ficar sozinho em suas convicções e se expor não só a ataques, mas também a suspeitas e difamações. Essa é a coragem que Röpke demonstrou como jovem, em um momento em que ele ainda não tinha consolidado sua reputação e sua posição. É uma coragem que ele continua a demonstrar quando não hesita em desapontar seus seguidores e admiradores e quando é tão sincero em revelar as ilusões da sexta década do século XX quanto foi em lidar com as ilusões da década de 1920. Por isso, ele merece, talvez, ainda maior respeito.

Poucos acadêmicos têm sorte suficiente de exercer uma influência muito além do seu círculo profissional até o ponto que Röpke exerceu. Como essa influência é muitas vezes obtida à custa da simplificação indevida, deve ser enfatizado que ele jamais evitou as dificuldades intelectuais. Seus textos, embora destinados a um público mais amplo,[36] oferecem tanto estímulo para seus colegas de profissão como para o leigo. O fato de que ele nem sempre, e em todos os aspectos, concorda com o que é considerado particularmente "científico" em dado momento, como muitos de nossa geração, é outra questão. Alguém costuma ser mais realista e estar em contato mais próximo da realidade nas ciências sociais quando não se limita aos fatos que são mensuráveis e quantificáveis. Há também um âmbito intermediário entre a teoria "pura" e questões de política prática, em que a abordagem sistemática é pelo menos tão útil quanto na teoria pura. Não vamos tentar resolver a questão de se a "economia política", como costumava ser chamada, requer talvez ainda maiores dons do que a teoria pura. Uma coisa é certa: Wilhelm Röpke é dotado incomumente desses dons especiais e, graças a esses dons, ele tem tido sucesso incomum em sustentar para nós um ideal pelo qual lutar.

ADENDO
TEORIA DE RÖPKE SOBRE A FORMAÇÃO DE CAPITAL[37]

O presente livreto da conhecida série contém uma palestra que foi acolhida com grande interesse quando seu autor, Wilhelm Röpke, a proferiu na *Nationalökonomischen Gesellschaft* (Sociedade Econômica) em Viena. Com sua costumeira clareza e facilidade de expressão, ele oferece um excelente estudo das questões mais importantes dessa área (isto é, formação de capital), uma área que é, como ele sublinha, bastante negligenciada apesar de sua importância. Sua Introdução defende uma divisão — que é bastante apropriada em termos tanto de agrupamento quanto de terminologia — dos tipos de formação de capital de acordo com suas fontes na economia real ou monetária. O segundo deles pode novamente ser dividido em poupança, formação de capital de risco ("autofinanciamento") e os dois tipos de "acumulação forçada de capital", isto é, por meio de gestão fiscal e política monetária.

A investigação desses diferentes tipos leva Röpke à conclusão — que vale a pena levar a sério hoje — de que a poupança, no sentido mais estrito, ainda representa não só a fonte principal como também a única não objetável de acumulação de capital. Para mim, porém, Röpke parece ser um pouco flexível demais quanto à acumulação forçada de capital por meio da política monetária, que ele também, incorretamente, parece-me, considera eficaz apenas quando a criação de crédito provoca um aumento dos preços, embora, obviamente, toda alocação de crédito recém-criado para fins produtivos aumente temporariamente a demanda por bens produtivos em relação à demanda por bens de consumo, e, por conseguinte, efetue um aumento de capital.

Depois disso, Röpke investiga de maneira muito instrutiva as razões individuais para a escala de poupança, distinguindo entre a disposição e a capacidade de poupar, e, assim, evitando certas confusões que costumam acontecer. (O diagrama [que ele apresenta] mostrando a relação desses dois fatores poderia, talvez, ter ficado mais claro pela introdução prática de uma terceira dimensão.) Especialmente bem-sucedidas aqui são suas explicações concisas das respectivas relações entre prosperidade pública, renda e divisão de bens e atividade de poupança, questões que só podem ser mencionadas aqui sem a tentativa de reproduzir o conteúdo.

No último capítulo, Röpke retoma brevemente a questão muito controversa de saber se é possível poupar muito. Na medida em que ele está se referindo aqui às consequências perigosas da formação de capital através da política monetária, o que ele afirma obviamente deve ser acordado sem reservas. No entanto, é mais questionável se — como o autor sugere — até mesmo a formação voluntária de capital pode levar a uma sobrecapitalização que, com o tempo, provoca uma crise. Porém, para além das considerações teóricas, há que se ter em mente do mesmo modo a possibilidade, como Röpke também admite, de que poderia haver uma poupança excessiva no sentido de que a economia como um todo "troque uma utilidade marginal presente maior por uma futura menor". Como comparações interpessoais de utilidades são em princípio impossíveis, tal julgamento pode, porém, ser preferido apenas com base em uma meta especificada da política econômica, e nunca — com validade objetiva — independentemente de tal meta.

O estudo é rico em ideias sobre problemas correntes importantes como, principalmente, o de empréstimos estrangeiros e o de conexões entre formação de capital e tributação, e também, por esse motivo, merece ser divulgado além dos estreitos círculos profissionais.

ADENDO
HALLOWELL E O DECLÍNIO DO LIBERALISMO COMO IDEOLOGIA[38]

Poucos estudos na história das ideias podem ser mais interessantes e instrutivos que um relato muito bom sobre o declínio do liberalismo na Alemanha — declínio este que começou antes que tivesse criado raízes fora do âmbito da teoria e intimamente ligado com o fato de que o liberalismo na Alemanha não veio antes que o nacionalismo e o socialismo, mas ao mesmo tempo. Elaborar esse estudo seria uma tarefa de considerável magnitude que ninguém sem um conhecimento muito íntimo da história alemã e das ideias alemãs deveria empreender. Não é evidente que o autor do breve estudo diante de nós possui muitas das qualificações requeridas — pelas quais não se espera em uma tese de doutorado. Em grande medida, ele se limita aos aspectos jurídicos do seu problema, a elaboração e a transformação do conceito de *Rechtsstaat* (Estado de Direito), e não há razão para discutir com ele por conta disso; trata-se de um assunto grande o suficiente para uma monografia valiosa de um autor completamente familiarizado com ele e com um conhecimento não limitado a esse campo específico. Mas embora nosso presente autor perceba alguns dos problemas reais, há mais evidências de dependência de algumas autoridades secundárias, como E. Troeltsch, H. Heller e alguns artigos da *Encyclopaedia of the Social Sciences*, do que de estudos abrangentes de autoridades originais. Mesmo esses autores, como Fichte ou Mazzini, são frequentemente citados em segunda mão, e, portanto, não surpreende que, por exemplo, Fichte, por causa de suas visões liberais iniciais, seja defendido contra a descrição "injusta" como precursor ideológico dos nacional-socialistas (é o caso de perguntar se o autor já leu *Geschlossene Handelsstaat*[39]). De modo geral, o resultado não é muito mais do que resumos de pontos de vista de compêndios que, embora descrevam tendências importantes, os tornam um pouco mais inteligíveis do que eram antes.

Assim como no lado histórico, no lado conceitual existem muitos sinais de que o autor atacou problemas importantes e com um instinto seguro, mas com meios bastante inadequados e antes que ele tivesse obtido clareza suficiente sobre o que exatamente ele quer dizer com os termos empregados. Isso é bem demonstrado por dois dos problemas centrais do estudo: a influência do positivismo e o efeito da formalização das leis. Que o "declínio do liberalismo corresponde ao grau pelo qual os pensadores liberais aceitaram o positivismo" é uma observação justa e significativa, ou mesmo original. Porém, a elaboração do argumento é invalidada pela ambiguidade do termo "positivismo" como ele é utilizado, que parece abranger uma variedade de atitudes intelectuais diferentes e não necessariamente relacionadas. Quanto ao conceito de lei "formal", a ambiguidade é ainda mais séria; o termo surge para ser utilizado para descrever dois aspectos da lei que são certamente diferentes e talvez às vezes até contraditórios; por um lado, o fato de que uma regra foi imposta pelo dispositivo constitucional apropriado e, por outro, que é uma regra geral verdadeira destinada à aplicação em pessoas ainda desconhecidas, em circunstâncias que não podem ser previstas em detalhes, e, a esse respeito, diferente de qualquer medida legislativa concebida para alcançar um fim específico.

Não podemos dizer que o propósito ambicioso exposto no Prefácio, "verificar *quando* e *como* o liberalismo como ideologia se tornou decadente", foi alcançado por esse estudo. No entanto, ele pode servir para chamar a atenção para certos aspectos limitados de um grande problema que com certeza merece análise, mas sobre o qual uma grande quantidade de trabalho minucioso, desconhecido para o autor, já foi feito, e muito mais ainda terá de ser feito antes que um estudo abrangente como o presente possa ser tentado com melhor perspectiva de sucesso.[40]

CAPÍTULO 8

Os historiadores e o futuro da Europa[1]

Se seremos capazes de reconstruir algo como uma civilização europeia comum depois dessa guerra será decidido acima de tudo pelo que acontecer nos anos imediatamente subsequentes a ela. É possível que os acontecimentos que acompanharão o colapso da Alemanha causem uma destruição capaz de excluir toda a Europa Central por gerações ou talvez permanentemente da órbita da civilização europeia. Parece improvável que, se isso acontecer, os eventos possam ficar limitados à Europa Central; e se o destino da Europa deve ser a recaída na barbárie, ainda que, no final das contas, uma nova civilização possa emergir disso, é pouco provável que esse país escape das consequências. O futuro da Inglaterra está ligado ao futuro da Europa, e, gostemos ou não, o futuro da Europa será em grande medida decidido por aquilo que vai acontecer na Alemanha. Nossos esforços, pelo menos, devem ser direcionados para reconquistar a Alemanha para aqueles valores sobre os quais a civilização europeia foi construída e que sozinhos podem constituir a base de onde podemos avançar para a realização dos ideais que nos guiam.

Antes que consideremos o que podemos fazer para esse fim, é importante tentar elaborar um quadro realista do tipo de situação intelectual e moral que devemos esperar encontrar em uma Alemanha derrotada. Se algo é certo é que, mesmo após a vitória, não teremos o poder de fazer com que o derrotado pense como desejaríamos; que não seremos capazes de fazer mais do que ajudar qualquer desenvolvimento promissor; e que quaisquer iniciativas desastradas de proselitismo podem gerar resultados opostos àqueles que visamos. Duas visões extremas ainda podem ser ouvidas, que são igualmente ingênuas e enganosas: por um lado, que todos os alemães estão igualmente corrompidos e que, portanto, apenas a educação completa de uma nova geração imposta a partir do exterior poderá mudá-los; ou, por outro lado, que as massas alemãs, uma vez livres dos seus atuais líderes, adotarão rápida e prontamente visões políticas e morais semelhantes às nossas. Sem dúvida, a situação será mais complicada do que a sugerida por qualquer uma dessas visões. Quase certamente encontraremos um deserto moral e intelectual, mas com muitos oásis, alguns excelentes, porém quase completamente isolados uns dos outros. A característica marcante será a ausência de qualquer tradição comum — além daquela de oposição aos nazistas e, provavelmente, também ao comunismo — e de quaisquer crenças comuns; um grande desencanto sobre o que pode ser alcançado positivamente pela ação política. De qualquer maneira, de início haverá alguma boa vontade, mas nada provavelmente será mais perceptível do que a impotência das boas intenções sem o elemento unificador das tradições morais e políticas comuns que admitimos como naturais, mas que, na Alemanha, um rompimento total de doze anos destruiu com uma profundidade que poucas pessoas nesse país podem imaginar.

Por outro lado, devemos estar preparados não só para encontrar um nível intelectual elevadíssimo em alguns dos oásis que foram preservados como também para descobrir que muitos alemães aprenderam lições que nós ainda não entendemos, e que algumas das nossas concepções parecerão para suas mentes calejadas pela experiência muito ingênuas e *simplistas*. Por mais tolhida que a discussão estivesse sob o regime nazista, ela não parou; e das poucas amostras de obras alemãs do tempo de guerra que pude observar (e da lista completa de livros publicados na Alemanha que consegui recentemente examinar), tive a impressão de que o nível intelectual da discussão acadêmica de problemas sociais e políticos no tempo de guerra pelo menos não é menor do que neste país — decerto porque muitos dos melhores alemães foram impedidos ou voluntariamente se excluíram de participação direta no esforço de guerra.

Será sobre os alemães que seguiram em frente dessa maneira — não proporcionalmente à população da Alemanha, mas bastante numerosa em comparação com a quantidade de pessoas que pensam por conta própria em qualquer país — que nossas esperanças devem repousar, e é para eles que devemos dar toda ajuda possível. A tarefa de encontrá-los e ajudá-los sem ao mesmo tempo desacreditá-los com o seu próprio povo será a mais difícil e delicada. Para que esses homens consigam fazer com que as suas opiniões prevaleçam, eles precisarão de certo grau de apoio moral e material do exterior. No entanto, eles necessitarão de quase tanta proteção contra tentativas bem-intencionadas, mas imprudentes, de usá-los pela máquina governamental criada pelas potências vitoriosas. Embora eles devam estar ansiosos para restabelecer conexões e obter a boa vontade de pessoas de outros países com quem compartilham ideais comuns, relutarão justificadamente em se tornar instrumentos do aparelho governamental dos vencedores. A menos que oportunidades sejam deliberadamente criadas para o encontro como pessoas iguais de ambos os lados que compartilham certos ideais básicos, não é provável que esses contatos sejam restabelecidos em pouco tempo. Todavia, durante muito tempo, essas oportunidades só poderão ser criadas pela iniciativa desse lado. E para mim parece certo que isso precisa acontecer por meio dos esforços de indivíduos singulares, e não por meio de agências governamentais, para que tais esforços tenham efeitos benéficos.

Haverá muitas direções pelas quais os contatos internacionais entre indivíduos e grupos poderão ser deliberadamente restabelecidos com efeitos benéficos. Provavelmente será mais fácil, e se desenrolará mais rápido, entre os grupos políticos da esquerda. Mas esses contatos não devem ficar limitados a grupos partidários, e se ficarem restritos por algum tempo a grupos políticos da esquerda isso será bastante lamentável sob todos os pontos de vista. Se na Alemanha uma perspectiva mais cosmopolita se tornar mais uma vez, como foi em grande medida no passado, uma prerrogativa da esquerda, isso poderá contribuir para levar grandes grupos do centro de novo na direção de uma atitude nacionalista. Será uma tarefa mais difícil, mas de certa forma ainda mais importante, ajudar na retomada de contatos entre esses grupos quando alinhamentos existentes na política interna não proporcionarem simultaneamente os canais. E há tarefas pelas quais qualquer agrupamento nas linhas da política partidária seria um obstáculo definitivo, embora um mínimo de acordo sobre ideais políticos seja fundamental para qualquer colaboração.

Quero esta noite falar mais especificamente sobre o papel que os historiadores podem desempenhar nessa conexão — e por historiadores quero dizer realmente todos os estudiosos da sociedade, passada e presente. Não pode haver nenhuma dúvida de que, no que é chamado de "reeducação do povo alemão", os historiadores desempenharão no final das contas um papel decisivo, exatamente como desempenharam na criação das ideias que regem a Alemanha hoje. Sei que é difícil para o povo inglês avaliar como é grande e direta a influência do trabalho acadêmico desse tipo na Alemanha, e como os alemães levam a sério seus professores — quase tão a sério quanto os próprios professores se levam. O papel que os historiadores políticos alemães do século XIX desempenharam na criação da veneração do Estado forte e nas ideias expansionistas que criaram a Alemanha moderna não pode ser subestimado. De fato, foi "aquela guarnição de historiadores ilustres", sobre os quais lorde Acton[2] escreveu em 1886, "que preparou a supremacia prussiana junto com os seus, e agora mantém Berlim como uma fortaleza", que criou as ideias "pelas quais a força bruta concentrada em uma região mais hostil que o Lácio foi empregada para absorver e endurecer o talento difuso, sentimental e estranhamente imprudente dos alemães estudiosos".[3] De fato, não havia, para citar lorde Acton novamente, "provavelmente ... nenhum grupo considerável em menor harmonia com os nossos sentimentos ao abordar o estudo da História do que aquele representado principalmente por Sybel,[4] Droysen[5] e Treitschke[6], com Mommsen[7], Gneist,[8] Bernhardi[9] e Dunker[10] no flanco", e tão dado "aos aforismos que custa demais para o mundo reverter".[11] E não por acaso também foi Acton, o historiador, que, apesar de toda a sua admiração por muita coisa da Alemanha, fez, há cinquenta anos, a seguinte previsão sobre o imenso poder construído por mentes muito capazes, sobretudo em Berlim: "[é] o maior perigo que resta a ser enfrentado pela raça anglo-saxã".

Embora eu não possa tentar aqui traçar pormenorizadamente as maneiras pelas quais o ensino dos historiadores ajudou a produzir as doutrinas que regem a Alemanha hoje, vocês deverão concordar comigo que essa influência foi muito grande. Mesmo algumas das características mais repulsivas da ideologia nazista remontam aos historiadores alemães que Hitler provavelmente nunca leu, mas cujas ideias dominaram a atmosfera na qual ele cresceu. Isso é verdade sobretudo em relação a todas as doutrinas raciais, que, embora eu acredite que tenham sido adotadas pelos historiadores alemães antes dos franceses, foram desenvolvidas principalmente na Alemanha. Se eu tivesse tempo poderia mostrar como, sob outros aspectos, também acadêmicos de fama internacional como Werner Sombart ensinaram uma geração atrás o que, para todos os efeitos, é o mesmo que as doutrinas nazistas posteriores. E posso acrescentar, a fim de não atribuir toda a culpa aos historiadores, como, em um campo afim, meus próprios colegas de profissão, os economistas, tornaram-se de bom grado os instrumentos de aspirações nacionalistas extremas, de modo que, por exemplo, o almirante Tirpitz, quando, quarenta ou cinquenta anos atrás, achou os grandes industriais bastante mornos na recepção de sua política naval, conseguiu o apoio dos economistas para convencer os capitalistas das vantagens das suas ambições imperialistas.[12]

Porém, resta pouca dúvida de que a influência dos historiadores apropriados foi a mais importante; e há mais de uma razão por que parece provável que no futuro a influência da história para o bem ou para o mal será ainda maior do que foi no passado. A ruptura completa na continuidade da maioria das tradições deverá produzir um retorno à história em busca de tradições que propiciem uma base para desenvolvimentos futuros. Haverá uma grande quantidade de história a ser escrita sobre a maneira pela qual todos os infortúnios aconteceram, questões pelas quais o público vai se interessar apaixonadamente e que quase obrigatoriamente se tornarão objeto de disputas políticas.

Do nosso ponto de vista, há um motivo adicional pelo qual é desejável urgentemente que os alemães sejam levados a reexaminar a história recente e levar em conta certos fatos dos quais a maioria deles ainda não tem conhecimento. A imagem da história recente não só das massas do povo alemão, mas também de quase todos na Alemanha, será de fato o efeito da propaganda nazista mais difícil de remover. É de grande importância que lembremos que muitos dos fatos que foram decisivos na formação da nossa opinião sobre a responsabilidade alemã e o caráter alemão serão desconhecidos para a maioria dos alemães ou estarão tão levemente fixados em suas lembranças que terão pouco peso. Apesar de muitos alemães estarem prontos para admitir que os Aliados têm razão para desconfiar deles e insistir em precauções abrangentes contra outra agressão alemã, mesmo o mais razoável entre eles logo se indisporá contra o que parecerão ser restrições excessivas a lhes serem impostas, a menos que venham a se dar conta da extensão total do dano que infligiram à Europa. Após a última guerra, o abismo que separava os respectivos pontos de vista dos dois grupos beligerantes sobre os fatos que mais reprovavam um no outro nunca foi superado. A disposição admirável para esquecer, demonstrada pelo menos pelos ingleses, acarretou que, logo após a última guerra, quase tudo que não se encaixava na imagem alemã foi rejeitado como "histórias de atrocidade". Podemos muito bem achar de novo que nem todos os relatos sobre os alemães que chegaram a nós durante a guerra eram verdadeiros. Mas essa é simplesmente outra razão para um reexame cuidadoso de todos os fatos; uma triagem do que é certamente estabelecido a partir de meros rumores. Seguir a tendência natural de deixar o passado para trás e não limpar a lama do período nazista seria fatal para a perspectiva de qualquer entendimento real com os alemães. Não se deve permitir que os fatos mais desagradáveis da história recente da Alemanha sejam esquecidos antes que os alemães reconheçam sua verdade para si mesmos. O ar de inocência ferida com o qual a maioria dos alemães reagiu ao acerto de contas após a última guerra se deveu, em grande medida, à ignorância verdadeira das acusações pelas quais foram considerados culpados na época por quase todos nos países vitoriosos.

 Tudo isso terá que ser discutido, e certamente será discutido por políticos mal informados e por meio de recriminações. Mas se, em vez de novas causas de conflitos futuros, emergir algo como uma visão comum, isso dependerá de essas questões não serem deixadas inteiramente a cargo de discussões partidárias e paixões nacionalistas, mas que sejam consideradas com espírito mais desapaixonado por homens que desejem acima de tudo encontrar a verdade. Se na Alemanha, em particular, o resultado dessas discussões serão novos mitos políticos ou algo parecido com a verdade dependerá, em grande parte, da escola de historiadores que atrairá a atenção das pessoas. Eu não tenho dúvida de que o trabalho que determinará a futura opinião alemã virá de dentro da Alemanha, e não de fora. A sugestão que se pode ouvir agora de que os vencedores produzirão os compêndios nos quais as futuras gerações de alemães se educarão me parece lamentavelmente tola. Tenho certeza de que tal tentativa produziria o efeito contrário do que é desejado. Nenhum credo oficialmente imposto, nenhuma história escrita para agradar outra autoridade no lugar daquela, no interesse do qual tanta história alemã foi escrita no passado, muito menos uma inspirada por governos estrangeiros (ou por emigrantes), pode esperar ganhar crédito ou influência duradoura com o povo alemão. O melhor que podemos esperar, e tudo em que nós, de fora, podemos trabalhar de forma útil, é que a história que influenciará o rumo das opiniões alemãs seja escrita em um esforço sincero de descobrir a verdade, não subserviente a nenhuma autoridade, nação, raça ou classe. Acima de tudo, a história deve deixar de ser um instrumento de política nacional.

Na Alemanha, o mais difícil a recriar será a crença na existência de uma verdade objetiva, da possibilidade de uma história que não seja escrita a serviço de um interesse específico. Acredito que será onde a colaboração internacional, se for a colaboração entre indivíduos livres, poderá ser de grande valor. Demonstraria a possibilidade de acordo independentemente de lealdades nacionais. Seria particularmente eficaz se os historiadores dos países mais afortunados dessem o exemplo de não hesitarem em criticar seus próprios governos sempre que necessário. O desejo por reconhecimento e o incentivo de seus próprios colegas de outros países é, talvez, a maior salvaguarda contra a corrupção dos historiadores pelos sentimentos nacionalistas, e quanto mais próximo os contatos internacionais, menor será o perigo — assim como é quase certo que o isolamento tenha o efeito contrário. Lembro-me muito bem de como depois da última guerra a expulsão de todos os alemães de determinadas sociedades científicas e sua exclusão de determinados congressos científicos internacionais estiveram entre as maiores forças que conduziram muitos acadêmicos alemães ao campo nacionalista.

Assim, mesmo no que diz respeito à mera supremacia da verdade no ensino histórico das futuras gerações de alemães, o restabelecimento de contatos com outros historiadores teria muito valor, e quaisquer meios que possamos criar para esse propósito terá um papel bastante útil a desempenhar. No entanto, por importantíssima que seja a estrita adesão à verdade, não acredito que seja suficiente para impedir que a história venha a ser desvirtuada em seus ensinamentos. Aqui, devemos fazer uma distinção entre pesquisa histórica apropriada e historiografia, ou seja, a exposição da história para as pessoas em geral.[13] Estou agora chegando a um assunto muito delicado e bastante polêmico, e, provavelmente, serei acusado de contradizer muito do que acabei de dizer. Estou convencido, todavia, de que nenhum ensino histórico pode ser eficaz sem transmitir julgamentos implícitos ou explícitos, e que seus efeitos dependerão em grande medida dos padrões morais aplicados. Mesmo se o historiador acadêmico tentar manter sua História "pura" e rigorosamente "científica", para o público em geral serão escritas histórias que farão julgamentos e, por esse motivo, terão uma maior influência. De fato, considero que se os historiadores alemães que valorizaram a verdade acima de tudo tiveram muito menos influência do que seus colegas mais políticos, e se mesmo a influência dos primeiros não foi em uma direção muito diferente da dos segundos, isso se deveu em grande parte à sua extrema neutralidade ética, que tendeu a "explicar" — e, portanto, pareceu justificar — tudo pelas "circunstâncias da época", e que teve medo até de chamar preto de preto ou branco de branco. Foram esses historiadores científicos, tanto quanto seus colegas políticos, que inculcaram nos alemães a crença de que os atos políticos não podem ser medidos por padrões morais, e até de que os fins justificam os meios. Não vejo por que o respeito mais perfeito pela verdade seja de algum modo incompatível com a aplicação de padrões morais bastante rigorosos em nosso julgamento dos acontecimentos históricos, e para mim parece que aquilo que os alemães precisam, e aquilo que no passado lhes teria feito todo o bem do mundo, é uma forte dose do que agora é moda chamar de "história Whig", história da qual lorde Acton é um dos últimos grandes representantes. O futuro historiador deve ter coragem de dizer que Hitler era um homem mau, ou então o tempo que ele gasta para "explicar" Hitler só servirá para a glorificação de seus crimes.

É provável que no trato de certos padrões comuns de julgamento moral a colaboração através das fronteiras possa contribuir bastante — sobretudo onde temos de lidar com um país em que as tradições foram tão desarticuladas e os padrões tão rebaixados como na Alemanha dos anos recentes. Ainda mais importante, porém, é que a colaboração será possível apenas com aqueles — ou, pelo menos, que deveríamos estar dispostos a colaborar apenas com aqueles — que estão prontos a aceitar determinados padrões morais, e que em seu trabalho aderiram a eles. Deve haver certos valores comuns além da sacralidade da verdade: pelo menos, um acordo pelo qual as regras comuns da decência moral sejam aplicadas à ação política, e além disso, também um certo acordo mínimo referente aos ideais políticos mais gerais. Provavelmente, os ideais precisam ser não mais do que uma crença comum no valor da liberdade individual; uma atitude afirmativa em relação à democracia sem nenhuma deferência supersticiosa a todas as suas aplicações dogmáticas, especialmente sem tolerar a opressão das minorias mais do que a das maiorias; e, finalmente, uma oposição igual a todas as formas de totalitarismo, quer seja de direita ou de esquerda.

No entanto, embora pareça que nenhuma colaboração seria possível a menos que se baseasse em um acordo referente a um conjunto comum de valores, num tipo de programa acordado, pode-se duvidar que algum programa elaborado para esse propósito seria propenso a servir a esse fim. Nenhuma exposição sumária, por mais habilmente elaborada, é provável que dê expressão satisfatória ao conjunto de ideais que tenho em mente, ou teria muita chance de unir um considerável grupo de acadêmicos. Ao que tudo indica, muito mais eficaz do que esse tipo de programa concebido *ad hoc* seria alguma grande figura que personifique, em um grau especialmente elevado, as virtudes e os ideais a que essa associação teria de atender, e cujo nome poderia servir como uma bandeira sob a qual os homens que estão de acordo poderiam se unir.

Creio que há um grande nome disponível, que preenche os requisitos de maneira tão perfeita como se ele tivesse sido criado para o propósito: estou pensando em lorde Acton. A sugestão que quero apresentar para vocês é que uma "Sociedade Acton" pode constituir o órgão mais adequado para ajudar nas tarefas dos historiadores deste país e da Alemanha, e talvez de outros países, que procurei esboçar. Existem diversas características unidas na figura de lorde Acton que o tornam quase singularmente adequado como um símbolo. Ele era, é claro, meio alemão pela educação e mais do que meio alemão em sua formação como historiador, e os alemães, por essa razão, consideram-no quase como um deles. Ao mesmo tempo, ele une, como talvez nenhuma outra figura recente, a grande tradição liberal inglesa com o melhor que existe na tradição liberal da Europa continental — sempre empregando o termo "liberal" em seu sentido verdadeiro e abrangente, não, como lorde Acton expressou, para os "defensores das liberdades secundárias", mas para aqueles para quem a liberdade individual é de valor supremo, e "não um meio para um fim político maior".[14]

Se, para nós, lorde Acton talvez às vezes pareça errar pelo extremo rigor com que aplica padrões morais universais a todas as épocas e condições, isso é muito positivo quando a simpatia com sua perspectiva geral deve ser um teste de seleção. Não conheço outro personagem sobre a qual possamos dizer com igual segurança que, se depois da guerra descobrirmos que um acadêmico alemão concorda sinceramente com seus ideais, ele é o tipo de alemão com o qual nenhum inglês precisa se sentir relutante em apertar as mãos. A despeito de tudo que lorde Acton recebeu da Alemanha, considero que é possível afirmar que ele não só era mais livre do que muitos ingleses puros de tudo que odiamos nos alemães, mas também discernira os aspectos perigosos do desenvolvimento alemão antes e mais claramente do que a maioria das outras pessoas.

Antes que eu fale mais sobre a filosofia política de Acton, gostaria de mencionar uma ou duas outras vantagens que seu nome parece reunir para o nosso propósito. Uma é que Acton era católico, até mesmo católico devoto, embora um que, em questões políticas, sempre preservou independência completa de Roma e nunca se retraiu no uso de todo o rigor de seus padrões morais no julgamento da história da instituição que ele mais reverenciava: a Igreja Católica Romana. Para mim, isso parece muito importante: não só porque, se uma perspectiva mais liberal deve ser promovida entre as grandes massas que não são de "direita" nem de "esquerda", tal iniciativa deve evitar cuidadosamente a atitude hostil contra a religião, característica de boa parte do liberalismo da Europa continental, que fez muito para levar para a oposição uma grande quantidade de pessoas decentes em relação a qualquer tipo de liberalismo. Ainda mais importante é que, entre a oposição real a Hitler na Alemanha, os católicos desempenharam um papel tão importante que nenhuma organização, sem ser ela mesma católica romana, que não tenha pelo menos esse caráter que possibilite a colaboração de católicos devotos pode esperar ganhar influência entre os grandes setores médios dos quais o sucesso de suas iniciativas tanto dependerá. Do pouco que se pode saber da literatura alemã da época da guerra, parece que o espírito do liberalismo que ainda pode ser encontrado na Alemanha se manifesta sobretudo entre os setores católicos. No que tange mais especificamente aos historiadores, quase certamente é verdade que pelo menos alguns dos historiadores católicos romanos (estou pensando sobretudo em Franz Schnabel e sua obra *Deutsche Geschichte im neunzehnten Jahrhundert*) se mantiveram mais livres do veneno do nacionalismo e da veneração do Estado forte do que a maioria dos outros historiadores alemães.

Outra razão que torna provável que a filosofia política de lorde Acton tenha grande apelo para muitos alemães no estado de espírito em que vão estar depois dessa guerra é a extraordinária popularidade de que, de acordo com todos os sinais, os textos de Jakob Burckhardt[15] estão desfrutando na Alemanha hoje. Burckhardt, ainda que se diferencie da Acton em seu profundo pessimismo, tem muito em comum com ele, sobretudo a ênfase sempre reiterada sobre o poder como o maior mal, a oposição ao centralismo e a simpatia pelo Estado pequeno e multinacional. De fato, pode ser desejável juntar ao nome de Acton, embora não no nome, mas no programa da sociedade, não só o nome de Burckhardt, mas também do grande historiador francês que tem tanto em comum com ambos: Tocqueville.[16] Em conjunto, esses três nomes indicam provavelmente ainda melhor do que o nome único de Acton o tipo de ideais políticos básicos sob cuja inspiração a história pode dar à Europa do futuro a reeducação política que ela necessita — talvez porque, mais do que ninguém, esses três homens seguiram a tradição do grande filósofo político que, como Acton disse, "no seu melhor foi a Inglaterra no seu melhor": Edmund Burke.

Se eu fosse tentar justificar completamente a minha escolha de lorde Acton como principal nome segundo o qual tal iniciativa poderia ser tentada, deveria ter que dar uma descrição de seus aforismos históricos e de sua filosofia política. Mas embora fosse uma tarefa que valeria a pena tentar (e, de forma significativa, foi tentada recentemente por um acadêmico alemão[17]), não pode ser realizada em poucos minutos. Tudo o que posso fazer é ler para vocês de minha antologia privada de Acton alguns trechos que expressam de forma sucinta algumas convicções características, ainda que uma seleção desse tipo dará uma impressão algo parcial e, no sentido indesejável, muito "política".

Posso ser muito sucinto sobre a noção de história de Acton. "Minha noção de história", ele escreveu, "é de uma coisa igual para todos os homens, não aberta para abordagem de pontos de vista especiais e exclusivos". Isso implica, claro, não só a singularidade da verdade, mas também a crença de Acton na validade universal dos padrões morais. Nesse contexto, recordarei o conhecido trecho da Aula Inaugural em que ele diz:

> O peso da opinião está contra mim quando os exorto a nunca depreciarem a moeda moral ou rebaixarem o padrão de retidão, mas a tentarem outros por meio da máxima final que governa suas próprias vidas, e a não sofrer homem nem causa para escapar da penalidade eterna que a história tem o poder de infligir ao errado. O pleito de atenuação da culpa e da mitigação da punição é perpétuo.[18]

Um argumento que Acton desenvolve com mais profundidade em uma carta bem conhecida para um colega historiador, que gostaria de citar detalhadamente, mas só posso ler uma sentença ou duas. Ele sustenta aí contra a tese de que grandes figuras históricas devem ser julgadas:

> de modo diferente dos outros homens, com a presunção favorável de que eles não fizeram nada errado. Se há alguma presunção, ela é contra os detentores de poder, que aumenta à medida que o poder aumenta. A responsabilidade histórica tem de compensar a vontade de responsabilidade legal. O poder tende a corromper, e o poder absoluto corrompe absolutamente. Os grandes homens são quase sempre homens maus, mesmo quando exercem influência e não autoridade: ainda mais quando se superadiciona a tendência ou certeza de corrupção pela autoridade. Não há pior heresia do que o cargo que santifica o titular. Este é o ponto em que a negação do catolicismo e a negação do liberalismo se encontram e mantêm alta festividade.[19]

E ele conclui: "A integridade inflexível do código moral é, para mim, o segredo da autoridade, da dignidade, da utilidade da história".[20]

Meus exemplos da filosofia política de Acton devem ser ainda mais assistemáticos e incompletos, selecionados principalmente por sua pertinência à situação atual e ao que eu já disse. Apresentarei as poucas citações sem comentários, e só espero que tenham mais frescor do que os trechos algo triviais que acabei de citar. Porém, talvez os acontecimentos recentes tornem mais fácil apreciar o significado de algumas dessas afirmações, tal como a discussão a seguir do que agora chamamos de "totalitarismo":

> Sempre que um objeto definido único é tornado o fim supremo do Estado, seja o benefício de uma classe, a segurança ou o poder do país, a maior felicidade do maior número ou o apoio a qualquer ideia especulativa, o Estado se torna, por algum tempo, inevitavelmente absoluto. A liberdade sozinha demanda para sua concretização a limitação da autoridade pública, pois a liberdade é o objeto único que beneficia todos igualmente e não provoca nenhuma oposição sincera.[21]

Ou considere a seguinte:

> O verdadeiro princípio democrático, de que ninguém terá poder sobre o povo, quer dizer que ninguém será capaz de restringir ou frustrar seu poder. O verdadeiro princípio democrático, de que do povo não será exigido fazer o que não gosta, quer dizer que ele nunca será obrigado a tolerar o que não aprecia. O verdadeiro princípio democrático, de que o livre-arbítrio de todo homem será o mais irrestrito possível, quer dizer que o livre-arbítrio da coletividade não será acorrentado a nada.[22]

Ou:

> Uma teoria que identificou a liberdade com um direito único, o direito de fazer tudo que se tem o poder real de fazer, e uma teoria que assegura a liberdade por meio de certos direitos inalteráveis, e a fundamenta na verdade que os homens não inventaram e da qual não podem abjurar, não podem ambas ser princípios formativos na mesma Constituição. O poder absoluto e as restrições sobre seu exercício não podem existir em conjunto. Essa é apenas uma nova forma da antiga luta entre o espírito da verdadeira liberdade e o despotismo em seu disfarce mais hábil.

E finalmente:

A liberdade depende da divisão de poder. A democracia tende à unidade de poder. Para manter separados os agentes, devem-se dividir as fontes; isto é, deve-se manter, ou criar, órgãos administrativos separados. Na perspectiva do crescimento da democracia, um federalismo restrito é o único controle possível sobre a concentração e o centralismo.[23]

Talvez a argumentação mais importante, muito longa para citar, seja aquela do ensaio sobre nacionalidade, onde Acton se opôs corajosamente à doutrina dominante (tal como expressa por J. S. Mill): "... em geral, é uma condição necessária das instituições que os limites dos governos devam coincidir no principal com aqueles das nacionalidades";[24] a visão oposta de que a "coexistência de diversas nações sob o mesmo Estado é um desafio, mas também é a melhor segurança de sua liberdade. Também é um dos instrumentos principais da civilização; e, como tal, está na ordem natural e providencial, e indica um estado de maior avanço do que a unidade nacional, que é o ideal do liberalismo moderno".[25] Ninguém que conheça a Europa Central negará que não podemos esperar ali uma paz duradoura e um avanço da civilização, a menos que essas ideias se tornem finalmente vitoriosas, nem que a solução mais prática dos problemas daquela parte do mundo seja um federalismo do tipo defendido por Acton.

Não diga que esses ideais são utópicos e que, assim, não vale a pena trabalhar por eles. *Porque* são os ideais que só podem ser concretizados no futuro mais ou menos distante é que são o tipo de ideais pelo qual o historiador pode se permitir ser orientado sem o risco de se envolver em paixões partidárias. Como professor, e o historiador não consegue deixar de ser o professor político das futuras gerações, ele não deve se permitir ser influenciado por considerações do que é agora possível, mas deve se preocupar em tornar desejável aquilo com que as pessoas decentes concordam, mas que parece impraticável em face do estado de opinião existente. Pelo fato de que o historiador, quer ele queira, quer não, molda os ideais políticos do futuro, ele mesmo deve ser orientado pelos ideais mais elevados e ficar livre das disputas políticas da época. Quanto mais elevados os ideais que o orientam, quanto mais ele consegue se manter independente dos movimentos políticos que visam objetivos imediatos, mais ele pode esperar a longo prazo tornar possíveis muitas coisas para as quais o mundo talvez ainda não esteja pronto. Nem sequer tenho a certeza de que não podemos, não perdendo de vista fins distantes, exercer uma maior influência do que o "realista escaldado" do tipo que está na moda agora.

Tenho poucas dúvidas de que um grupo considerável de historiadores ou, como prefiro dizer, estudiosos da sociedade, comprometidos com os ideais encarnados na obra de lorde Acton, possam se tornar uma grande força para sempre. Mas de que maneira, vocês perguntarão, qualquer organização formal, tal como a Sociedade Acton que sugeri, contribuiria para esse fim? Para essa pergunta, minha resposta é que, primeiro, não espero muito de sua ação como um órgão, mas bastante como instrumento para tornar possível, no futuro próximo, a retomada de inúmeros contatos individuais através das fronteiras. Não preciso voltar a enfatizar por que é tão importante que a ajuda ou o incentivo que possamos dar não venha principalmente por meio de canais oficiais ou governamentais. Porém, para o indivíduo será difícil durante muito tempo fazer algo isoladamente. As dificuldades puramente técnicas de procurar individualmente as pessoas do outro lado com quem se quer colaborar serão ainda maiores. Em tudo isso, tal sociedade (ou de preferência um tipo de clube com sócios selecionados) seria de grande ajuda.

Mas embora eu considere essa facilitação de contatos entre indivíduos o objetivo mais importante, e ainda que seja pouco possível agora esboçar em detalhes quais poderiam ser as atividades da sociedade, acredito que não haverá escopo desprezível para essas atividades, principalmente do tipo editorial. Bastante poderia ser feito para relançar e popularizar as obras dos autores políticos alemães que, no passado, representaram a filosofia política mais de acordo com os ideais que queremos fomentar do que aqueles que tiveram a maior influência durante os últimos setenta anos. Mesmo uma revista dedicada em grande parte à discussão simples dos problemas da história recente poderia muito bem ser benéfica e poderia canalizar a discussão numa direção mais proveitosa do que os bate-bocas sobre "culpa pela guerra" depois da última guerra. É possível que tanto neste país como na Alemanha uma revista dedicada não aos resultados da pesquisa histórica apropriada e sim à exposição da história ao grande público pudesse ser bem-sucedida e ter um papel real a desempenhar se dirigida por historiadores responsáveis. Claro que a sociedade como tal nunca se aventuraria a decidir nenhuma das questões polêmicas, mas, ao propiciar uma tribuna livre para discussão e dar oportunidade para a colaboração entre historiadores de diferentes países, provavelmente prestaria um serviço muito útil.

Não obstante, não devo me deixar levar rumo a uma discussão sobre detalhes. Meu propósito não foi pedir apoio para um projeto definitivo, mas submeter às críticas de vocês uma sugestão provisória. Apesar de que quanto mais eu penso sobre o potencial bem que essa sociedade possa fazer, quanto mais me sinto atraído pela ideia, menos acredito valer a pena prosseguir com ela sem antes experimentá-la com outras pessoas. Assim, se vocês me disserem se acham que valeria o esforço alguma tentativa na direção indicada e se o nome de lorde Acton lhes parece um símbolo adequado sob o qual essa associação pode ser formada, isso será uma grande ajuda para eu decidir se devo prosseguir com a ideia ou desistir dela.[26]

CAPÍTULO 9

O renascimento actoniano: sobre lorde Acton (1834-1902)[1]

Com um instinto seguro quanto a onde residia a força de seus adversários, o falecido professor Harold Laski escreveu certa vez que "um caso de força irrespondível poderia ... ser discernido da opinião de que [de Tocqueville] e lorde Acton foram os liberais fundamentais do século XIX".[2] Que isso é pelo menos parcialmente verdade é agora cada vez mais reconhecido. A tradição Whig que eles representavam, o elemento britânico na mistura incongruente que o liberalismo europeu então constituiu, está gradualmente sendo separada dos elementos da democracia intelectualista francesa que revestiram muitas de suas características mais valiosas. Conforme as propensões totalitárias dessa tradição francesa passam a ser mais e mais claramente vistas,[3] torna-se cada vez mais importante recuperar as fontes da grande tradição que lorde Acton tinha em mente ao escrever que "Burke no seu melhor é a Inglaterra no seu melhor". Parece que, depois de mais de cem anos, a verdade básica é finalmente reconhecida, que esse grande norte-americano, Francis Lieber, tão brilhantemente expressou em seus ensaios sobre "Anglican and Gallican Liberty".[4]

É como o último grande representante da tradição Whig inglesa, e seu desenvolvimento mais importante na Revolução Americana, que lorde Acton tem tanta importância hoje. Ele mesmo estava perfeitamente ciente da sua origem intelectual, e a maioria dos seus aforismos característicos pode remontar facilmente às fontes dos séculos XVII e XVIII (compare, por exemplo, o receio de Milton de que "a longa permanência no poder pode corromper os homens mais sinceros"[5]). Embora o próprio Acton nunca chegasse a uma exposição sistemática de suas ideias, o *corpus* dos seus ensaios e palestras sobre história é, provavelmente, ainda o somatório mais completo do liberalismo verdadeiro, que se diferenciava bastante do radicalismo que levou ao socialismo, e que, para mim, ainda parece o melhor conjunto de valores que a civilização ocidental produziu. É incalculável de quanto sofrimento o continente europeu teria sido poupado se essa tradição tivesse prevalecido em vez da versão intelectualista do liberalismo, que, por sua atitude brutal e intolerante em relação à religião, dividiu a Europa irremediavelmente em dois campos.

O renascimento generalizado do interesse nos textos de lorde Acton — e nos de Tocqueville — é, portanto, um sinal bem-vindo e promissor. Nos últimos anos, tivemos, além de diversos artigos sobre ele em publicações eruditas, o estudo do bispo Mathew sobre a juventude de Acton, o ensaio importante sobre ele do professor Herbert Butterfield e a coleção anterior de Gertrude Himmelfarb com alguns ensaios de Acton, publicada em 1948 e intitulada *Freedom and Power*.[6] Uma edição das obras completas de Acton foi anunciada,[7] e simultaneamente com os dois volumes sob resenha,[8] uma edição muito bem-vinda de sua obra *Essays on Church and State* foi publicada por Douglas W. Woodruff.[9]

No entanto, os dois livros sob revisão — *Lord Acton: A Study in Conscience and Politics*, da sra. Himmelfarb, e *Acton's Political Philosophy: An Analysis*, de G. E. Fasnacht — são as primeiras narrativas satisfatórias das ideias de Acton no seu conjunto. Além disso, são complementares, em vez de competirem entre si. O livro da sra. Himmelfarb é uma narrativa bastante engenhosa da evolução das ideias de Acton, enquanto o sr. Fasnacht as examina sistematicamente, tópico por tópico. Os dois autores se valeram muito do grande volume de originais de Acton preservados na biblioteca da Universidade de Cambridge, e, como resultado, uma grande quantidade de nova luz é lançada sobre muitas das ideias de Acton que ele expressara apenas de modo aforístico em suas publicações ocasionais. Embora eu mesmo tenha sido estudioso e admirador de Acton por muito tempo, tenho de admitir com gratidão que muitas das aparentes contradições em seus textos se resolveram para mim somente como resultado de compreensiva descrição da sra. Himmelfarb sobre o lento desenvolvimento e a gradual mudança dos pontos de vista de Acton. Ela também reconstitui a partir dos documentos acessíveis um relato inteligível do episódio mais crucial da vida de Acton, sua reação à declaração da infalibilidade papal pelo Concílio Vaticano em 1870, que a supressão de suas cartas pertinentes daquele período tinha ocultado até então.[10] Com certeza, o livro é a melhor introdução ao pensamento de Acton, ainda que a autora talvez exagere a extensão pela qual Acton, mais tarde na vida, abandonou a posição Whig do Burke inicial; talvez também seja por essa razão que ela se sente indevidamente intrigada com o fato de Acton, que não tinha nada além de elogios à Revolução Americana, ter permanecido altamente crítico da Revolução Francesa.

Preparado pela introdução da sra. Himmelfarb, o leitor aproveitará com vantagem a apresentação menos legível, mas não menos cuidadosa e acadêmica, do pensamento maduro de Acton do sr. Fasnacht. É uma exposição direta, em grande medida com as próprias palavras de Acton. Apesar de o sr. Fasnacht estar plenamente consciente da evolução das ideias de Acton, seu principal objetivo é demonstrar que elas formam um sistema coerente e proporcionar tanto material quanto possível para que as lacunas nas afirmações fragmentárias deixadas pelo próprio Acton possam ser preenchidas. Isso torna o livro fascinante para o estudo. Obtemos muitas das mais sugestivas anotações das centenas de caixas de papelão em que Acton acumulou o material para sua "History of Liberty", o "maior livro que jamais foi escrito". Há material ali não só para muitas teses de doutorado como também para alguns bons livros que, espero, serão publicados algum dia. E o leitor atento encontrará amplo estímulo para exercitar sua própria inteligência sobre alguns dos problemas mais difíceis da filosofia política.

CAPÍTULO 10

Existe uma nação alemã?

Se para o homem comum é tão difícil acreditar que tudo o que ele ouviu sobre os alemães possa ser verdade, para aqueles que têm conhecimento direto de um lado específico da vida alemã é quase impossível. Aqueles que têm realmente consciência dos crimes cometidos por dezenas de milhares de alemães durante a Segunda Guerra Mundial têm dificuldade em acreditar que isso não demonstre o caráter comum de todos os alemães, e costumam se esforçar para esquecer qualquer outra coisa que soubessem sobre eles. Aqueles, por outro lado, que já conheciam intimamente um dos melhores lados da vida alemã se acham, contra todas as evidências, agarrados à crença de que aquilo que ouvimos agora deve ser muito exagerado e obra de uns poucos. No entanto, todas essas tentativas de chegar a uma imagem consistente suprimindo parte dos fatos são fatais para uma compreensão do problema alemão. Qualquer imagem verdadeira desse povo deve começar pela percepção de que extremos opostos formam parte dele.

É o grande mérito do novo estudo do professor Vermeil sobre a história alemã[2] que ele não a distorceu por nenhuma tentativa de falsa consistência. Seu livro, o último e mais maduro resultado da grande escola de *Germanistes* franceses da Sorbonne, é uma obra notável sob vários aspectos. É de espírito admirável, de interesse católico, quase incrivelmente aprendida nos cantos mais remotos da história e literatura alemãs, e surpreendente em sua capacidade de simpatia pelo que costumam ser fenômenos estranhos. O professor Vermeil aborda um enorme campo fazendo uma grande condensação, e as frequentes e breves alusões a figuras e acontecimentos menos conhecidos são uma grande contribuição para a educação dos leitores franceses, aos quais a obra foi originalmente destinada. Tal guia através de uma floresta, que nos faz parar aqui e ali em uma rápida jornada para observar detalhes característicos, nem sempre é de fácil leitura. Às vezes, o que se vê é como as peças de um mosaico intrincado, grande demais para ser visto em sua totalidade. Por mais insatisfatório que isso possa parecer a princípio, ainda pode ser a imagem mais verdadeira a ser oferecida onde talvez não haja um todo verdadeiro.

Em relação à parte estritamente histórica do livro, estão presentes todos os ingredientes essenciais que entraram na formação da Alemanha moderna, desde "a esplêndida, mas breve carreira das cidades" nos séculos XIV e XV até o desenvolvimento forçado da economia sob Bismarck, que substituiu a burguesia em falta por uma classe de *nouveaux riches* "desesperadamente em busca de uma tradição que não possuíam"; o desenvolvimento intelectual desde as grandes eras de Leibnitz e Bach, ou Goethe e Beethoven, até as obras finais de Nietzsche e a obra de H. S. Chamberlain;[3] e o desenvolvimento religioso desde o luteranismo até o indiferentismo religioso, em que o instinto religioso "desapontado e enganado, voltou-se para a ciência, ou para as belas-artes e literatura, ou, finalmente, para a nação concebida como comunidade imperial". Mesmo onde uma afirmação surpreende a princípio, tal como o comentário sobre a maioria dócil com a qual Bismarck contava, mas nunca teve, ou sobre Hitler como "o homem do consenso, talvez nesse aspecto o sucessor de Bismarck", ela se revela verdadeira e esclarecedora após reflexão.

No entanto, a história da Alemanha fornece apenas um arcabouço dentro do qual o professor Vermeil busca seu principal objetivo: a "explicação daquela agressividade em princípio" característica do Terceiro Reich. Ele não facilita sua tarefa e, com certeza, não é cego àquilo que é grande e admirável na história alemã. Até salienta que "sempre existiu, e existe até hoje atrás da fachada de Hitler, uma Alemanha humanista", e que, embora "[uma] minoria na Alemanha exalte a guerra, a maioria a odeia, mas a aceita e a trava". No entanto, tudo isso é parte de um argumento que procura explicar por que, "como nação organizada, a Alemanha se torna intolerável". Para alguns, a estrita justiça pela qual o professor Vermeil reconhece e até enfatiza todos os pontos positivos dos alemães condenará o livro. Eu considero a verdadeira história de como uma mistura que contém tantos elementos bons produziu o horror nazista mais esclarecedora e mais aterrorizante do que alguém desenhado em uniforme preto.

A conclusão do livro, denominada "Esboço psicológico e perspectivas futuras", com sua descrição do caráter diferente das tribos alemãs e com sua comparação profunda entre Alemanha e Rússia, é uma pequena obra-prima que mesmo aqueles que não têm tempo para um livro longo deveriam ler. Porém, é durante a aproximação gradual a esse ponto culminante que ocorrem algumas das observações mais penetrantes. Uma das mais significativas é o breve trecho em que o professor Vermeil corrige o familiar contraste alemão entre "civilização" e "cultura", substituindo-o pela verdadeira oposição entre civilização e política. Eu gostaria de citar muitos outros comentários breves mas significativos do livro, no entanto, devo me contentar com mais um. Não acho que entendi mal o professor Vermeil quando considero que sua principal conclusão acontece cedo no livro, quando ele afirma que a "Alemanha nunca foi, nunca foi capaz de ser e, devido às suas circunstâncias, sem dúvida nunca será um verdadeiro Estado nacional".

Talvez eu possa esclarecer melhor o significado disso por meio de um ponto que devo indiretamente ao professor Vermeil, que deixou claro para mim a importância de um fato do qual eu tinha vaga consciência. Esse ponto revela uma diferença fundamental entre o sentimento nacional do alemão e aquele da maioria das pessoas de outras nações, ou pelo menos de todas as mais antigas. Se um inglês, um francês ou um norte-americano quer, por qualquer motivo, ser particularmente inglês, francês ou norte-americano, ele olha para seus companheiros e tenta ser como eles. O alemão não é assim: ele inventa uma teoria do que o alemão deveria ser e tenta viver à altura (ou abaixo) disso — por mais diferente que isso possa torná-lo dos seus companheiros. O que parece absurdo; mas a pergunta é: O que mais ele pode fazer? Não haveria dificuldade se ele tentasse ser particularmente bávaro, prussiano ou suábio. Mas quais são, ou eram, as características que a maioria dos alemães tem em comum? É verdade que nos últimos setenta anos muitas qualidades que costumavam ser consideradas como especificamente prussianas se difundiram bastante na Alemanha. Todavia, isso não as tornou populares ou desejáveis mesmo na Alemanha, e a influência que ganharam se deveu em grande medida àquela aspiração desesperada por um caráter nacional comum, que, posteriormente, fez com que até alemães que não aprovavam nada do programa de Hitler vissem "algo bom" no movimento nazista.

É essa falta de atributos comuns que explica por que não existe uma virtude que algum alemão não tenha reivindicado como característica nacional, e não existe um vício que os alemães não adotariam se parecesse lhes dar algo em comum. De fato, essa ânsia de se tornar uma nação parece o único traço comum dos alemães modernos. É terrível pensar que Hitler, pela primeira vez na história, conseguiu realmente criar uma nação alemã. Porém, esse resultado não precisa ser irremediável, e o fascínio por um novo unificador não é um perigo permanente. É verdade que impor sobre os alemães uma divisão permanente quase com certeza reavivaria aquela ânsia por unidade. Mas pode haver métodos melhores para impedir que a Alemanha ressurja como o tipo de nação organizada pela qual ela é intolerável. Se qualquer governo central que a Alemanha mantiver após a derrota permanecer por um longo período sob o controle dos Aliados, e o desenvolvimento da autonomia abrangente das partes se tornar o único caminho para a independência, e se tais partes tiverem a perspectiva de serem aceitas pela comunidade ocidental das nações, uma por uma, enquanto têm sucesso em criar instituições representativas estáveis, não é demais esperar que, sem nenhuma proibição formal de reunificação, elas possam, no fim, ficar satisfeitas com um vínculo federal pouco rígido. Contudo, isso dependerá bastante do arcabouço que a Europa Ocidental tem para oferecer; isto é, até que ponto as outras nações europeias conseguirão colocar a casa comum em ordem.

CAPÍTULO 11

Um plano para o futuro da Alemanha[1]

Nem escrúpulos legais nem um falso humanitarismo devem impedir a aplicação de justiça plena aos indivíduos culpados na Alemanha. Há milhares, provavelmente dezenas de milhares, que merecem a morte; e nunca na história foi mais fácil encontrar os homens culpados. O nível hierárquico no Partido Nazista é indicação quase certa do grau de culpa. Tudo o que os Aliados precisam fazer é decidir quantos eles estão dispostos a condenar à morte. Se começarem pelo topo da hierarquia nazista, é certo que a quantidade que vão fuzilar a sangue-frio será menor do que a quantidade que merece isso. O perigo, não menos do ponto de vista da futura Alemanha do que do mundo, é que podemos falhar nessa tarefa e, mais tarde, porque a demanda por castigo não é satisfeita, deixar nossos planos por política de longo prazo serem afetados pelo desejo de futura punição quando nada além da eficácia de nossa política deveria contar. Os alemães ainda serão numerosos e assentados no coração do Europa; e a menos que consigamos recuperá-los para a civilização ocidental, a guerra terá sido perdida no final das contas. Se a Alemanha se tornar permanentemente totalitária, o continente europeu irá atrás.

A política de longo prazo de orientar os alemães de volta para a civilização ocidental possui três aspectos principais: político, econômico e educacional ou psicológico. Desses, o último é provavelmente o mais importante. Se eu ainda começo com uma discussão a respeito da estrutura política e econômica desejável é porque acredito que teremos que abordar o problema da reeducação de modo bastante indireto. No entanto, antes que possamos abordar isso, é necessário, explicitamente, descartar certos equívocos correntes que fazem grande parte da discussão popular ocorrer em termos de extremos, que são igualmente enganosos. Não é nem verdade que a corrupção da mente alemã esteja confinada em uma minoria nazista ou que seja meramente o resultado de evoluções desde a última guerra, nem que os alemães sempre foram assim. Seu atual estado de espírito foi criado por um processo longo e gradual, que, para a maior parte da Alemanha, começou com a criação do Reich por Bismarck há setenta e cinco anos. Seria difícil negar que cem anos atrás a maior parte da Alemanha ainda era parte integrante da civilização ocidental, basicamente indistinguível do resto. Porém, a esta altura, também devemos encarar o fato de que a maioria dos alemães foi afetada, em maior ou menor grau, pelos ideais nazistas, incluindo a maioria daqueles que consideram que fizeram todos os esforços para escapar da influência da propaganda nazista.

Quase certamente o que encontraremos na Alemanha será pouco melhor do que um deserto moral e intelectual. Haverá oásis isolados nele, pequenos grupos de pessoas honradas e corajosas que em muitos aspectos compartilham nossas opiniões e que, além disso, foram testadas em suas convicções como nenhum de nós já foi. Contudo, esses poucos homens e mulheres estarão quase completamente isolados uns dos outros. Em relação ao resto das pessoas, muito provavelmente não serão as crenças definitivas que elas mantêm, mas sim a ausência de quaisquer crenças, um profundo ceticismo e cinismo no que se refere a todos os ideais políticos e uma ignorância terrível do que realmente aconteceu que representarão os principais problemas. De qualquer maneira, de início haverá muito boa vontade e disponibilidade para começar de novo. Mas nada provavelmente será mais perceptível do que a impotência das boas intenções sem o elemento unificador das tradições morais e políticas comuns que admitimos como naturais, mas que, na Alemanha, durante os últimos doze anos, foram destruídas em um grau difícil de imaginar.

É uma posição difícil, mas não sem esperança. Seria sem esperança se na Alemanha não houvesse homem ou mulher que não aderisse mais às crenças que queremos ver novamente vitoriosas. Mas, a menos que, nos últimos dois anos, todos eles tenham sido mortos, há uma boa razão para acreditar que encontraremos na Alemanha esses homens e mulheres, um pequeno número é verdade, mas não tão poucos em comparação com o número de pessoas que pensam de forma independente em qualquer país. É neles que devemos basear nossas esperanças, para quem devemos criar as oportunidades e proporcionar chances de trazer de volta seu povo para o que foi outrora uma civilização europeia comum.

O problema político é principalmente o de afastar as ambições alemãs do ideal de um Reich alemão altamente centralizado, uma nação unificada pela ação comum, como ainda antes de 1914 os alemães estavam unificados como nenhuma outra nação civilizada. Sem dúvida, devemos evitar o ressurgimento do Reich alemão altamente centralizado, porque uma Alemanha centralizada e extremamente integrada sempre será um perigo para a paz.

No entanto, aqui, encaramos um sério dilema. O método direto de dividir a Alemanha em partes e proibir sua reunificação quase certamente fracassaria a longo prazo. Seria a maneira mais segura de despertar novamente o nacionalismo mais violento e tornar a criação de uma Alemanha reunificada e centralizada a principal ambição de todos os alemães. Talvez consigamos impedir isso por algum tempo. Porém, a longo prazo, nenhuma medida terá êxito se não contar com a concordância dos alemães; e com certeza deve ser nossa máxima fundamental que qualquer acordo bem-sucedido deve ter a chance de continuidade quando não estivermos mais prontos para mantê-lo pelo exercício contínuo da força.

Parece haver apenas uma solução para essa dificuldade: dizer aos alemães que, independentemente do governo central comum que eles venham a ter, ele permanecerá sob o controle dos Aliados por um período indefinido; mas que eles podem progressivamente fugir desse controle pelo desenvolvimento de instituições representativas e democráticas em uma escala menor nos Estados individuais que compõem o Reich; que esse é o único caminho deles para a independência no futuro próximo; e que depende só deles quando eles a alcançarão.

Naturalmente, esses Estados alemães individuais incluem aqueles que foram absorvidos há muito tempo pela Prússia e também aqueles que mantiveram algum grau de autonomia até 1933. De fato, não só não há nenhuma objeção à fragmentação da Prússia, e à reconstituição de Estados como

Hannover, Vestfália ou Renânia, mas essa é uma condição essencial para o sucesso de qualquer plano. Não precisa haver medo de que isso gerará uma reação nacionalista, como geraria um desmembramento direto semelhante do Reich. A maioria das pessoas do Estado acolheria positivamente isso, e a tradição de sua existência separada está longe de estar morta.

Provavelmente, quando os Estados individuais alemães estiverem aptos a ganhar sua emancipação do controle direto dos Aliados eles se diferenciarão muito uns dos outros. Aqueles Estados do oeste e do sudoeste, como Baden e Württemberg, e as antigas cidades hanseáticas, como Hamburgo e Bremen, ainda possuem consideráveis remanescentes de uma tradição democrática e provavelmente terão sucesso em poucos anos. Outros levarão mais tempo, e alguns, como a antiga Prússia, que praticamente não possui essa tradição, podem levar ainda mais tempo. No entanto, esse caráter gradual do processo, os intervalos entre as datas em que os diversos Estados alcançarão alguma independência, seria muito importante.

Esse processo de emancipação teria de avançar para um estado de coisas em que o controle dos Aliados ficaria cada vez mais limitado ao papel de governo da federação ou até de uma confederação. A importância desse processo gradual de devolução de poderes aos Estados individuais reside em que, caso contrário, o controle dos Aliados pode simplesmente ajudar a preparar outro sistema altamente centralizado de governo a ser entregue no final aos alemães. Um governo central controlado pelos Aliados desse tipo não teria que depender muito de um grande exército de ocupação. Tudo o que precisaria, mas precisaria enquanto existisse, seria uma força de ataque relativamente pequena, mas bastante eficiente, para assegurar a obediência dos Estados recalcitrantes.

Nada precisa ou deve ser comunicado sobre qualquer proibição permanente de os Estados alemães se reunificarem posteriormente. O fato de se tornarem maduros para libertação do controle dos Aliados em datas muito diferentes, e que a maioria deles teria de construir uma nova ordem própria enquanto grande parte do resto da Alemanha ainda estaria sob o controle dos Aliados, funcionaria por si só na direção certa. Pode-se esperar que, no momento em que o primeiro dos Estados separados estiver maduro para emancipação, isso não terá que significar que deve se tornar um Estado inteiramente independente. Uma solução plenamente satisfatória só pode ser alcançada se naquele momento outra federação de Estados europeus estiver pronta para receber tais Estados em sua organização. Então, a libertação do controle dos Aliados significaria a transferência de uma quase federação, em que o poder "federal" era exercido sob o controle dos Aliados, para uma federação de Estados não alemães, em que os Estados alemães se tornariam membros iguais. Assim, os Estados alemães ocidentais poderiam ser gradualmente transferidos para uma federação, constituída de Holanda, Bélgica e Escandinávia, por exemplo. A princípio, alguns outros Estados alemães poderiam estabelecer arranjos semelhantes com Checoslováquia, Áustria e talvez Suíça. Ao longo do tempo, quando mais Estados alemães alcançarem esse *status*, o equilíbrio só poderia ser mantido em uma federação europeia muito mais abrangente, que incluísse França e Itália.

Mas mesmo se essas esperanças se mostrarem utópicas, há uma boa razão para supor que, após um período de existência separada, os Estados alemães individuais estariam longe de ansiar mais uma vez fundir sua individualidade em um Reich altamente centralizado. Pelo menos isso pode ser esperado se a política dos Aliados, sobretudo a política econômica durante o período de transição, tiver sucesso em entrelaçar os Estados individuais tanto quanto possível com seus vizinhos não alemães.

Isso suscita o problema importantíssimo da política econômica e do controle econômico. Mais uma vez vemos que deve haver apenas um tipo de controle que será eficaz e viável no final das contas: impor o livre comércio em toda a Alemanha. Essa é uma parte essencial desse plano, sem a qual ele não funcionaria; e resolve muitos problemas que, caso contrário, seriam provavelmente insolúveis.

Claro que, quando descrevi os poderes do governo central controlado pelos Aliados como semelhantes àqueles de um governo federal, isso significava que tais poderes incluíam o controle da política comercial. Deixar o poder do comércio exterior nas mãos de Estados individuais lhes daria demasiado poder sobre seus sistemas econômicos. Por outro lado, manter um sistema de tarifas comuns para toda a Alemanha teria o efeito de que o sistema econômico alemão seria construído novamente como um sistema altamente centralizado e autossuficiente, que é tudo o que devemos evitar. O que queremos é que a Alemanha se especialize nos campos em que ela seja capaz de dar a maior contribuição para a prosperidade mundial, mas, ao mesmo tempo, se misture com a economia dos outros países, de modo que ela só possa prosperar por meio da troca contínua de seus bens com o mundo exterior.

Isso é exatamente o que o livre-comércio provocará — e provocará por meio de um único controle, e de um controle que não pode ser evitado. Portanto, a Alemanha receberia a oportunidade de se tornar próspera de novo sem se tornar perigosa. Ela se tornaria bastante dependente da importação de grãos alimentícios e teria de comprá-los mediante a exportação de produtos manufaturados. Mesmo se em ramos específicos da manufatura pudesse ser possível para um governo alemão neutralizar os efeitos do livre comércio por meio de subsídios secretos, não seria possível fazer isso para todos os alimentos essenciais e matérias-primas que sob o livre comércio a Alemanha não pode produzir dentro do país. E controles de importação, quer por tarifas, quer por outras restrições, são quase a única medida que não pode ser imposta secretamente, já que os países cujas exportações são excluídas devem necessariamente ser os primeiros a se dar conta deles.

Embora fosse essencial criar condições que propiciem um estímulo para os alemães se desenvolverem na direção que achamos que eles deveriam, isso, é claro, resolveria apenas parte do problema. Há também uma tarefa real de reeducação que é dificílima e delicada e cujas propostas mais frequentemente ouvidas ainda são do tipo que tendem a gerar o oposto do que visavam. A ideia de que os alemães possam pensar como os Aliados gostariam que eles pensassem, fornecendo compêndios através dos quais as futuras gerações de alemães devem ser educadas, ou impondo sobre eles um novo credo oficial em vez do antigo, não é apenas cair no erro totalitário — é infantilmente estúpido, e na certa desacreditaria as próprias ideias que queremos difundir. Para que haja alguma mudança duradoura nas doutrinas morais e políticas que dominam a Alemanha, ela precisa vir de um processo gradual a partir de dentro, no qual aqueles alemães que entenderam a corrupção devem assumir a liderança. Mesmo se seu número se mostrar ainda menor do que acredito que seria, ainda é a nossa única esperança. O que temos que visar não é uma nova doutrinação, mas sim um renascimento da crença na verdade e em padrões morais objetivos, não só na vida privada, mas na política, e uma disponibilidade para receber e examinar novos ideais, o que não é estimulado forçando goela abaixo das pessoas um conjunto já pronto de princípios. O processo, como toda disseminação de ideais, terá de ser gradual, descendo a escada intelectual das pessoas que aprenderam a pensar criticamente até aqueles que simplesmente aceitam o que os alcança através do ouvido ou da palavra impressa. O problema será encontrar e ajudar os homens e as mulheres na Alemanha que podem iniciar esse processo, sem, ao mesmo tempo, desacreditá-los perante o seu próprio povo, como decerto aconteceria se eles se tornassem os instrumentos dos governos dos Aliados. Contudo, antes de considerar as medidas práticas que podem ser tomadas para esse fim, é necessário falar um pouco dos objetivos principais para os quais esses esforços devem ser direcionados.

Há muito a ser aprendido para isso do processo pelo qual os padrões morais e políticos alemães se descolaram pouco a pouco da tradição ocidental comum e pelo qual as concepções e os ideais peculiares da Alemanha atual foram moldados. Se na esfera dos costumes políticos e públicos os alemães, nos últimos setenta anos, afastaram-se progressivamente do que consideramos como padrões civilizados, o início dessa transformação remonta aos acontecimentos e às lutas que acompanharam a unificação da Alemanha. A conquista de Bismarck cegou de tal forma até os historiadores ocidentais para a sua grande responsabilidade por criar um tumor que acabou nos nazistas que vale a pena relembrar alguns acontecimentos característicos desse período — sobretudo porque nosso principal problema será até que ponto devemos aceitar o trabalho de Bismarck como inalterável ou até que ponto terá de ser desfeito.

Quão profundamente os meios da completa falta de escrúpulo de Bismarck afetaram os padrões alemães é claramente revelado por sua última e melhor biografia.[2] Principalmente a história entre os anos de 1865 e 1871, quando Bismarck alcançou seu maior sucesso e transformou seus críticos mais severos em seus admiradores mais empolgados, é muito instrutiva. Até 1865, os mais esclarecidos, tanto na Alemanha quanto no exterior, tinham considerado Bismarck como alguém um pouco melhor do que um aventureiro inescrupuloso. Seu feito de unificação da Alemanha levou a uma completa mudança de opinião. E nos anos posteriores, quando ele passou a ser considerado o principal fiador da paz europeia, a infâmia de sua política inicial foi esquecida tanto por seus críticos alemães mais assumidos como pela maioria dos observadores estrangeiros, tanto que ainda agora essa descrição de sua política provavelmente parecerá exagerada.

No entanto, até que o sucesso parecesse justificar seus métodos, muitos dos alemães que mais tarde se tornaram seus admiradores mais fervorosos utilizavam linguagem tão forte quanto esta. Isso ocorreu durante os anos em que a Dieta Prussiana travou contra Bismarck uma das grandes lutas pela lei da história alemã — e Bismarck venceu, criando contra a lei o exército com o qual ele derrotou a Áustria e a França. Se a duplicidade completa de sua política era então só presumida, naquele momento não podia haver dúvida disso. O homem que ao ler o relatório interceptado de um dos seus ludibriados embaixadores estrangeiros, no qual este transmitia uma garantia solene que acabara de receber de Bismarck, foi capaz de escrever na margem "Ele acreditou mesmo nisso!", e mestre da corrupção, da influência de cujos fundos secretos a imprensa alemã nunca se recuperou completamente, merece tudo o que é dito a seu respeito. Agora está praticamente esquecido que Bismarck chegou perto de rivalizar com os nazistas em seu tratamento brutal contra a Frankfurt democrática, quando ele sancionou a extorsão de uma exorbitante contribuição de guerra ameaçando bombardear, privar de alimentos e saquear uma cidade alemã que nunca tinha pegado em armas, ou ameaçando matar reféns inocentes na Boêmia. E a história de como Bismarck planejou o conflito com a França como o único meio de fazer o relutante sul da Alemanha esquecer sua aversão à ditadura militar prussiana só recentemente foi plenamente entendida.

De início, os procedimentos de Bismarck causaram na Alemanha generalizada e genuína indignação, irrestritamente expressa, e mesmo entre alguns dos conservadores prussianos. O historiador Sybel, depois um dos principais elogiadores de Bismarck, descreveu-o como "frivolamente sem princípios"; Gustav Freytag[3] o considerou "desprezível e descaradamente desonesto"; e o jurista Ihering[4] falou do seu "descaramento revoltante" e "terrível frivolidade". No entanto, alguns anos depois, muitos dos mesmos homens se juntaram ao coro de louvação irrestrita, e um deles admitiu publicamente que para tal homem de ação ele estava disposto a dar cem homens de honestidade impotente.[5]

Porém, embora os observadores estrangeiros se mostrassem um pouco mais impermeáveis à influência corruptora do sucesso, foram lapsos temporários, e o efeito em outros países não foi grande o suficiente para causar uma mudança nos padrões morais como na Alemanha. Ali, a questão em discussão era a de a Alemanha se unir como uma única nação; era a conquista da ambição de gerações que se misturaram indissoluvelmente com os métodos pelos quais a mistura fora viabilizada. Esses métodos não podiam ser defendidos sem uma grave distorção dos fatos ou sem a defesa da fraude, da mentira, do suborno e do terror brutal. Um dilema foi criado entre verdade ou retidão moral e o que era considerado como dever patriótico, e o patriotismo provou ser mais forte. Os princípios se tornaram firmemente estabelecidos de que os fins justificavam os meios e de que as ações públicas não podiam ser medidas por padrões morais, mas apenas por sua adequação aos fins.[6]

Aqui, não posso abordar a outra parte principal da história de Bismarck, ou seja, a maneira pela qual, após ter unificado o Reich, ele utilizou habilmente a promessa de benefício econômico para aproveitar capital e trabalho na organização econômica de toda a Alemanha segundo o modelo prussiano; como, com ele, os esforços deliberados começaram a unificar os alemães não só politicamente, mas também a uni-los em crenças comuns. Porém, é necessário dizer algo mais sobre o processo pelo qual os pontos de vista sobre questões políticas e morais, das quais ele era o grande expoente, pouco a pouco ganharam domínio sobre as mentes dos alemães.

O ponto que quero especialmente enfatizar, e que parece emergir claramente da história desse período, é o papel predominante que os historiadores alemães desempenharam em seus esforços para justificar e defender Bismarck e como, dessa maneira, difundiram a veneração do Estado forte e as ideias expansionistas características da Alemanha moderna. Ninguém diz isso com mais clareza que o grande historiador inglês lorde Acton, que conhecia a Alemanha tão bem quanto seu próprio país e que, já em 1886, podia falar sobre "aquela guarnição de historiadores ilustres que prepararam a supremacia prussiana junto com o seus, e, agora, mantêm Berlim como uma fortaleza"; um grupo "quase inteiramente dado aos aforismos, que custa demais para o mundo reverter".[7] E foi o mesmo lorde Acton que, apesar de sua admiração por muita coisa da Alemanha, pôde prever há cinquenta anos sobre o imenso poder construído por mentes muitos capazes, sobretudo em Berlim: "[é] o maior perigo que resta a ser enfrentado pela raça anglo-saxã".[8]

Esses olhares para a história são necessários se quisermos avaliar a tarefa especialmente importante que recairá sobre os historiadores e os professores de história na reeducação dos alemães. Claro que eles não serão os únicos que terão de trabalhar para esse fim, mas sua posição é tão importante que será justificável se, passando agora ao problema prático, usarmos o termo "historiador" para todos os estudiosos e autores de ciências humanas que formulam as ideias que governam a sociedade a longo prazo.

Nosso problema é como podemos ajudar com eficácia aqueles entre os homens na Alemanha em cuja influência devemos basear principalmente nossas esperanças por uma Alemanha de melhor futuro. Decerto eles precisarão de ajuda material, e ainda mais ajuda moral. Em primeiro lugar, esses homens isolados precisarão da garantia de que não são párias morais, mas que estão lutando pelos mesmos fins de muitos homens em todo o mundo. Embora existam muitos acadêmicos alemães com os quais não queremos nem devemos nunca mais ter nenhuma relação, seria fatal estender esse ostracismo a todos, incluindo aqueles a quem devemos desejar auxiliar. Contudo, em uma situação em que se deve sentir dúvidas sobre todos, exceto os poucos dos quais se tem conhecimento pessoal, a dificuldade de diferenciar os históricos de diversas pessoas pode produzir o mesmo resultado, a menos que esforços deliberados sejam feitos para facilitar os contatos. Se esses homens devem se tornar novamente membros ativos da comunidade da civilização ocidental, eles logo deverão ter a oportunidade de trocar opiniões, de obter livros e publicações periódicas e até de viajar, o que será durante muito tempo impossível para a maioria dos alemães.

Não existe apenas a dificuldade de como encontrar esses indivíduos. Existe a dificuldade ainda maior de como a ajuda pode ser fornecida sem desacreditá-los perante seu próprio povo. Quanto ao primeiro ponto, o que é necessário é claramente alguma partilha do conhecimento de acadêmicos alemães individuais que seus colegas nos países dos Aliados possuem. Quanto ao segundo, é necessário que a principal consideração seja que não se deve esperar ou induzir esses homens a se tornarem instrumentos das autoridades dos Aliados. Para esses esforços terem alguma chance de sucesso, não deve existir a menor base para a suspeita de que esses homens servem meramente a outro poder, em vez daquele ao qual seus adversários serviam, e não deve restar a menor dúvida de que eles estão comprometidos apenas com a verdade. De fato, é provável que eles venham a precisar, tanto quanto de ajuda positiva, de proteção contra tentativas bem-intencionadas, mas mal direcionadas, de usá-los a serviço da máquina governamental dos Aliados.

A única solução prática desse problema parece ser a criação de acadêmicos independentes de uma academia internacional ou de uma sociedade de membros eleitos, em que os acadêmicos dos países ocidentais, que têm interesse ativo nesses problemas, juntem-se aos alemães individuais que eles considerem como merecedores desse apoio.[9] Essa sociedade pode reunir todos aqueles de ambos os lados que estão dispostos a servir aos dois grandes ideais de verdade na história e padrões morais na política, e cujo histórico passado justifica a confiança de que eles farão isso.

Claro que essas ideias genéricas têm de ser definidas com mais clareza, já que o objetivo da sociedade pressupõe o acordo dos seus membros sobre os princípios gerais do liberalismo básico da civilização ocidental que desejam preservar. Expressar esses princípios em um manifesto elaborado para o propósito não é praticável. Após muita consideração das diversas possibilidades, considero que a melhor maneira de definir essa filosofia seria expressá-la pelos nomes de um ou dois grandes homens que foram seus proeminentes representantes. E não há outros dois homens que para mim parecem expressar mais claramente esses ideais, e expressar melhor a tarefa específica dessa sociedade, do que o historiador inglês lorde Acton e seu equivalente francês, Alexis de Tocqueville. Os dois representavam a mesma filosofia liberal no seu melhor e combinavam uma paixão pela verdade com um profundo respeito pelas forças morais da história. E enquanto lorde Acton, o inglês, conhecia os alemães em seus lados bom e mau, assim como conhecia seus compatriotas, o francês Tocqueville era, lógico, um dos maiores estudiosos e admiradores da democracia norte-americana. Não vejo como os ideais políticos dessa academia internacional poderiam ser melhor expressos do que chamando-a de Sociedade Acton-Tocqueville. É para os homens e mulheres que sabem o que esses homens representam, e que estão dispostos a aderir aos ideais desses dois, que essa organização deve primeiro apelar.

Não há necessidade nessa fase de descrever em detalhes as funções dessa sociedade. Não afirmo que esse tipo de organização é necessariamente o melhor. No entanto, estou convencido de que existe um grande problema que requer pensamento e preparação cuidadosos, e a respeito do qual, neste momento, não é realizada suficiente reflexão, porque não é um problema que pode ser solucionado por atividades governamentais. São acadêmicos e pensadores independentes que devem tomar a iniciativa; o tempo agora é curto se não queremos perder uma grande oportunidade.

ADENDO
O FUTURO DA ÁUSTRIA[10]

Com as tropas russas às portas de Viena, o futuro da Áustria se torna uma questão urgente. Tão pouco se sabe sobre muitos dos fatores que determinarão o destino do país que não surpreende que as declarações oficiais tenham sido poucas e não muito claras. Mas essa incerteza não afeta a questão que parecia mais importante não faz muito tempo. Que a Áustria será separada permanentemente da Alemanha não é apenas política decidida pelos Aliados; com certeza, pode-se supor que seja o desejo do povo austríaco e — a não ser que erros sérios sejam cometidos — permanece assim. O ponto importante a perceber é que o movimento pró-Anschluss se baseava muito menos em um fundamento sentimental-nacionalista e muito mais em um cálculo meramente racional: era a esperança de um país pobre e fraco de se beneficiar da prosperidade do vizinho rico por meio da inclusão. Do ponto de vista econômico, é improvável que a inclusão pela Alemanha seja uma proposta particularmente atraente por mais algum tempo. Que o fundamento sentimental para esse desejo será a esta altura completamente transformado em seu contrário, ninguém familiarizado no mínimo grau com a Áustria desde a ocupação pode duvidar.

Porém, esse é apenas o começo do problema. Embora nunca tivesse sido totalmente verdade dizer que a Áustria é incapaz de manter sua população, é verdade que, em condições como aquelas entre as duas guerras, o país só podia fazê-lo em um padrão muito baixo. O dilema insolúvel daquele período foi que, exatamente no momento em que a Áustria se tornara muito pobre, suas classes trabalhadoras tinham conquistado grande força pela primeira vez, e a utilizaram inevitavelmente para pressionar por uma melhoria considerável do seu padrão de vida. Por algum tempo tiveram sucesso, forçando os empregadores a recorrer ao capital acumulado; um processo cujo resultado tornou-se visível no colapso sucessivo das instituições financeiras austríacas e na venda progressiva de seus ativos industriais para a Alemanha. Mas mesmo que, por algum tempo depois dessa guerra, os austríacos percebam que devem se contentar com padrões muito modestos, não é de se esperar que a massa de uma população industrial muito inteligente, que até 1934 estivera entre as mais bem organizadas (e seus líderes entre os mais radicais) da Europa, ficará satisfeita por muito tempo com as perspectivas de uma Áustria autônoma. Esse problema, antes da guerra sobretudo em grande parte de Viena e dos seus arredores próximos, tende a se tornar ainda mais grave como resultado dos acontecimentos recentes. Parece que os nazistas criaram novos e grandes distritos industriais ao longo da fronteira oriental da Áustria (incluindo alguns ao redor de campos petrolíferos recém-inaugurados) e operados amplamente por trabalhadores importados, e nem todos podem querer regressar para os países onde foram recrutados. É das perspectivas econômicas desses distritos industriais (os maiores da Europa Central) que a estabilidade da Áustria dependerá em última instância. Diversos problemas difíceis estão envolvidos, sobretudo aquele da futura propriedade e administração dessas indústrias em um país onde a velha burguesia, sempre pequena, foi expulsa ou desacreditada em grande medida. Somente os problemas políticos mais amplos podem ser levados em conta nesse caso.

A única solução racional desse e de muitos outros problemas da Europa Central, a formação de uma federação abrangente, incluindo não só o território do antigo Império Austro-Húngaro como toda a Iugoslávia, Romênia e, provavelmente, Bulgária (e, se possível, com áreas de discórdia como Transilvânia, Croácia ou Eslováquia como

Estados-membros separados), parece ainda estar barrada pela oposição russa. E para a próxima melhor solução, uma combinação estreita entre Áustria e Checoslováquia, que poderia formar um núcleo para uma federação maior posterior, a impressão de que a Checoslováquia se comprometeu bastante com a Rússia tende a criar um obstáculo com os social-democratas austríacos e com os católicos. Portanto, podemos encontrar a Áustria novamente não só independente, mas jogada de volta aos seus recursos escassos, com poucas oportunidades para sua população industrial relativamente grande.

Não há muito que possa ser feito para remediar isso por meio da alteração das fronteiras. A única mudança importante que sem dúvida deve ser feita é a reincorporação do Tirol do Sul pela Áustria (isto é, a região de Bolzano, de língua alemã, e não, claro, a região de Trentino, de língua italiana). Seria importante por razões econômicas, e mais ainda porque o apego do povo austríaco costuma girar sobretudo em torno de sua *Land* específica, e a partição do coração do velho Tirol privou os tiroleses de seu centro de gravitação e, assim, criou inevitavelmente tendências centrífugas. (Pelas mesmas razões, também seria um erro fatal ceder a certas reivindicações da nova Iugoslávia por aquelas regiões da Caríntia que no plebiscito de vinte e seis anos atrás optaram por maioria esmagadora pela Áustria.) Talvez a sugestão recentemente feita de entregar para a Áustria o contraforte de Berchtesgaden, antes parte do *Land* de Salzburgo, também deve ser seriamente considerada, já que não só encurtaria bastante uma das principais linhas de comunicação interna da Áustria como também impediria Berchtesgaden de se tornar um santuário nacional alemão. Problema muito diferente é o de acesso a um porto marítimo. Uma incorporação real de Trieste pela Áustria, embora no interesse de ambos, provavalmente não é viável nem desejável. Todavia, pode muito bem ser aconselhável converter Trieste em uma cidade livre, sob controle internacional, segundo o modelo de Danzig, que garantisse instalações de porto livre para a Áustria e para a Checoslováquia.

Todavia, nenhuma dessas possíveis mudanças modificaria fundamentalmente os problemas econômicos austríacos. Mas poderia haver outra possibilidade se Viena, como tem sido frequentemente sugerido, se tornasse a sede da nova Liga das Nações ou independentemente de como a organização correspondente possa ser chamada. Com a configuração futura da Europa, como parece emergir, Viena pode muito bem demonstrar ser o ponto neutro mais adequado na fronteira comum do que, em certo sentido, provavelmente serão as esferas de influência ocidental e russa. Em si mesmo, isso resolveria muitos dos problemas peculiares de Viena. Mas pode-se dar um passo além e tornar Viena, junto com as zonas industriais adjacentes, uma região realmente neutra, com plena autonomia interna, mas controle internacional de todas as suas relações exteriores. Isso tornaria possível transformá-la completamente em uma zona de livre comércio, da qual Viena só obteria ganhos, e que lhe daria uma posição como centro comercial de acordo com seu equipamento, mas que, como parte de um país pequeno e predominantemente agrícola, provavelmente não alcançaria. Ainda haveria suficiente indústria manufatureira deixada no resto da Áustria para não reduzi-la a um país puramente agrícola; porém, essa agregação urbana e manufatureira excessiva que poderia não encontrar lugar dentro do pequeno país receberia escopo apropriado sem que ninguém tivesse medo que seu renascimento como centro econômico pudesse ser seguido por um restabelecimento de sua influência política.

Neste momento, imagino que muitos leitores perguntarão se a Áustria merece tanta consideração quanto essas reflexões sugerem. Recentemente, houve uma tendência, para a qual o sr. Eden[11] deu apoio, de sustentar que os austríacos ainda têm de conquistar o direito de serem tratados diferentemente dos alemães. A sugestão de que os austríacos poderiam resistir denuncia alguma má compreensão da posição de um país que os alemães puderam invadir dezoito meses antes do início da guerra. Os austríacos não eram mais, mas consideravelmente menos, capazes de organizar qualquer oposição eficaz do que, digamos, os checos ou os noruegueses. Não só uma proporção consideravelmente maior da sua juventude estava longe de casa, recrutada em um momento em que não havia perspectiva de ajuda externa e, em grande parte, espalhada entre unidades alemãs, mas também havia outro fator que tornava a posição especialmente difícil. Ninguém pode duvidar de que em qualquer país ocupado a quantidade de colaboracionistas seria muitas vezes maior se esses colaboracionistas pudessem aparecer com o disfarce nacionalista sob o qual podiam aparecer na Áustria. Contudo, um aumento na proporção de possíveis traidores de, digamos, um em quinhentos para um em cinquenta cria uma diferença não só de grau, mas de tipo. Isso transforma uma organização secreta de resistência de um risco que vale a pena correr em uma loucura suicida. Assim, os homens mais jovens que podiam estar prontos para se sacrificar não estavam ali; e os mais velhos provavelmente tinham razão em achar que era mais importante sobreviver para ajudar a construir uma nova Áustria do que morrer em uma demonstração sem sentido. Ainda assim, a quantidade dos que morreram é considerável.

Independentemente dos méritos dessa questão, a consideração decisiva deve ser que tratar a Áustria como parceira da Alemanha é, talvez, a única maneira de levá-la, ainda que a contragosto, a se comportar como parceira da Alemanha. Particularmente, isso se aplica à questão das indenizações. Existirão alguns bens alemães na Áustria que os Aliados poderão reivindicar com razão; todavia, em indenizações exatas, pois, além disso, seria fatalmente enfraquecer um país cuja instabilidade política sempre se deveu à sua fraqueza econômica. Para ser franco, a independência da Áustria, como talvez seja verdade para qualquer país que não se mantém unido por unidade linguística ou histórica, deve valer a pena economicamente enquanto durar.

CAPÍTULO 12

Discurso de abertura de uma conferência em Mont Pèlerin[1]

Devo confessar que agora, quando é chegado o momento pelo qual tanto esperei, meu sentimento de imensa gratidão a todos vocês é bastante temperado por uma aguçada sensação de espanto por minha ousadia em pôr tudo isso em movimento, e também de apreensão pela responsabilidade que assumi ao lhes pedir que cedessem tanto de seu tempo e energia ao que poderiam ter considerado como um experimento extravagante. No entanto, nessa fase, me limitarei a um simples mas profundamente sincero "muito obrigado".

É meu dever, antes que eu me afaste da posição que assumi com tanta falta de modéstia, e de bom grado entregue a vocês a tarefa de levar adiante aquilo que circunstâncias afortunadas me permitiram iniciar, prestar-lhes contas um pouco mais completas dos objetivos que me guiaram na proposta deste encontro e na sugestão do seu programa. Vou tentar não exigir demais da sua paciência, mas mesmo o mínimo de explicação da qual sou devedor levará certo tempo. A convicção básica que me guiou em minhas iniciativas é que, se os ideais que acredito que nos unem, e para os quais, apesar de tanto uso indevido do termo, ainda não há melhor nome do que liberal, devem ter alguma chance de renascimento, uma grande tarefa intelectual deve ser desempenhada. Essa tarefa envolve tanto depurar a teoria liberal tradicional de certos acréscimos fortuitos que se fixaram nela ao longo do tempo como também enfrentar alguns problemas reais de que um liberalismo exageradamente simplificado se esquivou, ou só se tornaram evidentes desde que se converteram em um credo um tanto estático e rígido.

A crença de que essa é a condição prevalecente foi confirmada fortemente por mim mediante a observação de que, em inúmeros campos distintos e em diversas partes diferentes do mundo, indivíduos que foram educados em diferentes crenças, e para quem o liberalismo partidário teve pouca atração, foram redescobrindo por si mesmos os princípios básicos do liberalismo e têm tentado reconstruir uma filosofia liberal que possa satisfazer as objeções que, aos olhos da maioria dos nossos contemporâneos, frustraram a promessa oferecida pelo liberalismo inicial.

Nos últimos dois anos, tenho tido a felicidade de visitar diversas partes da Europa e dos Estados Unidos, e fiquei surpreso com a quantidade de homens isolados que encontrei em diferentes lugares, trabalhando basicamente nos mesmos problemas e em linhas muito semelhantes. Contudo, ao trabalhar em isolamento ou em grupos muito pequenos, eles são constantemente forçados a defender os elementos básicos de suas crenças, e raramente têm a oportunidade para uma troca de opiniões sobre os problemas mais técnicos que surgem apenas se uma determinada base comum de convicções e ideais estiver presente.

Considero que esforços eficazes para elaborar os princípios gerais de uma ordem liberal são viáveis apenas entre um grupo de pessoas que estão de acordo sobre fundamentos, e entre quem certas concepções básicas não são questionadas a cada passo. Todavia, não só, neste momento, é pequeno o número daqueles que em qualquer país concordam com o que me parecem ser os princípios liberais básicos, mas a tarefa é muito grande e há muita necessidade de recorrer a uma experiência tão ampla sob diferentes condições quanto possível.

Uma das observações mais instrutivas para mim foi que, quanto mais longe nos deslocamos para o oeste, para os países onde as instituições liberais ainda são relativamente firmes, e as pessoas que professam convicções liberais ainda são relativamente numerosas, menos essas pessoas estão preparadas realmente para reexaminar suas próprias convicções e mais inclinadas estão a transigir e assumir a forma histórica fortuita de uma sociedade liberal que conheceram como padrão definitivo. Por outro lado, encontrei naqueles países que experimentaram diretamente um regime totalitário, ou se aproximaram muito disso, alguns homens que, a partir dessa experiência, conseguiram uma concepção mais clara das condições e dos valores de uma sociedade livre. Quanto mais discuti esses problemas com pessoas em diferentes países, mais fui levado à convicção de que a sabedoria não está toda de um lado, e que a observação da decadência real de uma civilização ensinou a alguns pensadores independentes lições sobre a Europa continental que acredito que ainda precisam ser aprendidas na Inglaterra e nos Estados Unidos, se esses países desejam evitar destino semelhante.

No entanto, não são só os estudantes de economia e política de diversos países que têm muito a se beneficiar uns dos outros e que, ao juntarem suas forças através das fronteiras nacionais, podem fazer muito para promover sua causa comum. Não fiquei menos impressionado com o quão mais proveitosa pode ser a discussão dos grandes problemas do nosso tempo entre, digamos, um economista e um historiador, ou um jurista e um filósofo político, se eles compartilharem certas premissas comuns, do que é uma discussão entre estudiosos das mesmas disciplinas que divergiam sobre esses valores básicos. Claro que uma filosofia política nunca pode se basear exclusivamente em economia ou ser expressa sobretudo em termos econômicos. Parece que os perigos que estamos enfrentando são o resultado de um movimento intelectual que se expressou em todos os aspectos dos assuntos humanos, e afetou a atitude em relação a eles. No entanto, embora em sua própria disciplina cada um de nós possa ter aprendido a identificar as crenças que são parte integrante do movimento que leva ao totalitarismo, não podemos ter certeza de que, como economistas, por exemplo, nós, sob a influência da atmosfera do nosso tempo, não aceitamos tão acriticamente quanto qualquer outra pessoa ideias no campo da história ou filosofia, ética ou direito, que são parte integrante do próprio sistema de ideias a que aprendemos a nos opor em nosso próprio campo.

A necessidade de um encontro internacional de representantes dessas diferentes disciplinas me pareceu especialmente importante como resultado da guerra, que não só interrompeu muitos dos contatos normais por muito tempo como também, inevitavelmente e no melhor de nós, criou uma atitude nacionalista e egocêntrica, que não é compatível com uma abordagem verdadeiramente liberal aos nossos problemas. Pior de tudo, a

PARTE II   O RENASCIMENTO DO LIBERALISMO

guerra e seus efeitos criaram novos obstáculos para a retomada dos contatos internacionais, tanto que aqueles nos países menos afortunados ainda são praticamente intransponíveis sem ajuda externa, e são bastante sérios para o resto de nós. Pareceu existir claramente um argumento para algum tipo de organização que ajudaria a reabrir as comunicações entre pessoas com uma perspectiva comum. A não ser que algum tipo de organização privada fosse criada, haveria sério perigo de que os contatos além das fronteiras nacionais se tornassem cada vez mais monopólio daqueles que, de um jeito ou de outro, se ligariam à máquina governamental ou política existente e seriam obrigados a servir as ideologias dominantes.

Ficou evidente desde o início que nenhuma organização permanente desse tipo poderia ser criada sem algum encontro experimental no qual a utilidade da ideia poderia ser posta à prova. Mas como isso, nas circunstâncias atuais, parecia impossível de organizar sem recursos financeiros consideráveis, fiz pouco, mas falei sobre esse plano para o máximo de pessoas que quisessem ouvir, até que, para minha própria surpresa, um acaso feliz de súbito colocou isso no leque de possibilidades. Um dos nossos amigos suíços aqui, o dr. Hunold, tinha arrecadado recursos para um projeto aparentado, mas diferente, que, por razões inesperadas, teve de ser abandonado, e ele conseguiu convencer os doadores a entregar a quantia para esse novo propósito.

Foi apenas quando tal oportunidade única se ofereceu que me dei conta plenamente da responsabilidade que assumira, e de que, se a oportunidade não era para ser desperdiçada, eu devia me comprometer a propor esta conferência e, pior de tudo, decidir quem seria convidado. Talvez vocês simpatizem bastante com a dificuldade e a natureza embaraçosa de tal tarefa, o que tornará desnecessário que eu me desculpe longamente pela maneira como a cumpri.

Há apenas um ponto nessa conexão que devo explicar: da maneira como vejo nossa tarefa, não é suficiente que nossos membros devam ter o que costumávamos chamar de pontos de vista "sólidos". O velho liberal que adere a um credo tradicional *meramente* pela tradição, por mais admiráveis que sejam seus pontos de vista, não é de muita utilidade para o nosso propósito. O que precisamos é de pessoas que enfrentaram os argumentos do outro lado, que os combateram e lutaram para chegar a uma posição em que podiam enfrentar criticamente as objeções e justificar seus pontos de vista. Essas pessoas são ainda menos numerosas do que os bons liberais no velho sentido e, agora, até mesmo deles existem muito poucos. Entretanto, quando se tratou de elaborar uma lista, descobri com agradável surpresa que o número de pessoas que eu pensava que tinham um atributo para ser incluídas nessa lista era bem maior do que eu esperara ou que poderiam ser convidadas para a conferência. E inevitavelmente em grande medida, a seleção final teve de ser arbitrária.

Lamento muito que, em grande parte por causa das minhas deficiências pessoais, haja um certo desequilíbrio no conjunto dos membros da presente conferência, e que os historiadores e filósofos políticos, em vez de serem tão altamente representados quanto os economistas, sejam uma minoria relativamente pequena. De certo modo, isso se deve a meus contatos pessoais entre esse grupo serem mais limitados, e, mesmo entre aqueles que estavam na lista original, a uma proporção especialmente alta de não economistas não ter podido comparecer, mas, de certo modo também, ao fato de que, nessa conjuntura específica, os economistas parecem talvez ter mais consciência dos perigos imediatos e da urgência dos problemas intelectuais que devemos resolver se quisermos ter uma chance de orientar os desenvolvimentos em uma direção mais desejável. Há desproporções semelhantes na distribuição nacional do conjunto dos membros desta conferência e, em particular, lamento que a Bélgica e a Holanda estejam inteiramente não representadas. Não tenho dúvidas de que, além dessas falhas das quais estou consciente, existem outras, e talvez erros mais graves que cometi involuntariamente, e tudo o que posso fazer é pedir sua compreensão e rogar sua ajuda, para que, no futuro, tenhamos uma lista mais completa de todos aqueles de quem possamos esperar apoio favorável e ativo em nossas iniciativas.

Incentivou-me muito que nenhum daqueles a quem enviei convite tenha expressado suas simpatias com o objetivo da conferência e com o desejo de poder participar. Se, no entanto, muitos deles não estão aqui, isso se deve a dificuldades físicas de um tipo ou de outro. Imagino que vocês gostariam de ouvir os nomes daqueles que manifestaram seu desejo de poderem estar conosco e seu apoio aos objetivos desta conferência.[2]

Ao mencionar aqueles que não podem estar conosco por razões temporárias, também devo mencionar outros com cujo apoio tinha especialmente contado, mas que nunca mais estarão conosco. De fato, os dois homens com quem discuti mais plenamente o plano para este encontro não viveram para ver sua realização. Eu esbocei o plano três anos atrás para um pequeno grupo em Cambridge[3] encabeçado por sir John Clapham, que demonstrou grande interesse por ele, mas morreu de repente um ano atrás. E agora faz menos de um ano que discuti o plano em detalhes com outro homem que dedicara sua vida aos ideais e aos problemas com os quais devemos estar preocupados: Henry Simmons, de Chicago.[4] Algumas semanas depois, ele não estava mais conosco. Se com seus nomes menciono aquele de um homem muito mais jovem, que também demonstrou grande interesse pelos meus planos, e que, se tivesse vivido, eu teria esperado ver como nosso secretário permanente, um cargo para o qual Étienne Mantoux teria sido idealmente adequado, vocês entenderão como são pesadas as perdas que nosso grupo sofreu mesmo antes de termos a primeira oportunidade de nos reunir.

Se não tivesse sido por essas trágicas mortes, eu não teria precisado atuar sozinho na convocação desta conferência. Confesso que a certa altura esses golpes abalaram completamente minha resolução de prosseguir com o plano. Porém, quando a oportunidade chegou, senti que era meu dever fazer dela o que eu pudesse.

Há outro ponto ligado ao conjunto dos membros do nosso encontro que devo mencionar brevemente. Temos entre nós um número razoável de colaboradores regulares da imprensa periódica, não para que o encontro seja noticiado, mas porque eles têm a melhor oportunidade de divulgar as ideias às quais estamos dedicados. Mas para tranquilizar os outros membros, talvez seja útil mencionar que a menos e até que vocês decidam de outra forma, penso que este deve ser considerado um encontro privado, e tudo o que for dito aqui na discussão, tratado como confidencial.

Dos assuntos que sugeri para análise sistemática por esta conferência, e dos quais a maioria dos participantes parece ter aprovado, o primeiro é a relação entre aquilo que é chamado de "livre iniciativa" e uma ordem realmente competitiva. Considero este o maior problema e, sob certos aspectos, o mais importante, e espero que parte considerável de nossa discussão seja dedicada à sua investigação. É o campo mais importante que devemos aclarar em nossas mentes, e chegar a um acordo sobre o tipo de programa de política econômica que gostaríamos de ver geralmente aceito. É provavelmente o conjunto de problemas em que a maior proporção entre nós está ativamente interessada e onde é mais urgente que o trabalho que foi realizado isoladamente em direções paralelas, em muitas partes do mundo, deve ser reunido. Suas ramificações são quase intermináveis, já que uma abordagem adequada envolve um programa completo de política econômica liberal. É provável que após um estudo do problema geral vocês possam preferir dividi-lo em questões mais específicas, a serem discutidas em sessões separadas. Dessa maneira creio que podemos achar espaço para um ou mais dos tópicos adicionais que mencionei em um dos meus boletins informativos, ou para problemas adicionais, tal como o da economia de alta pressão inflacionária, que, como foi devidamente observado por mais de um participante, é, neste momento, a principal ferramenta pela qual um desenvolvimento coletivista é forçado na maioria dos países. Talvez o melhor plano seja este: depois de dedicarmos uma ou duas sessões ao problema geral, reservamos cerca de meia hora no final de uma dessas discussões para decidir sobre o rumo posterior de nossas deliberações. Proponho que dediquemos toda esta tarde e o anoitecer a um estudo geral desse tópico, e quem sabe vocês me permitam dizer mais algumas palavras sobre isso essa tarde. Tomei a liberdade de pedir ao professor Aaron Director, de Chicago, ao professor Walter Eucken, de Friburgo, e ao professor Maurice Allais, de Paris, para introduzir o debate sobre esse assunto, e não tenho dúvidas de que teremos então alimento mais do que suficiente para discussão.

 Profundamente importantes como são os problemas dos princípios da ordem econômica, há diversas razões pelas quais espero que, ainda durante a primeira parte da conferência, também tenhamos tempo para alguns dos outros tópicos. Imagino que todos nós concordemos que as raízes dos perigos políticos e sociais que enfrentamos não são puramente econômicas e que, se devemos preservar uma sociedade livre, é necessária uma revisão não só dos conceitos estritamente econômicos que governam nossa geração. Creio que também ajudará a nos familiarizarmos mais rapidamente se durante a parte inicial da conferência abrangermos um campo bem mais amplo e analisarmos nossos problemas de diversos ângulos antes de tentarmos avançar para aspectos mais técnicos ou problemas de detalhes.

Talvez vocês concordem que a interpretação e o ensino da história foi durante as duas últimas gerações um dos principais instrumentos pelos quais concepções basicamente antiliberais de assuntos humanos se disseminaram; o fatalismo generalizado, que considera todos os desenvolvimentos que realmente ocorreram como consequências inevitáveis das grandes leis do necessário desenvolvimento histórico; o relativismo histórico que nega quaisquer padrões morais, exceto aqueles de sucesso e não sucesso; a ênfase sobre movimentos de massa como distintas das conquistas pessoais; e em particular a ênfase geral na necessidade material como contra o poder das ideias para moldar nosso futuro — tudo isso são facetas diferentes de um problema tão importante e quase tão grande quanto o problema econômico. Sugeri como assunto separado para discussão meramente um aspecto desse vasto campo: a relação entre historiografia e educação política, mas é um aspecto que logo nos levará a uma questão mais ampla. Fiquei muito contente que a sra. Wedgwood e o professor Antoni tenham concordado em abrir a discussão com essa questão.

Considero importante que percebamos de modo cabal que o credo liberal popular, na Europa continental e nos Estados Unidos mais do que na Inglaterra, continha muitos elementos que, por um lado, costumavam levar seus adeptos direto para os grupos do socialismo ou nacionalismo, e, por outro, contrariavam muitos que compartilhavam os valores básicos da liberdade individual, mas foram repelidos pelo racionalismo agressivo que não reconhecia valores, exceto aqueles cuja utilidade (para um propósito final nunca revelado) podia ser demonstrada pela razão individual e que presumiam que a ciência era competente para nos dizer não só o que é como também o que deveria ser. Eu acredito que esse falso racionalismo, que ganhou ascendência na Revolução Francesa, e que, nos últimos cem anos, exerceu sua influência sobretudo por meio dos movimentos gêmeos do positivismo e hegelianismo, é expressão de uma húbris intelectual, que é o oposto da humildade intelectual, que é a essência do verdadeiro liberalismo, que considera com reverência as forças sociais espontâneas mediante as quais o indivíduo cria coisas maiores do que ele conhece. É esse racionalismo intolerante e feroz que é o principal responsável pelo abismo que, sobretudo na Europa continental, frequentemente levou pessoas religiosas do movimento liberal para os campos reacionários em que elas se sentem pouco à vontade. Estou convencido de que, a não ser que essa ruptura entre convicções liberais e religiosas verdadeiras possa ser fechada, não há esperança para um renascimento das forças liberais. Na Europa, hoje, vemos muitos sinais de que essa reconciliação está mais próxima do que há muito tempo, e que inúmeras pessoas enxergam nisso a única esperança de preservação dos ideais da civilização ocidental. Foi por esse motivo que fiquei tão ansioso que o assunto da relação entre liberalismo e cristianismo devesse se tornar um dos tópicos separados da nossa discussão; e embora não possamos esperar ir muito longe na investigação desse tópico em um único encontro, considero fundamental que enfrentemos o problema explicitamente.

Os dois tópicos adicionais que sugeri para discussão são questões de aplicação prática dos nossos princípios para os problemas do nosso tempo, em vez de questões de princípios em si. Todavia, tanto o problema do futuro da Alemanha como esse das possibilidades e perspectivas de uma federação europeia me pareceram questões de urgência tão imediata que nenhum grupo internacional de estudiosos de política deve se reunir sem considerá-los, mesmo que não possamos esperar fazer mais do que despoluir um pouco nossas mentes por meio de uma troca de ideias. São duas questões sobre as quais o atual estado da opinião pública mais do que qualquer outra coisa é o grande obstáculo para qualquer discussão razoável, e sinto que é um dever especial não se esquivar de sua consideração. É um sintoma de sua complexidade o fato de ter tido a maior dificuldade em persuadir quaisquer membros desta conferência a abrir a discussão sobre esses dois assuntos.

Há um outro tópico que eu teria gostado de ver discutido, porque me parece fundamental para o nosso problema — a saber, o significado e as condições do primado da lei. Se eu realmente não o sugeri foi porque, a fim de discutir esse problema adequadamente, teria sido necessário ampliar nosso conjunto de membros ainda mais e incluir juristas. Mais uma vez, foi principalmente a falta de conhecimento da minha parte que o impediu, e menciono isso em grande medida para deixar claro o quão fundo devemos lançar nossa rede se em qualquer organização permanente formos adequadamente competentes para lidar com todos os aspectos diferentes da nossa tarefa. Contudo, o programa que sugeri é provavelmente ambicioso demais para esta conferência, e agora vou deixar esse ponto e me voltar para um ou dois outros temas sobre os quais devo comentar de maneira breve.

No que diz respeito ao primeiro assunto — a organização formal desta conferência —, penso que não precisamos nos sobrecarregar com nenhum mecanismo complexo. Não poderíamos ter desejado pessoa mais qualificada para nos presidir neste primeiro encontro do que o professor Rappard, e tenho certeza de que vocês me permitirão agradecê-lo em seu nome por ele ter consentido. No entanto, não devemos esperar que ele ou qualquer outro alguém carregue esse fardo do começo ao fim da conferência. Talvez o arranjo mais apropriado seja a realização de um revezamento nessa tarefa e, se vocês concordarem, um dos atos deste primeiro encontro será eleger o presidente para os próximos encontros. Se a reunião acordar um programa pelo menos para a primeira parte da conferência, pouco problema formal surgirá até que consideremos a agenda para a segunda parte, que sugeri que podemos fazer em uma reunião especial na segunda-feira à tarde. Talvez fosse sensato, além disso, criarmos, nessa reunião, um pequeno comitê permanente de cinco ou seis membros para atualizar quaisquer detalhes do programa sobre o qual acordamos agora, ou para fazer quaisquer alterações que as circunstâncias demonstrem ser desejáveis. Vocês também podem considerar interessante designar um secretário para a conferência ou, talvez ainda melhor, dois secretários, um para cuidar do programa e outro para ser o responsável pelos arranjos gerais. Considero que isso seria amplamente suficiente nesta fase para regularizar nossos procedimentos.

Há outro ponto da organização que eu deveria mencionar nessa fase. Claro que farei com que sejam mantidas atas corretas da parte empresarial de nossas discussões. Mas nenhum arranjo foi feito ou pareceu viável para a obtenção do registro taquigráfico de nossas discussões. Além das dificuldades técnicas, isso também prejudicaria o caráter privado e informal de nossas discussões. Contudo, espero que os próprios participantes conservem algumas anotações de suas principais contribuições, de modo que, se a conferência decidir expressar seus principais resultados em algum tipo de registro escrito, será fácil para eles pôr no papel a essência de seus comentários.

Há também a questão da língua. Em minha correspondência prévia, assumi tacitamente que todos os membros estão familiarizados com o inglês e, como isso é certamente verdade para a maioria de nós, facilitaria muito nossas deliberações se o inglês fosse predominantemente usado. Não estamos na posição privilegiada de organismos oficiais internacionais que disponibilizam uma equipe de intérpretes. Parece-me que a regra deveria ser que todo membro usasse a língua na qual ele espera se tornar mais amplamente compreendido.

Claro que o propósito imediato desta conferência é oferecer uma oportunidade para que os membros de um grupo relativamente pequeno que estão lutando pelos mesmos ideais em diferentes partes do mundo se conheçam pessoalmente, se beneficiem da experiência uns dos outros e, talvez, também se deem incentivo mútuo. Estou confiante de que, no fim desses dez dias, concordaremos que este encontro terá valido a pena mesmo se não tiver alcançado mais do que isso. Contudo, prefiro esperar que essa experiência de colaboração seja tão bem-sucedida que desejaremos continuá-la de uma forma ou de outra.

Por menor que seja o número total de indivíduos ligados às nossas perspectivas gerais, é claro que há entre eles muitos estudiosos mais competentes ativamente interessados nos problemas que esbocei do que o pequeno número presente. Eu mesmo poderia elaborar uma lista duas ou três vezes maior, e, das sugestões que já recebi, não tenho nenhuma dúvida de que juntos poderíamos sem dificuldade compilar uma lista de várias centenas de homens e mulheres, em diversos países, que compartilham nossas crenças gerais e estariam dispostos a trabalhar por elas. Espero que compilemos essa lista, selecionando os nomes de maneira bastante cuidadosa, e planejemos algum meio de contato contínuo entre essas pessoas. O começo dessa lista estou colocando sobre a mesa e espero que vocês adicionem a ela tantos nomes quanto acharem desejável, indiquem por meio de suas assinaturas quais das outras propostas vocês desejam apoiar, e também, talvez, me informem pessoalmente se qualquer um dos outros que aparecem na lista parecem a vocês inadequados para inclusão entre os membros de uma organização permanente. Creio que não deveríamos incluir nenhum nome que não receba o apoio de pelo menos dois ou três membros do nosso atual grupo, e pode ser desejável, mais tarde durante a conferência, criar um pequeno comitê de controle para editar uma lista final. Presumo que todos aqueles que foram convidados para essa conferência, mas não puderam comparecer, serão, como algo natural, incluídos nessa lista.

É claro que existem muitas formas pelas quais esses contatos regulares podem ser proporcionados. Quando em um dos meus boletins informativos utilizei a expressão um tanto pretensiosa de "Academia Internacional de Filosofia Política", tive a intenção de enfatizar por meio do termo "Academia" um aspecto que me parece fundamental se essa organização permanente pretende satisfazer seu propósito: deve permanecer uma sociedade fechada, não aberta a todo tipo de gente, mas apenas a pessoas que compartilham conosco certas convicções comuns. Esse caráter só pode ser preservado se a condição de membro puder ser obtida apenas por eleição, e se tratarmos a admissão em nosso círculo tão seriamente quanto as grandes academias eruditas. Não pretendi sugerir que nos chamemos de Academia. Caberá a vocês, se decidirem constituir uma Sociedade, escolher um nome para ela. Fiquei bastante atraído pela ideia de chamá-la de Sociedade Acton-Tocqueville, e alguém sugeriu que talvez seja apropriado adicionar Jacob Burckhardt como terceiro santo padroeiro. Porém, essa é uma questão que ainda não precisamos considerar nessa fase.

Além da importante questão de que, como me parece, qualquer órgão permanente que formarmos deve ser uma sociedade fechada, não tenho nenhuma visão firme sobre sua organização. Há muito a ser dito a respeito de dar a ela, a princípio pelo menos, a forma mais solta possível e torná-la, talvez, não mais do que um tipo de sociedade de correspondência, na qual a lista de membros não serve a nenhum outro propósito senão permitir que eles mantenham contato direto uns com os outros. Se isso fosse viável, mas receio que não seja, seria conveniente que todos os membros fornecessem uns aos outros reimpressões ou cópias mimeografadas de seus textos relevantes; isso seria, sob vários aspectos, uma das coisas mais úteis que poderíamos fazer. Por um lado, evitaria o perigo, que uma publicação especializada criaria, de falarmos apenas para aqueles já convertidos, mas, por outro, nos manteria informados das atividades paralelas ou complementares dos demais. Contudo, os dois desideratos — que as iniciativas dos membros do nosso grupo devam alcançar uma grande variedade de audiências e não fiquem limitadas àqueles que já estão convertidos; e que, ao mesmo tempo, os membros do nosso grupo devem ser mantidos plenamente informados das contribuições uns dos outros — devem de algum modo ser conciliados, e, mais cedo ou mais tarde, teremos pelo menos que considerar a possibilidade de editar uma publicação.

Todavia, por mais algum tempo, pode ser que esse arranjo solto e informal que sugeri seja tudo que consigamos alcançar, já que algo a mais exigiria recursos financeiros maiores do que podemos arrecadar em nosso meio. Se houvesse mais recursos disponíveis, todos os tipos de possibilidades poderiam se abrir. Mas, por mais desejável que isso possa ser, contento-me com esse começo modesto, se isso é tudo que podemos fazer sem comprometer de nenhuma maneira a nossa completa independência.

É claro que essa conferência propriamente dita exemplifica como a busca de nossos objetivos depende da disponibilidade de recursos financeiros, e não podemos esperar ser frequentemente tão afortunados como fomos dessa vez conseguindo os recursos necessários para ela principalmente da Suíça e, até certo ponto, no que tange às despesas de viagem dos membros norte-americanos, de fontes norte-americanas, sem quaisquer compromissos ou condições ligados à oferta. Eu queria aproveitar a primeira oportunidade para tranquilizá-los expressamente sobre essa questão e, ao mesmo tempo, dizer o quão gratos devemos ser ao dr. Hunold, que arrecadou os recursos financeiros suíços, e ao sr. W. H. Luhnow, da William Volker Charities Trust, em Kansas City, que tornou possível a participação dos nossos amigos norte-americanos, pela ajuda deles a esse respeito. Ao dr. Hunold, somos ainda mais gratos por ele realizar todos os arranjos locais; e todos os prazeres e comodidades que estamos desfrutando agora devemos aos seus esforços e previsões.

Considero que seria melhor não nos voltarmos para qualquer discussão sobre as tarefas práticas que mencionei até ficarmos mais bem familiarizados uns com os outros e termos mais experiência sobre as possibilidades de colaboração do que temos agora. Espero que haja uma boa quantidade de conversas privadas sobre essas questões nos próximos dias e que, em seu decorrer, nossas ideias se cristalizem gradualmente. Depois de três dias de trabalho e outros três dias de camaradagem mais informal, quando retomarmos nossas reuniões regulares, uma dessas reuniões deveria, creio, ser reservada para um exame sistemático das possibilidades. Até lá, adiarei qualquer tentativa de justificar o nome que sugeri provisoriamente para a sociedade permanente ou qualquer discussão a respeito dos princípios e objetivos que teríamos para governar sua atividade.

Por enquanto, somos simplesmente a Conferência em Mont Pèlerin, à qual vocês terão que fornecer suas próprias leis e cujo procedimento e destino estão agora inteiramente em suas mãos.

CAPÍTULO 13

A tragédia da humanidade organizada: Jouvenel sobre o poder[1]

Embora poucas pessoas pareçam já ter consciência disso, estamos começando a pagar o preço por uma das ilusões mais fatídicas que já guiaram a evolução política. Cerca de cem anos atrás, a sabedoria política tinha aprendido a compreender, como consequência de séculos de amarga experiência, a importância essencial dos múltiplos freios e contrapesos à expansão do poder. Porém, depois que o poder aparentemente caiu nas mãos da grande massa do povo, de repente pensou-se que não eram mais necessárias restrições ao poder. Surgiu a ilusão, descrita por lorde Acton em uma frase menos banalizada, mas não menos profunda do que aquela que agora é constantemente citada: "... que o poder absoluto pode, pela hipótese de sua origem popular, ser tão legítimo quanto a liberdade constitucional".[2] Contudo, o poder possui uma tendência inerente de se expandir, e onde não existem limitações eficazes, crescerá sem limites, quer seja exercido em nome do povo, quer em nome de alguns. De fato, há razão para temer que o poder ilimitado nas mãos do povo crescerá mais e será ainda mais pernicioso em seus efeitos do que o poder exercido por alguns.

Esse é o tema trágico sobre o qual Jouvenel escreveu um grande livro — um tema que sempre ocupou os pensadores políticos mais profundos e que, nas últimas décadas, desafiou muitos dos mais eminentes deles a dedicar a sabedoria madura de sua velhice ao seu estudo. Pouco mais de vinte anos atrás, o economista Friedrich von Wieser encerrou sua carreira notável com o tratado *Das Gesetz der Macht*,[3] que ainda não encontrou o

PARTE II O RENASCIMENTO DO LIBERALISMO

público preparado para a discussão do problema. Similarmente, cerca de dez anos depois, o historiador Guglielmo Ferrero dedicou uma de suas últimas obras a um estudo curto e significativo do poder.[4] E mais recentemente, Bertrand Russell nos deu um livro profundo intitulado *Power*.[5] Provavelmente, é tanto um sinal da crescente urgência do problema como testemunho dos dons excepcionais do autor que agora, homem muito mais jovem, nos deu um estudo monumental sobre o mesmo assunto, que, por sua paixão contida e associação óbvia com os acontecimentos do momento, supera em imponência aquelas expressões de sabedoria madura. Deve ser resultado das circunstâncias da época que, aparentemente em todos os casos, os autores posteriores desconheçam as obras anteriores. Mas que os livros sejam tão completamente diferentes talvez se deva menos a isso do que à diversidade infinita do assunto, o qual nenhuma obra pode tratar em todos os seus aspectos.

No entanto, Jouvenel se aproxima surpreendentemente disso. Ele alcança isso não procurando um sistema teórico, mas construindo um quadro a partir de uma quantidade extraordinária de detalhes. É pelo efeito cumulativo das suas ilustrações de todas as diversas facetas do poder, em vez de uma estrutura teórica bem definida, que ele tenta nos fazer entender o fenômeno. Isso é bastante intencional. Com alguma justificativa, ele considera que nessa tentativa "ideias abstratas devem ser mantidas imprecisas, para não excluir a transmissão de detalhes adicionais". Como deve ser, seu quadro de uma das grandes forças históricas é uma obra de arte pelo menos tanto, se não mais, quanto um tratado científico. Pode ser que ele não tenha escapado por completo do perigo de obscurecer o grande esboço por excesso de elaboração de pontos específicos. Com certeza, há o perigo de que as muitas frases brilhantes e os *insights* possam desviar a atenção do objetivo principal da obra. A tentação do resenhista de reforçar essa impressão selecionando uma coleção das *obter dicta* [coisas ditas de passagem] mais notáveis é quase irresistível. Mas isso daria uma impressão injusta do livro.

O método de Jouvenel não é só proposital, também é a expressão de uma atitude mais fundamental: sua desconfiança desse racionalismo fácil que prefere encaixar fatos complexos em um esquema simples que nossa razão limitada pode compreender plenamente do que admitir alguma vez que a própria razão pode nos ensinar os limites do seu poder. De fato, ele, corretamente, atribui grande parte da culpa pelo destino ameaçador a esse viés intelectualista:

> Tão logo o intelectual imagina uma ordem simples das coisas, ele está servindo ao crescimento do Poder. Pois a ordem existente, aqui como em outros lugares, é complexa e se assenta sobre toda uma massa de apoios, autoridades, sentimentos e ajustes dos mais variados tipos. Se considerarmos o caso em que uma mola deve fazer o trabalho de muitas, a força do seu recuo deve ser muito forte; ou se um pilar deve suportar doravante o que muitos suportavam, ele deve ser o mais robusto! Somente o Poder pode ser essa mola ou esse pilar — e que Poder deve ser! Simplesmente porque o pensamento especulativo tende a negligenciar a utilidade de inúmeros fatores secundários que tendem a resultar em ordem, isso leva inevitavelmente ao reforço da autoridade central e nunca certamente mais do que quando isso está perturbando todo tipo de autoridade, a central incluída; pois Autoridade deve haver, e quando ela volta a crescer, é, inevitavelmente, sob as formas mais concentradas abertas a isso. ...
>
> E assim a tribo crédula de filósofos trabalha em nome do Poder, louvando seus méritos até o ponto em que o Poder a desilude; em consequência do que, é verdade, ela irrompe em xingamentos, mas ainda serve à causa do Poder em geral, depositando suas esperanças em uma aplicação radical e sistemática dos seus princípios, sendo algo que só um Poder amplo pode alcançar.

É através de uma sucessão desses vislumbres referentes aos elos do processo que constroem o poder que Jouvenel alcança seu quadro magistral e assustador do mecanismo impessoal pelo qual o poder tende a se expandir até engolfar toda a sociedade. É um quadro que poucos que leram a obra esquecerão e do qual eles serão lembrados com muita frequência pelos acontecimentos. Ele consegue isso sem cair em nenhuma das armadilhas intelectuais que ameaçam tal tentativa. Embora a linguagem às vezes personifique o Poder, ele nunca é realmente representado antropomorficamente, mas o tempo todo como é, uma força impessoal resultante dos problemas da colaboração dos homens, desde seus apetites, desejos e crenças individuais, muitas vezes inocentes e quase todos comuns à maioria dos homens. De fato, ainda que a linguagem se eleve às vezes a voos quase poéticos, o caráter dominante do livro é seu realismo duro, sua liberdade quase aterrorizante das ilusões e sua descrição sóbria dos processos sociais em sua verdade nua e crua.

É quase impossível selecionar qualquer parte dessa exposição como mais significativa ou importante do que qualquer outra. Mas para aqueles que desejam saborear o livro antes de começarem um estudo sistemático, recomendo especialmente o brilhante capítulo 13, "Imperium et Democratie" (o título é um dos poucos casos em que o talentoso tradutor não conseguiu traduzir o significado do francês original), e sobretudo a discussão muito interessante sobre Rousseau e o primado da lei — uma interpretação um tanto surpreendente, mas esclarecedora a respeito de Rousseau, que Jouvenel, posteriormente, expandiu em sua Introdução para uma edição esplêndida de *Du contrat social*.[6] Convenceu-me de que Rousseau entendeu o significado de primado da lei melhor do que qualquer outro autor que conheço.

Faz parte da reação de Jouvenel contra as visões excessivamente racionalistas dos últimos dois séculos que sua ênfase seja quase inteiramente sobre o mecanismo externo do poder e que ele tenha a tendência de subestimar o papel da opinião. Existem poucas afirmações específicas sobre isso que se poderia objetar, exceto apartes como esse, que uma "distorção específica da doutrina, por mais incompreensível que seja para o negociante de ideias, parece bastante natural para o observador do mecanismo social". Em âmbito abstrato talvez não seja mais do que uma diferença pequena no equilíbrio da ênfase, embora seja uma diferença que é muito importante em suas consequências. Se não estou enganado, é essa diferença que, de pontos de partida muito semelhantes, levará alguém a uma posição que é liberal no sentido antigo e relativamente otimista, e a outra, que é conservadora e profundamente pessimista. Considero que é o ceticismo de Jouvenel em relação ao papel da opinião que o leva, no final das contas, a uma posição mais conservadora do que está de acordo com seu ardente amor à liberdade e que o faz considerar ainda mais inevitáveis do que o necessário os males deste mundo. Não conheço nenhum estudioso do poder que não tenha sido induzido a conclusões similarmente pessimistas.

CAPÍTULO 14

Bruno Leoni (1913-1967) e Leonard Read (1898-1983)

"BRUNO LEONI"[1]

Mesmo três meses depois do trágico evento, é difícil acreditar que Bruno Leoni não está mais entre nós. Cativante e dinâmico, ele levou a vida com tanta intensidade que, mais do que a maioria dos homens, pareceu encarnar a própria vida. Por um destino cruel, Bruno Leoni foi tirado de nós no auge dos seus poderes, quando grandes realizações justificavam a expectativa de realizações ainda maiores. Ele possuía uma natureza tão rica que, mesmo após muitos anos de amizade, descobríamos novas e inesperadas facetas de uma grande personalidade, de um tipo que às vezes invejamos em épocas passadas, mas que quase nunca encontramos em nosso próprio tempo. Talvez a Itália tenha a sorte de ainda produzir mais dessas figuras que em outros lugares associamos à Renascença. Em meio aos cidadãos do mundo — dos quais Bruno Leoni se tornou um —, dentre os quais eu tive o privilégio de conhecê-lo, ele era único.

Embora esta própria sala de conferências evoque a lembrança pungente de que, menos de quatro anos atrás, tive a honra de falar aqui sob a presidência de Bruno Leoni — e aproveitar a hospitalidade dele e da sra. Leoni em sua casa em Turim —, foi geralmente em regiões distantes do mundo, nos Estados Unidos e no Japão, e também em diversas cidades da Europa, que eu o conheci de fato.[2] Portanto, não posso comentar nada da maior parte de sua vida em Pavia, Turim e Sardenha, que vocês todos conhecem muito mais do que eu. Devo me limitar a falar sobre Bruno Leoni como acadêmico e figura internacional, o homem que ganhou devoção e respeito por onde passou, e de quem me orgulho de falar tanto em nome de nossos amigos em comum em todo o mundo como em meu próprio nome.

Todos nós logo descobrimos que havia muito mais no homem que conhecíamos principalmente como acadêmico notável, adepto dedicado à causa da liberdade e organizador incansável e inventivo a serviço dessa causa.

Sem demora percebemos vislumbres do entendimento profundo de artes e música, sobretudo arte oriental e também de filosofia oriental — e especialmente artes da vida, referentes à habilidade e ao entusiasmo de apreciar todas as coisas boas e belas que o mundo tem para oferecer. Pouco sei, no entanto, de todos esses muitos lados de Bruno Leoni, que tornavam sua companhia tão interessante, para me estender sobre eles com muitos detalhes. Na sequência, vou me limitar aos três aspectos da sua obra nos quais por dez ou doze anos nossos esforços seguiram percursos paralelos, e através dos quais, em consequência, eu vim a conhecê-lo bastante bem. O primeiro aspecto envolve sua iniciativa de superar a departamentalização das Ciências Sociais e, principalmente, construir uma ponte sobre o abismo que separou o estudo do Direito do estudo das Ciências Sociais teóricas. O segundo trata da iniciativa de proporcionar uma base intelectual satisfatória para a defesa da liberdade individual, na qual ele acreditava firmemente. O terceiro consistirá em certas sugestões importantes contidas em sua obra literária, que, para mim, parecem apontar o caminho para a solução de algumas dificuldades intelectuais básicas da teoria política; no entanto, como Bruno Leoni não teve tempo para elaborá-las completamente, será tarefa daqueles que desejam homenagear sua memória tentar continuar a partir de onde ele parou.

Mas antes que eu me volte para minha tarefa principal, devo dizer algumas palavras sobre o caráter da minha associação com Bruno Leoni. A honra com que sua venerável universidade me agraciou me pedindo para falar nessa triste ocasião faz parecer desejável que eu explique a limitada autoridade que tenho para a execução dessa tarefa. Há catorze anos, encontrei Bruno Leoni pela primeira vez na Universidade de Chicago, onde eu então lecionava,[3] e aonde ele tinha ido, creio, principalmente para aprofundar seu conhecimento do direito anglo-americano e das instituições políticas. Logo descobrimos como nossos interesses e ideais coincidiam em diversos pontos, e isso, rapidamente, levou-o àquela organização internacional de acadêmicos e publicistas para o estudo das considerações necessárias para a preservação da liberdade individual, a Sociedade Mont Pèlerin, a que eu dera início alguns anos antes, e para cujos assuntos ele, mais tarde, dedicou muito do seu tempo e energia. Novamente, passamos algum tempo juntos quase dez anos atrás, no Claremont College, na Califórnia, em um seminário dedicado aos problemas da liberdade, onde ele deu aquele ciclo de palestras sobre liberdade e lei, a respeito do qual terei de discorrer mais profundamente depois.[4] Foi então que me dei conta da capacidade de Bruno Leoni de inspirar uma plateia, sua disponibilidade incansável de discutir problemas intelectuais a qualquer hora do dia ou da noite, e seu entusiasmo geral pela vida, que o fazia agarrar todas as oportunidades para o ensino e o prazer oferecido pelo ambiente do momento. Posso me permitir mencionar aqui um pequeno episódio que ocorreu nessa ocasião. Nós, os palestrantes do seminário, nos mantínhamos bastante ocupados e valorizávamos as três horas após a refeição do meio-dia durante as quais não tínhamos nenhuma obrigação definida. Como Bruno Leoni costumava desaparecer regularmente durante aquele período, chegamos a princípio à conclusão natural. Mas como estávamos errados! Ele tinha encontrado uma oportunidade de ter aulas de pilotagem em um aeroporto próximo, e passava as horas que nós usávamos para repousar nos controles de um avião.

Não muito depois disso, voltei a encontrar Bruno Leoni nos Estados Unidos, não pessoalmente, mas seguindo os seus passos e percebendo as profundas impressões que ele havia deixado para trás: em 1961, eu o sucedi como eminente professor visitante do Centro Thomas Jefferson de Estudos em Economia Política, da Universidade da Virgínia, e pude sentir o grande impacto que ele causara.

Mas mesmo antes disso tínhamos nos unido mais estreitamente por causa dos serviços inestimáveis que ele prestou em uma crise nos assuntos da sociedade internacional à qual já me referi e da qual ele, desse modo, tornou-se o espírito motriz e permaneceu assim até o momento da sua morte. Como Bruno Leoni não teve nada a ver com a origem desse conflito, não preciso entrar aqui na natureza dessa crise que surgiu, como pode acontecer em qualquer grupo, como resultado de certa incompatibilidade de temperamentos, mas que, em dado momento, ameaçou destruir a sociedade.

No meio desse conflito, eleito secretário da sociedade e, por algum tempo, depois da renúncia do presidente, responsável principal por seus assuntos, Bruno Leoni conduziu tudo com mãos firmes através das águas turbulentas não só na direção de um mar de águas mais calmas, mas rumo a um novo período de florescente atividade. Os encontros anuais em Turim, em Knokke-sur-mer, na Bélgica, em Semmering, na Áustria, em Stresa, em Tóquio e em Vichy, que ele organizou, estiveram entre os mais bem-sucedidos que nossa sociedade já teve. No último encontro, em Vichy, ele foi eleito presidente sob aclamação geral, sucedendo Friedrich Lutz nesse cargo e, anteriormente, John Jewkes, Wilhelm Röpke e eu mesmo. Só agora estamos nos tornando mais cientes de quão grande trunfo ele era para a sociedade, quando somos tragicamente confrontados com a tarefa de encontrar o seu sucessor.

Agora devo me voltar para sua obra acadêmica e literária, da qual conheço bem apenas o que ele publicou em inglês, e somente uma pequena parte do que apareceu em italiano.

Bruno Leoni foi um desses homens cada vez mais raros, que teve a coragem de transcender os limites da especialização e tentar ver os problemas da sociedade como um todo. Com sua imensa energia e rapidez de percepção, ele conseguiu escapar dos perigos do diletantismo que essa expansão em diversos campos de estudo gera tão facilmente. Ele era, é claro, antes de mais nada, um jurista e, ouvi dizer, muito bem-sucedido como advogado praticante. Porém, mesmo dentro do campo do Direito, ele era tanto filósofo, sociólogo e historiador do Direito, como mestre do Direito Positivo. Que Bruno Leoni também fosse um eminente cientista político é algo talvez natural em um professor de Direito Constitucional tão interessado na história das ideias como ele. Leoni também contribuiu para o desenvolvimento da ciência política na Itália e no exterior por meio da revista *Il Politico*, da qual foi fundador e editor por muitos anos. Contudo, isso não esgota de modo algum toda a extensão de sua curiosidade. Posso testemunhar que ele não era um teórico econômico mesquinho, e trabalhara com algumas das partes mais difíceis da economia matemática e demonstrara um profundo *insight* em relação a algumas das dificuldades metodológicas suscitadas pelos desenvolvimentos modernos nesse campo. Lógico que isso estava intimamente ligado com outra preocupação importante dele que deixei por último: a filosofia geral da ciência. Se não estou enganado, Bruno Leoni foi um dos criadores e mais ativos membros do Centro di Studi Metodologici, e o trabalho que ele realizou nesse contexto o levou a alguns dos problemas fundamentais da filosofia geral.

Um simples olhar na lista de publicações de Bruno Leoni mostra como os seus interesses eram variados. A lista que tenho diante de mim enumera mais de oitenta publicações, das quais mais de setenta remontam aos últimos vinte anos. O acesso a grande parte delas é difícil para um estrangeiro e desconhecido para mim. Espero que alguém reúna seus textos ocasionais mais importantes em um volume para honrar sua memória.[6] É particularmente lamentável que ele não tenha encontrado tempo para preparar para publicação o sugestivo e original primeiro volume de sua obra *Lezioni di Filosofia del Diritto*, que aborda o pensamento da antiguidade clássica e que, em 1949, ele publicou em forma mimeografada para seus alunos. Em especial, seu tratamento sobre a relação entre *physis* e *nomos* no pensamento grego antigo me parece conter muita coisa que mereceria desenvolvimento. Do meu conhecimento incompleto dos seus textos, tenho a impressão, porém, de que o seu único livro sistemático publicado, que está disponível somente em inglês e espanhol,[7] é de longe a mais importante de suas obras, tanto por aquilo que diz explicitamente como ainda mais pelas sugestões que contém de desenvolvimentos adicionais — problemas que a obra suscita sem respondê-los plenamente e que agora permanecem para nós, seus amigos e admiradores, enfrentarmos e desenvolvermos. Nesse livro, a argumentação é tão anticonvencional e até diretamente contrária a muito do que hoje é quase universalmente aceito, que há algum perigo de que possa não ser levada tão a sério quanto merece ou ser rejeitada como especulação excêntrica de um homem sem afinidade com seu tempo.

Talvez fosse possível distorcer o relato vigoroso de sua tese principal na afirmação de que a invenção da legislação foi um erro e que o mundo faria melhor em renunciar completamente à legislação e confiar exclusivamente no desenvolvimento do direito por juízes e jurisconsultos, como aconteceu no desenvolvimento do direito romano antigo e do direito comum da Inglaterra. Contudo, ainda que algumas afirmações isoladas no livro possam se prestar a essa interpretação, Bruno Leoni as rejeita explicitamente. O que acredito que ele está tentando dizer é o ponto muito importante de que as leis que emergem da jurisdição e o trabalho dos juristas necessariamente possuem determinadas propriedades que os produtos da legislação podem precisar, porém não possuem, mas que são fundamentais se a liberdade individual deve ser preservada. Leoni apresenta explicitamente apenas algumas das propriedades que as leis criadas por juízes possuem, mas que todas as leis deveriam possuir em uma sociedade de homens livres. Ele sustenta de forma convincente, e me convenceu, que, embora a codificação das leis tivesse a intenção de aumentar a certeza das leis, no máximo melhorou a segurança jurídica a curto prazo, e não tenho mais certeza de que mesmo isso seja inteiramente verdade, embora o hábito de alterar as leis pela legislação sem dúvida diminua sua segurança a longo prazo. Além disso, ele demonstrou que uma característica das regras da conduta justa que emerge do processo espontâneo das leis era que essas regras eram basicamente negativas; regras visando a determinação de um domínio protegido para cada indivíduo e, como tal, uma garantia eficaz da liberdade individual. Como para muitos outros pensadores profundos, para ele a tarefa da lei não era só criar justiça, mas também impedir injustiça. E em sua ênfase sobre a Regra de Ouro, "Não faça aos outros o que não gostaria que fizessem com você" — uma regra que, como ele gostava de assinalar, o confucionismo tinha em comum com o cristianismo —, Bruno Leoni sugeriu um teste igualmente negativo da justiça de tais regras mediante a aplicação consistente da qual poderíamos esperar abordar progressivamente a justiça.

Talvez a riqueza das sugestões contidas nesse livro fique totalmente evidente só para aqueles que já trabalharam em linhas semelhantes. Bruno Leoni teria sido o último a negar que a obra apenas aponta um caminho e que muito trabalho ainda se avizinha antes que as sementes das novas ideias que ela tão fartamente contém possam florescer adiante em todo o seu esplendor. Faz parte da tragédia do súbito término dessa vida riquíssima o fato de podermos ver o quanto mais ele ainda poderia ter nos dado.

Se considerei como minha tarefa principal hoje falar sobre Bruno Leoni, o acadêmico, não foi só porque esse era o lado dele que eu melhor conhecia, mas também porquanto, apenas porquanto seu trabalho está inacabado, há algum perigo de que possa não ser devidamente apreciado. Porém, para aqueles que permaneceram mais perto dele, isso parecerá apenas uma pequena parte de Bruno Leoni, o homem. Mesmo para aqueles que o conheceram sobretudo profissionalmente, esse mundo deve parecer um lugar mais pobre sem sua presença. Posso imaginar o que sua perda deve significar para os seus alunos, aos quais ele tanto deu de sua dedicação e energia. No entanto, nossa maior solidariedade deve ser direcionada àqueles para quem ele era o centro da vida, para quem ele era capaz não só de oferecer um lar harmonioso e belo como também toda a bondade de um coração generoso, e onde ele deixa uma lacuna que ninguém pode preencher. Sabemos que ele era muito mais do que apenas um acadêmico; mas esperamos que seja pelo menos algum consolo para aqueles que ele deixou para trás se prestarmos essa homenagem a Bruno Leoni, o acadêmico.

"LEONARD READ"[8]

A instituição que Leonard Read construiu, e por meio da qual exerceu tanta influência, possui o modesto e prosaico nome de Foundation for Economic Education.[9] Tenho certeza de que, com seu faro infalível para tais coisas, ele escolheu o nome sob o qual era mais provável que tivesse sucesso. No entanto, eu gostaria de sugerir que esse nome descreve o objetivo dessa instituição — e do trabalho de Leonard Read — muito limitadamente, pois ele realmente estabeleceu objetivos muito maiores. Considero que, numa ocasião como esta, devemos tentar explicar claramente qual é, de fato, a principal preocupação dele e, acho, de todos vocês que estão aqui esta noite. Não posso fazer isso adequadamente em poucas palavras, mas tentarei dizer em um tempo menor do que o concedido para mim. Acredito mesmo que posso apresentar a ideia em nove palavras. Primeiro, eu lhes darei a fórmula, e depois comentarei brevemente as diversas partes dela. Creio que aquilo pelo qual a Foundation for Economic Education, com Leonard Read em seu comando, e todos os seus cobatalhadores e amigos estão empenhados é nada mais, nada menos do que *a defesa de nossa civilização contra o erro intelectual*.

PARTE II O RENASCIMENTO DO LIBERALISMO

Não digo isso como o tipo de frase bombástica que alguém tende a cunhar para uma ocasião como esta. Digo isso literalmente, como a melhor definição da nossa tarefa comum. Escolhi cada uma dessas nove palavras refletidamente, e agora tentarei explicar o que quero dizer com elas.

Em primeiro lugar, eu quis enfatizar que o que está ameaçado pelas nossas atuais tendências políticas não é apenas a prosperidade econômica, não apenas o nosso conforto nem a nossa taxa de crescimento econômico. É muito mais. É o que eu desejo que seja entendido pela expressão "nossa civilização". O homem moderno se orgulha de ter construído esta civilização como se, ao fazê-lo, tivesse executado um plano que formara antes na sua mente. Naturalmente, a verdade é que, se em qualquer momento do passado, o homem tivesse planejado o seu futuro com base no conhecimento então existente e, em seguida, seguido esse plano, não estaríamos onde estamos. Não só estaríamos muito mais pobres, não só seríamos menos sábios, mas também seríamos menos gentis, menos morais: de fato, ainda teríamos que lutar brutalmente uns contra os outros pelas nossas próprias vidas. Devemos o fato de não apenas nosso conhecimento ter crescido como também de nossos costumes terem melhorado — e considero que *têm* melhorado e, sobretudo, que a preocupação pelo nosso próximo aumentou — não a alguém ter planejado esse desenvolvimento, mas a, em uma sociedade essencialmente livre, determinadas tendências terem prevalecido porque contribuíram para uma sociedade pacífica, ordeira e voltada para o futuro.

Esse processo de crescimento ao qual devemos o surgimento do que agora mais valorizamos, incluindo o crescimento dos próprios valores que agora mantemos, é hoje muitas vezes apresentado como se fosse algo não digno de um ser razoável, porque não foi guiado por um projeto claro do que os homens estavam visando. Contudo, nossa civilização é, sim, em grande medida, resultado imprevisto e acidental de nossa sujeição a regras morais e legais, que nunca foram "inventadas" com tal resultado em mente, mas que cresceram porque as sociedades que as desenvolveram aos poucos prevaleceram a cada passo sobre outros grupos que seguiram regras diferentes, menos propícias ao crescimento da civilização. É contra esse fato ao qual devemos a maioria das nossas conquistas que o construtivismo racionalista tão característico da nossa época se revolta. Desde a chamada Era da Razão pareceu para um número cada vez maior de pessoas não dignas de um ser racional que ele deveria ser guiado em suas ações por regras morais e legais que ele não entendia completamente; e foi exigido que não considerássemos nenhuma regra obrigatória sobre nós, exceto aquelas que serviam clara e reconhecidamente para a conquista de objetivos específicos e previsíveis.

Claro que é verdade que começamos apenas lenta e gradualmente a entender a maneira pela qual as regras que tradicionalmente obedecemos constituem a condição para a ordem social na qual a civilização surgiu. Porém, enquanto isso, as críticas infundadas do que parecia não "racional" causou tanto dano que às vezes tenho a impressão de que aquilo que sou tentado a chamar de *a destruição dos valores pelo erro científico* foi a grande tragédia do nosso tempo. São erros quase inevitáveis se alguém parte da concepção de que o homem fez deliberadamente sua civilização, ou pelo menos deveria ter feito. Mas trata-se, no entanto, de erros intelectuais que parecem nos privar dos valores que, embora ainda não tenhamos aprendido a compreender seus papéis, são bases indispensáveis de nossa civilização.

Isso me trouxe para a segunda parte da minha definição da nossa tarefa. Quando salientei que é um erro intelectual genuíno que temos de combater, o que pretendi trazer à tona é que devemos permanecer conscientes de que nossos oponentes costumam ser idealistas altivos, cujos ensinamentos prejudiciais são inspirados por ideais muito nobres. Considero que o pior erro que um lutador pelos nossos ideais pode cometer é atribuir objetivos desonestos ou imorais aos nossos oponentes. Sei que às vezes é difícil não se irritar com o sentimento de que a maioria deles é um grupo de demagogos irresponsáveis que deveriam saber das coisas. Mas embora muitos dos seguidores de quem consideramos falsos profetas sejam apenas simples idiotas, ou somente encrenqueiros perniciosos, devemos nos dar conta de que suas concepções derivam de pensadores sérios cujos ideais últimos não são tão diferentes dos nossos, e com quem divergimos não tanto sobre os valores últimos, mas sobre os meios eficazes de alcançá-los. De fato, estou seriamente convencido de que há muito menos diferenças entre nós e nossos oponentes sobre os valores últimos a ser alcançados do que se acredita em geral, e de que as diferenças entre nós são principalmente diferenças intelectuais. Pelo menos acreditamos que alcançamos um entendimento das forças que moldaram a civilização de que nossos oponentes carecem. No entanto, se ainda não os convencemos, a razão deve ser que nossos argumentos ainda não são bons o suficiente, que ainda não explicitamos algumas das bases sobre as quais se assentam nossas conclusões. Assim, nossa principal tarefa deve ainda ser melhorar o argumento sobre o qual se assenta nossa causa por uma sociedade livre.

Contudo, não devo permitir que isso degenere em uma palestra. Referi-me a esses problemas puramente intelectuais para dizer que, embora existam muitos de nós que se dedicam exclusivamente a esses problemas intelectuais — e costumam expressar nossos resultados de uma maneira inteligível apenas para nossos colegas especialistas — e exista um bom número de homens práticos que percebem clara e corretamente que há algo errado nas novas crenças dominantes, não há quase ninguém que, ao mesmo tempo, perceba as grandes questões do nosso tempo como problemas intelectuais e também esteja tão familiarizado com o pensamento do homem prático e consiga colocar os argumentos fundamentais em uma linguagem que seja significativa para o homem do mundo.

Se a posição de Leonard Read é provavelmente única hoje é precisamente porque ele possui ambas as capacidades. Sou sincero em admitir que descobri isso só devagar e aos poucos. Quando vinte e um anos atrás alguns amigos me ajudaram a organizar aquele encontro em Mont Pèlerin, na Suíça, alguns deles me disseram que havia nos Estados Unidos um homem muito bom em interpretar ideias libertárias para o público. E como, desde o início, foi o objetivo daquele grupo não se restringir a teóricos, mas incluir pessoas que interpretariam suas conclusões para o público em geral, Leonard Read pareceu ser a pessoa ideal a convidar. Com certeza ele satisfez essa expectativa, mas, como o considerei desde o início sobretudo por essa perspectiva, continuei durante algum tempo a encará-lo como um intérprete, e não como um pensador original — afinal de contas, alguém que consegue colocar ideias em palavras simples frequentemente é. Quero aproveitar essa ocasião, porém, para admitir publicamente que estava enganado quanto a essa visão de Leonard Read e que, ao longo desses vinte e um anos, minha avaliação sobre ele mudou gradualmente. Descobri não só que Read sabia muito mais do que a maioria de nós sobre as opiniões que governavam as políticas correntes e era, portanto, muito mais eficaz em encontrar os erros nelas: eu esperara isso, mas não sabia o quão bem poderia ser feito. Todavia, também descobri que ele era um pensador profundo e original, que dissimulava a profundidade das suas conclusões colocando-as em uma linguagem cotidiana simples. E aqueles de nós que, por um tempo, e talvez um tanto altivamente, viram em Read sobretudo um divulgador, descobriram que tinham muito a aprender com ele.

De fato, Leonard Read se tornou em nosso círculo, em que os não acadêmicos ainda são uma pequena minoria, não só um dos membros mais queridos como também um dos mais respeitados; alguém em quem eles confiam não só para divulgar o evangelho, mas também para contribuir para o desenvolvimento de ideias. Portanto, nada me dá maior prazer do que poder me juntar nesta celebração de sua conquista. E, se alguém que é seu aprendiz por apenas alguns meses pode concluir com uma nota pessoal, o maior prazer nisso é que, nessa ocasião, podemos esperar ainda mais dele no futuro do que ele já fez no passado.

LISTA CRONOLÓGICA DO CONTEÚDO

Ano	Título como publicado originalmente	Capítulo neste volume
1926	"Friedrich Freiherr von Wieser"	Capítulo 3
1929	Resenha, *Angewandte Lohntheorie*, de Strigl	Capítulo 6, Adendo
1929	Resenha, *Die Theorie der Kapitalbildung*, de Röpke	Prólogo da Parte II, Adendo
1934/1965	"Carl Menger"	Capítulo 2
1939	Resenha, *John Bates Clark: A Memorial*	Prólogo da Parte I, Adendo
1941	Resenha, *Nationalökonomie*, de Mises	Capítulo 4
1944	"Historians and the Future of Europe"	Capítulo 8
1944	"Richard von Strigl"	Capítulo 6
1944	Resenha, *The Decline of Liberalism as an Ideology*, de Hallowell	Prólogo da Parte II, Adendo
1945	"Is There a German Nation?"	Capítulo 10
1945	"The Future of Austria"	Capítulo 11, Adendo
1945	"A Plan for the Future of Germany"	Capítulo 11

1947	"Opening Address to a Conference at Mont Pèlerin"	Capítulo 12
1948	"Wesley Clair Mitchell, 1874-1948"	Prólogo da Parte I, Adendo
1948	"The Tragedy of Organised Humanity" [Resenha de *Power*, Jouvenel]	Capítulo 13
1953	"The Actonian Revival"	Capítulo 9
1954	Resenha, *History of Economic Analysis*, de Schumpeter	Capítulo 5
1956	"Tribute to Ludwig von Mises"	Capítulo 4
1959	"On Röpke" [em *Gegen die Brandung*], de Röpke	Prólogo da Parte II, Adendo
1963	"The Economics of the 1920s as Seen from Vienna"	Prólogo da Parte I
1964	Resenha, *Epistemological Problems of Economics*, de Mises	Capítulo 4
1967	"Diskussionsbemerkungen über Ernst Mach und das sozialwissenschaftliche Denken in Wien (Ernst Mach and the Social Sciences in Vienna)"	Capítulo 7
1968	"Economic Thought: The Austrian School"	Capítulo 1
1968	"Bruno Leoni, the Scholar"	Capítulo 14
1968	"Leonard Read"	Capítulo 14
1973	"Tribute to von Mises, Vienna Years"	Capítulo 4
1973	"The Place of Menger's *Grundsätze* in the History of Economic Thought"	Capítulo 2, Adendo
1976	Prefácio da edição de 1976, *Interventionism*, de Mises	Capítulo 4
1977	Einleitung, *Erinnerungen*, de Mises (*Notes and Recollections*)	Capítulo 4
1978	Introdução da edição de 1981, *Socialism*, de Mises	Capítulo 4

1980	Prefácio, *Gesammelte Aufsätze*, de Schams	Capítulo 6
1980	Prefácio, *Methodological Individualism*, de Schumpeter	Capítulo 5
c. 1982	Excerto, Versão preliminar para o *New Palgrave*	Capítulo 1, Adendo
1983	"Die Wiederentdeckung der Freiheit — Persönliche Erinnerungen (The Rediscovery of Freedom: Personal Recollections)"	Prólogo da Parte II

OUTROS LIVROS DA SÉRIE:

Este livro possui 72 páginas de referências bibliográficas. Elas podem ser acessadas pelo site da Faro Editorial. Escolhemos não colocá-las na versão impressa pela economia de árvores, e de dinheiro para você, por um conhecimento que pode ser baixado gratuitamente.

ASSINE NOSSA NEWSLETTER E RECEBA INFORMAÇÕES DE TODOS OS LANÇAMENTOS

www.faroeditorial.com.br

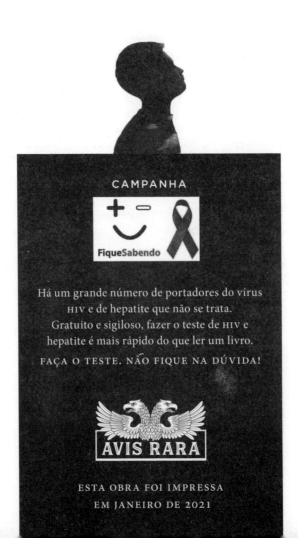